总第51辑（2020.2）

中国审判指导丛书

商事审判指导

最高人民法院民事审判第二庭 编

人民法院出版社

图书在版编目（CIP）数据

商事审判指导. 2020 年. 第 2 辑：总第 51 辑/最高人民法院民事审判第二庭编. --北京：人民法院出版社，2021.4

（中国审判指导丛书）

ISBN 978-7-5109-3039-3

Ⅰ. ①商… Ⅱ. ①最… Ⅲ. ①经济纠纷－民事诉讼－审判－中国－参考资料 Ⅳ. ①D925.118.2

中国版本图书馆 CIP 数据核字（2020）第 246939 号

商事审判指导 2020 年第 2 辑（总第 51 辑）

最高人民法院民事审判第二庭　编

责任编辑 丁丽娜
出版发行 人民法院出版社
地　　址 北京市东城区东交民巷 27 号（100745）
电　　话 （010）67550608（责任编辑）　67550558（发行部查询）
65223677（读者服务部）
客服 QQ 2092078039
网　　址 http://www.courtbook.com.cn
E-mail courtpress@sohu.com
印　　刷 河北鑫兆源印刷有限公司
经　　销 新华书店

开　　本 787 毫米×1092 毫米　1/16
字　　数 266 千字
印　　张 16.25
版　　次 2021 年 4 月第 1 版　2021 年 4 月第 1 次印刷
书　　号 ISBN 978-7-5109-3039-3
定　　价 50.00 元

目 录

【地方审判业务交流】

【实务研讨】

【学术专论】

【司法解释与规范性文件】

最高人民法院
关于证券纠纷代表人诉讼若干问题的规定

法释〔2020〕5号

（2020年7月23日最高人民法院审判委员会第1808次会议通过
2020年7月30日最高人民法院公告公布　自2020年7月31日起施行）

为进一步完善证券集体诉讼制度，便利投资者提起和参加诉讼，降低投资者维权成本，保护投资者合法权益，有效惩治资本市场违法违规行为，维护资本市场健康稳定发展，根据《中华人民共和国民事诉讼法》《中华人民共和国证券法》等法律的规定，结合证券市场实际和审判实践，制定本规定。

一、一般规定

第一条　本规定所指证券纠纷代表人诉讼包括因证券市场虚假陈述、内幕交易、操纵市场等行为引发的普通代表人诉讼和特别代表人诉讼。

普通代表人诉讼是依据民事诉讼法第五十三条、第五十四条、证券法第九十五条第一款、第二款规定提起的诉讼；特别代表人诉讼是依据证券法第九十五条第三款规定提起的诉讼。

第二条　证券纠纷代表人诉讼案件，由省、自治区、直辖市人民政府所在的市、计划单列市和经济特区中级人民法院或者专门人民法院管辖。

对多个被告提起的诉讼，由发行人住所地有管辖权的中级人民法院或者专门人民法院管辖；对发行人以外的主体提起的诉讼，由被告住所地有管辖权的中级人民法院或者专门人民法院管辖。

特别代表人诉讼案件，由涉诉证券集中交易的证券交易所、国务院批准的其他全国性证券交易场所所在地的中级人民法院或者专门人民法院管辖。

第三条 人民法院应当充分发挥多元解纷机制的功能，按照自愿、合法原则，引导和鼓励当事人通过行政调解、行业调解、专业调解等非诉讼方式解决证券纠纷。

当事人选择通过诉讼方式解决纠纷的，人民法院应当及时立案。案件审理过程中应当着重调解。

第四条 人民法院审理证券纠纷代表人诉讼案件，应当依托信息化技术手段开展立案登记、诉讼文书送达、公告和通知、权利登记、执行款项发放等工作，便利当事人行使诉讼权利、履行诉讼义务，提高审判执行的公正性、高效性和透明度。

二、普通代表人诉讼

第五条 符合以下条件的，人民法院应当适用普通代表人诉讼程序进行审理：

（一）原告一方人数十人以上，起诉符合民事诉讼法第一百一十九条规定和共同诉讼条件；

（二）起诉书中确定二至五名拟任代表人且符合本规定第十二条规定的代表人条件；

（三）原告提交有关行政处罚决定、刑事裁判文书、被告自认材料、证券交易所和国务院批准的其他全国性证券交易场所等给予的纪律处分或者采取的自律管理措施等证明证券侵权事实的初步证据。

不符合前款规定的，人民法院应当适用非代表人诉讼程序进行审理。

第六条 对起诉时当事人人数尚未确定的代表人诉讼，在发出权利登记公告前，人民法院可以通过阅卷、调查、询问和听证等方式对被诉证券侵权行为的性质、侵权事实等进行审查，并在受理后三十日内以裁定的方式确定具有相同诉讼请求的权利人范围。

当事人对权利人范围有异议的，可以自裁定送达之日起十日内向上一级人民法院申请复议，上一级人民法院应当在十五日内作出复议裁定。

第七条 人民法院应当在权利人范围确定后五日内发出权利登记公告，通知相关权利人在指定期间登记。权利登记公告应当包括以下内容：

（一）案件情况和诉讼请求；

（二）被告的基本情况；

（三）权利人范围及登记期间；

（四）起诉书中确定的拟任代表人人选姓名或者名称、联系方式等基本信息；

（五）自愿担任代表人的权利人，向人民法院提交书面申请和相关材料的期限；

（六）人民法院认为必要的其他事项。

公告应当以醒目的方式提示，代表人的诉讼权限包括代表原告参加开庭审理，变更、放弃诉讼请求或者承认对方当事人的诉讼请求，与被告达成调解协议，提起或者放弃上诉，申请执行，委托诉讼代理人等，参加登记视为对代表人进行特别授权。

公告期间为三十日。

第八条 权利人应在公告确定的登记期间向人民法院登记。未按期登记的，可在一审开庭前向人民法院申请补充登记，补充登记前已经完成的诉讼程序对其发生效力。

权利登记可以依托电子信息平台进行。权利人进行登记时，应当按照权利登记公告要求填写诉讼请求金额、收款方式、电子送达地址等事项，并提供身份证明文件、交易记录及投资损失等证据材料。

第九条 人民法院在登记期间届满后十日内对登记的权利人进行审核。不符合权利人范围的投资者，人民法院不确认其原告资格。

第十条 权利登记公告前已就同一证券违法事实提起诉讼且符合权利人范围的投资者，申请撤诉并加入代表人诉讼的，人民法院应当予以准许。

投资者申请撤诉并加入代表人诉讼的，列为代表人诉讼的原告，已经收取的诉讼费予以退还；不申请撤诉的，人民法院不准许其加入代表人诉讼，原诉讼继续进行。

第十一条 人民法院应当将审核通过的权利人列入代表人诉讼原告名单，并通知全体原告。

第十二条 代表人应当符合以下条件：

（一）自愿担任代表人；

（二）拥有相当比例的利益诉求份额；

（三）本人或者其委托诉讼代理人具备一定的诉讼能力和专业经验；

（四）能忠实、勤勉地履行维护全体原告利益的职责。

依照法律、行政法规或者国务院证券监督管理机构的规定设立的投资者保护机构作为原告参与诉讼，或者接受投资者的委托指派工作人员或委派诉讼代理人参与案件审理活动的，人民法院可以指定该机构为代表人，或者在被代理的当事人中指定代表人。

申请担任代表人的原告存在与被告有关联关系等可能影响其履行职责情形的，人民法院对其申请不予准许。

第十三条 在起诉时当事人人数确定的代表人诉讼，应当在起诉前确定获得特别授权的代表人，并在起诉书中就代表人的推选情况作出专项说明。

在起诉时当事人人数尚未确定的代表人诉讼，应当在起诉书中就拟任代表人人选及条件作出说明。在登记期间向人民法院登记的权利人对拟任代表人人选均没有提出异议，并且登记的权利人无人申请担任代表人的，人民法院可以认定由该二至五名人选作为代表人。

第十四条 在登记期间向人民法院登记的权利人对拟任代表人的人选提出异议，或者申请担任代表人的，人民法院应当自原告范围审核完毕后十日内在自愿担任代表人的原告中组织推选。

代表人的推选实行一人一票，每位代表人的得票数应当不少于参与投票人数的50%。代表人人数为二至五名，按得票数排名确定，通过投票产生二名以上代表人的，为推选成功。首次推选不出的，人民法院应当即时组织原告在得票数前五名的候选人中进行二次推选。

第十五条 依据前条规定推选不出代表人的，由人民法院指定。

人民法院指定代表人的，应当将投票情况、诉讼能力、利益诉求份额等作为考量因素，并征得被指定代表人的同意。

第十六条 代表人确定后，人民法院应当进行公告。

原告可以自公告之日起十日内向人民法院申请撤回权利登记，并可以另行起诉。

第十七条 代表人因丧失诉讼行为能力或者其他事由影响案件审理或者可能损害原告利益的，人民法院依原告申请，可以决定撤销代表人资格。代表人不足二人时，人民法院应当补充指定代表人。

第十八条 代表人与被告达成调解协议草案的，应当向人民法院提交制作调解书的申请书及调解协议草案。申请书应当包括以下内容：

（一）原告的诉讼请求、案件事实以及审理进展等基本情况；

（二）代表人和委托诉讼代理人参加诉讼活动的情况；

（三）调解协议草案对原告的有利因素和不利影响；

（四）对诉讼费以及合理的公告费、通知费、律师费等费用的分摊及理由；

（五）需要特别说明的其他事项。

第十九条 人民法院经初步审查，认为调解协议草案不存在违反法律、行政法规的强制性规定、违背公序良俗以及损害他人合法权益等情形的，应当自收到申请书后十日内向全体原告发出通知。通知应当包括以下内容：

（一）调解协议草案；

（二）代表人请求人民法院制作调解书的申请书；

（三）对调解协议草案发表意见的权利以及方式、程序和期限；

（四）原告有异议时，召开听证会的时间、地点及报名方式；

（五）人民法院认为需要通知的其他事项。

第二十条 对调解协议草案有异议的原告，有权出席听证会或者以书面方式向人民法院提交异议的具体内容及理由。异议人未出席听证会的，人民法院应当在听证会上公开其异议的内容及理由，代表人及其委托诉讼代理人、被告应当进行解释。

代表人和被告可以根据听证会的情况，对调解协议草案进行修改。人民法院应当将修改后的调解协议草案通知所有原告，并对修改的内容作出重点提示。人民法院可以根据案件的具体情况，决定是否再次召开听证会。

第二十一条 人民法院应当综合考虑当事人赞成和反对意见、本案所涉法律和事实情况、调解协议草案的合法性、适当性和可行性等因素，决定是否制作调解书。

人民法院准备制作调解书的，应当通知提出异议的原告，告知其可以在收到通知后十日内向人民法院提交退出调解的申请。未在上述期间内提交退出申请的原告，视为接受。

申请退出的期间届满后，人民法院应当在十日内制作调解书。调解书经代表人和被告签收后，对被代表的原告发生效力。人民法院对申请退出原告的诉讼继续审理，并依法作出相应判决。

第二十二条 代表人变更或者放弃诉讼请求、承认对方当事人诉讼请求、决定撤诉的，应当向人民法院提交书面申请，并通知全体原告。人民法院收到申请后，应当根据原告所提异议情况，依法裁定是否准许。

对于代表人依据前款规定提交的书面申请，原告自收到通知之日起十日内未提出异议的，人民法院可以裁定准许。

第二十三条 除代表人诉讼案件外，人民法院还受理其他基于同一证券违法事实发生的非代表人诉讼案件的，原则上代表人诉讼案件先行审理，非代表人诉讼案件中止审理。但非代表人诉讼案件具有典型性且先行审理有利于及时解决纠纷的除外。

第二十四条 人民法院可以依当事人的申请，委托双方认可或者随机抽取的专业机构对投资损失数额、证券侵权行为以外其他风险因素导致的损失扣除比例等进行核定。当事人虽未申请但案件审理确有需要的，人民法院可以通过随机抽取的方式委托专业机构对有关事项进行核定。

对专业机构的核定意见，人民法院应当组织双方当事人质证。

第二十五条 代表人请求败诉的被告赔偿合理的公告费、通知费、律师费等费用的，人民法院应当予以支持。

第二十六条 判决被告承担民事赔偿责任的，可以在判决主文中确定赔偿总额和损害赔偿计算方法，并将每个原告的姓名、应获赔偿金额等以列表方式作为民事判决书的附件。

当事人对计算方法、赔偿金额等有异议的，可以向人民法院申请复核。确有错误的，人民法院裁定补正。

第二十七条 一审判决送达后，代表人决定放弃上诉的，应当在上诉期间届满前通知全体原告。

原告自收到通知之日起十五日内未上诉，被告在上诉期间内亦未上诉的，一审判决在全体原告与被告之间生效。

原告自收到通知之日起十五日内上诉的，应当同时提交上诉状，人民法院收到上诉状后，对上诉的原告按上诉处理。被告在上诉期间内未上诉的，一审判决在未上诉的原告与被告之间生效，二审裁判的效力不及于未上诉的原告。

第二十八条 一审判决送达后，代表人决定上诉的，应当在上诉期间届满前通知全体原告。

原告自收到通知之日起十五日内决定放弃上诉的，应当通知一审法院。被告在上诉期间内未上诉的，一审判决在放弃上诉的原告与被告之间生效，二审裁判的效力不及于放弃上诉的原告。

第二十九条 符合权利人范围但未参加登记的投资者提起诉讼，且主张的事实和理由与代表人诉讼生效判决、裁定所认定的案件基本事实和法律适用相同的，人民法院审查具体诉讼请求后，裁定适用已经生效的判决、裁定。适用已经生效裁判的裁定中应当明确被告赔偿的金额，裁定一经作出立即生效。

代表人诉讼调解结案的，人民法院对后续涉及同一证券违法事实的案件可以引导当事人先行调解。

第三十条 履行或者执行生效法律文书所得财产，人民法院在进行分配时，可以通知证券登记结算机构等协助执行义务人依法协助执行。

人民法院应当编制分配方案并通知全体原告，分配方案应当包括原告范围、债权总额、扣除项目及金额、分配的基准及方法、分配金额的受领期间等内容。

第三十一条 原告对分配方案有异议的，可以依据民事诉讼法第二百二十五条的规定提出执行异议。

三、特别代表人诉讼

第三十二条 人民法院已经根据民事诉讼法第五十四条第一款、证券法第九十五条第二款的规定发布权利登记公告的，投资者保护机构在公告期间受五十名以上权利人的特别授权，可以作为代表人参加诉讼。先受理的人民法院不具有特别代表人诉讼管辖权的，应当将案件及时移送有管辖权的人民法院。

不同意加入特别代表人诉讼的权利人可以提交退出声明，原诉讼继续进行。

第三十三条 权利人范围确定后，人民法院应当发出权利登记公告。权利登记公告除本规定第七条的内容外，还应当包括投资者保护机构基本情况、对投资者保护机构的特别授权、投资者声明退出的权利及期间、未声明退出的法律后果等。

第三十四条 投资者明确表示不愿意参加诉讼的，应当在公告期间届满后十五日内向人民法院声明退出。未声明退出的，视为同意参加该代表人诉讼。

对于声明退出的投资者，人民法院不再将其登记为特别代表人诉讼的原告，该投资者可以另行起诉。

第三十五条 投资者保护机构依据公告确定的权利人范围向证券登记结算机构调取的权利人名单，人民法院应当予以登记，列入代表人诉讼原告名单，并通知全体原告。

第三十六条 诉讼过程中由于声明退出等原因导致明示授权投资者的数量不足五十名的，不影响投资者保护机构的代表人资格。

第三十七条 针对同一代表人诉讼，原则上应当由一个投资者保护机构作为代表人参加诉讼。两个以上的投资者保护机构分别受五十名以上投资者委托，且均决定作为代表人参加诉讼的，应当协商处理；协商不成的，由人民法院指定其中一个作为代表人参加诉讼。

第三十八条 投资者保护机构应当采取必要措施，保障被代表的投资者持续了解案件审理的进展情况，回应投资者的诉求。对投资者提出的意见和建议不予采纳的，应当对投资者做好解释工作。

第三十九条 特别代表人诉讼案件不预交案件受理费。败诉或者部分败诉的原告申请减交或者免交诉讼费的，人民法院应当依照《诉讼费用交纳办法》的规定，视原告的经济状况和案件的审理情况决定是否准许。

第四十条 投资者保护机构作为代表人在诉讼中申请财产保全的，人民法院可以不要求提供担保。

第四十一条 人民法院审理特别代表人诉讼案件，本部分没有规定的，适用普通代表人诉讼中关于起诉时当事人人数尚未确定的代表人诉讼的相关规定。

四、附则

第四十二条 本规定自2020年7月31日起施行。

最高人民法院
关于为创业板改革并试点注册制提供司法保障的若干意见

2020 年 8 月 8 日　　法发〔2020〕28 号

推进创业板改革并试点注册制，是中央全面深化资本市场改革、完善资本市场基础制度、提升资本市场功能的重要安排，也是落实创新驱动发展战略、支持深圳建设中国特色社会主义先行示范区、助推粤港澳大湾区建设的重大举措。为充分发挥人民法院审判职能作用，保障创业板改革并试点注册制顺利推进，保护投资者合法权益，现就人民法院正确审理与创业板相关案件等问题，提出如下意见。

一、切实提高认识，增强为创业板改革并试点注册制提供司法保障的自觉性

1. 充分认识推进创业板改革并试点注册制的重要意义。党的十八大以来，党中央高度重视资本市场发展改革工作。2019 年以来，中共中央、国务院先后印发的《粤港澳大湾区发展规划纲要》和《关于支持深圳建设中国特色社会主义先行示范区的意见》，明确提出要完善创业板发行上市、再融资和并购重组制度，创造条件推动注册制改革。2020 年 3 月 1 日正式施行的证券法明确规定，公开发行证券采取注册制，并确定分步实施股票公开发行注册制改革。推进创业板改革并试点注册制，是中央推进“双区驱动”战略的重要一环，也是全面深化资本市场改革落地的关键一步。各级人民法院要坚持以习近平新时代中国特色社会主义思想为指导，认真贯彻中央关于“双区驱动”战略和全面深化资本市场改革的各项决策部署，以贯彻证券法为契机，依法妥善审理与创业板有关的各类案件，为加快形

成融资功能完备、基础制度扎实、市场监管有效、投资者合法权益得到有效保护的多层次资本市场体系营造良好的司法环境。

2. 准确把握创业板改革并试点注册制的总体安排。本次改革是在借鉴科创板改革经验基础上对创业板进行的系统性改革工程，改革思路核心是"一条主线""三个统筹"。"一条主线"，即实施以信息披露为核心的股票发行注册制，提高透明度和真实性，由投资者自主进行价值判断，真正把选择权交给市场。"三个统筹"：一是统筹推进创业板改革与多层次资本市场体系建设，坚持创业板与其他板块错位发展，创业板主要服务成长型创新创业企业，支持传统产业与新技术、新产业、新业态、新模式深度融合。二是统筹推进试点注册制与其他基础制度建设，对创业板发行、上市、信息披露、交易、退市等基础性制度实施一揽子改革措施，增强对创新创业企业的服务能力。三是统筹推进增量改革与存量改革，包容存量，稳定存量上市公司和投资者预期。各级人民法院要立足证券刑事、民事和行政审判实际，找准工作切入点，通过司法审判推动形成市场参与各方依法履职、归位尽责及合法权益得到有效保护的良好市场生态，为投资者放心投资、市场主体大胆创新创业提供有力司法保障。

二、积极主动作为，依法保障创业板改革并试点注册制顺利推进

3. 对实行注册制创业板上市公司所涉有关证券民商事案件试点集中管辖。按照改革安排，深圳证券交易所履行创业板股票发行审核职责。为统一裁判标准，保障创业板改革并试点注册制顺利推进，对在创业板以试点注册制首次公开发行股票并上市公司所涉证券发行纠纷、证券承销合同纠纷、证券上市保荐合同纠纷、证券上市合同纠纷和证券欺诈责任纠纷等第一审民商事案件，由广东省深圳市中级人民法院试点集中管辖。

4. 保障证券监管部门和证券交易所依法实施行政监管和自律监管。推进创业板改革并试点注册制，除在前端进行发行上市制度改革外，证券监管部门和证券交易所还需对再融资、并购重组、交易、退市等与之相配套的制度进行完善。各级人民法院要立足司法审判，通过统一法律适用保障各项改革举措有效实施。对于证券监管部门、证券交易所经法定程序制定的、与法律法规不相抵触的创业板发行、上市、持续监管等规章、规范性文件和业务规则的相关规定，人民法院可以在审理案件时依法参照适用。

对于证券交易所所涉行政与民事纠纷，要积极引导当事人先行通过证券交易所听证、复核等程序表达诉求，寻求救济。严格执行证券法有关保障证券交易所履行自律管理职能的有关规定，依法落实证券交易所正当自律监管行为民事责任豁免原则。

5. 全面参照执行科创板司法保障意见的各项司法举措。为服务保障在上海证券交易所设立科创板并试点注册制改革，最高人民法院制定了专门司法文件，提出了17条专门司法保障举措。本次创业板改革，充分借鉴和吸收了设立科创板并试点注册制改革的各项制度。各级人民法院在审理涉创业板相关案件时，要增强为创业板改革并试点注册制提供司法保障的自觉性和主动性，本意见未规定的，参照适用《最高人民法院关于为设立科创板并试点注册制改革提供司法保障的若干意见》（法发〔2019〕17号）。为更好地发挥司法政策对注册制改革的保障作用，科创板司法保障意见未规定的，人民法院也可以在审理涉科创板相关案件时参照适用本意见规定。

三、做到“零容忍”，依法提高市场主体违法违规成本

6. 依法从严惩处证券犯罪活动。全面落实对资本市场违法犯罪行为“零容忍”要求，全力配合全国人大常委会做好《中华人民共和国刑法修正案（十一）》立法修改工作，支持依法加大对欺诈发行股票、债券罪，违规披露、不披露重要信息罪以及提供虚假证明文件罪追究刑事责任的力度，做好新旧法适用衔接工作。依法加大惩治证券违法犯罪力度，依法从严惩处在创业板申请发行、注册等各环节滋生的各类欺诈和腐败犯罪。对于发行人与中介机构合谋串通在证券发行文件中隐瞒重要事实或者编造重大虚假内容，以及发行审核、注册工作人员以权谋私、收受贿赂或者接受利益输送的，依法从严追究刑事责任；依法从严惩处违规披露、不披露重要信息、内幕交易、利用未公开信息交易、操纵证券市场、背信损害上市公司利益等金融犯罪分子，严格控制缓刑适用，依法加大罚金刑等经济制裁力度。及时修改完善内幕交易等相关司法解释和司法政策，适时发布人民法院从严惩处证券犯罪典型案例，充分发挥刑事责任追究的一般预防和特殊预防功能。

7. 依法判令违法违规主体承担以信息披露为核心的证券民事责任。在证券民商事案件审理中，要严格执行证券法关于民事责任承担的规定，厘

清不同责任主体对信息披露的责任边界，区分不同阶段信息披露的不同要求，严格落实发行人及其控股股东、实际控制人等相关人员信息披露的第一责任和证券中介机构保护投资者利益的核查把关责任。在审理涉创业板上市公司虚假陈述案件时，司法审查的信息披露文件不仅包括招股说明书、定期报告、临时报告、公司债券募集说明书、重组报告书等常规信息披露文件，也包括信息披露义务人对审核问询的每一项答复和公开承诺。发行人在其公告的证券发行文件中隐瞒重要事实或者编造重大虚假内容的，应当依法判令承担欺诈发行民事责任。准确把握保荐人对发行人上市申请文件等信息披露资料进行全面核查验证的注意义务标准，在证券服务机构履行特别注意义务的基础上，保荐人仍应对发行人的经营情况和风险进行客观中立的实质验证，否则不能满足免责的举证标准，以进一步压实证券中介机构责任。严格落实证券法第二百二十条的规定，违法违规主体的财产不足以支付全部民事赔偿款和缴纳罚款、罚金、违法所得时，其财产优先用于承担民事赔偿责任。

四、坚持改革创新，依法有效保护投资者合法权益

8. 依法保障证券集体诉讼制度落地实施。人民法院是贯彻落实证券法证券集体诉讼制度的责任主体，要认真遵照执行《最高人民法院关于证券纠纷代表人诉讼若干问题的规定》（法释〔2020〕5号），充分发挥证券集体诉讼震慑证券违法和保护投资者的制度功能。在司法办案中，要立足于畅通投资者维权渠道和降低投资者维权成本两大价值导向，鼓励进一步细化和完善证券代表人诉讼各项程序安排。大力开展证券审判信息化建设，通过信息化手段实现证券案件网上无纸化立案，依托信息平台开展代表人诉讼公告、权利登记、代表人推选等群体性诉讼事项；依法加强与证券交易登记数据的信息对接，为损失赔偿数额计算、赔偿款项发放等提供支持，提高办案效率。进一步加强与证券监管部门、投资者保护机构的沟通协调，依法保障投资者保护机构参加特别代表人诉讼的地位和权利，依法维护被代表投资者的合法权利，确保特别代表人诉讼程序行稳致远。

9. 持续深化证券期货纠纷多元化解机制建设。依托人民法院一站式多元解纷平台机制作用，完善有机衔接、协调联动、高效便民的证券纠纷多元化解机制。通过诉调对接、先行赔付的方式及时化解证券纠纷，依法保障当事人的合法权益。完善示范判决机制，简化平行案件的审理，持续健

全“示范判决＋委托调解”机制。强化证券纠纷在线调解，加强与证券调解组织的协同配合，构建立体化、多维度的纠纷解决机制。

10. 依法妥善处理好创业板改革新旧制度衔接问题。与科创板新设立不同，本次创业板改革并试点注册制在交易制度、投资者适当性制度以及退市制度方面的改革，与创业板存量投资者和上市公司的利益密切相关。人民法院要准确把握创业板改革中存量与增量的关系，尊重创业板新旧制度衔接的制度规则，审慎评估、依法处理新旧制度衔接过程中可能产生的纠纷，保障创业板注册制改革的平稳实施。认真研究创业板改革过程中因公司治理、并购重组等引发的新情况、新问题，切实维护市场秩序，保护投资者合法权益。

最高人民法院
关于印发《全国法院审理债券纠纷案件座谈会纪要》的通知

2020年7月15日　　法〔2020〕185号

各省、自治区、直辖市高级人民法院，解放军军事法院，新疆维吾尔自治区高级人民法院生产建设兵团分院：

为正确审理因公司债券、企业债券、非金融企业债务融资工具的发行和交易所引发的合同、侵权和破产民商事案件，统一法律适用，保护债券投资人的合法权益，促进债券市场健康发展，经商国家发展和改革委员会、中国人民银行、中国证监会同意，最高人民法院制定了《全国法院审理债券纠纷案件座谈会纪要》，现将会议纪要印发。

各级人民法院要通过多种形式组织学习培训，使审判人员尽快准确理解掌握纪要的相关内容，在案件审理中正确理解适用。对于适用中存在的问题，请及时层报最高人民法院。

全国法院审理债券纠纷案件座谈会纪要

近年来，我国债券市场发展迅速，为服务实体经济发展和国家重点项目建设提供了有力的支持和保障。债券市场在平稳、有序、健康发展的同时，也出现了少数债券发行人因经营不善、盲目扩张、违规担保等原因而不能按期还本付息，以及欺诈发行、虚假陈述等违法违规事件，严重损害了债券持有人和债券投资者的合法权益。为正确审理因公司债券、企业债券、非金融企业债务融资工具的发行和交易所引发的合同、侵权和破产民商事案件，统一法律适用，最高人民法院于2019年12月24日在北京召开了全国法院审理债券纠纷相关案件座谈会，邀请全国人大常委会法制工作委员会、发展改革委、司法部、人民银行、证监会等单位有关负责同志参加会议，各省、自治区、直辖市高级人民法院和解放军军事法院以及新疆维吾尔自治区高级人民法院生产建设兵团分院主管民商事审判工作的院领导、相关庭室的负责同志，沪、深证券交易所、中国银行间市场交易商协会等市场自律监管机构、市场中介机构的代表也参加了会议。与会同志经认真讨论，就案件审理中的主要问题取得了一致意见，现纪要如下：

一、关于案件审理的基本原则

会议认为，当前债券市场风险形势总体稳定。债券市场风险的有序释放和平稳化解，是防范和化解金融风险的重要组成部分，事关国家金融安全和社会稳定。因此，人民法院必须高度重视此类案件，并在审理中注意坚持以下原则：

1. 坚持保障国家金融安全原则。民商事审判工作是国家维护经济秩序、防范和化解市场风险、维护国家经济安全的重要手段。全国法院必须服从和服务于防范和化解金融风险的国家工作大局，以民法总则、合同法、侵权责任法、公司法、中国人民银行法、证券法、信托法、破产法、企业债券管理条例等法律和行政法规为依据，将法律规则的适用与中央监管政策目标的实现相结合，将个案风险化解与国家经济政策、金融市场监管和社会影响等因素相结合，本着规范债券市场、防范金融风险、维护金融稳定和安全的宗旨，依法公正审理此类纠纷案件，妥善防范和化解金融风险，为国家经济秩序稳定和金融安全提供有力司法服务和保障。

2. 坚持依法公正原则。目前，债券发行和交易市场的规则体系，主要由法律、行政法规、部门规章、行政规范性文件构成。人民法院在审理此类案件中，要根据法律和行政法规规定的基本原理，对具有还本付息这一共同属性的公司债券、企业债券、非金融企业债务融资工具适用相同的法律标准。正确处理好保护债券持有人和债券投资者的合法权益、强化对发行人的信用约束、保障债券市场风险处置的平稳有序和促进债券市场健康发展之间的关系，统筹兼顾公募与私募、场内与场外等不同市场发展的实际情况，妥善合理弥补部门规章、行政规范性文件和自律监管规则的模糊地带，确保案件审理的法律效果和社会效果相统一。

3. 坚持“卖者尽责、买者自负”原则。债券依法发行后，因发行人经营与收益的变化导致的投资风险，依法应当由投资人自行负责。但是，“买者自负”的前提是“卖者尽责”。对于债券欺诈发行、虚假陈述等侵权民事案件的审理，要立足法律和相关监管规则，依法确定发行人董事、监事、高级管理人员及其控股股东、实际控制人，以及增信机构，债券承销机构，信用评级机构、资产评估机构、会计师事务所、律师事务所等中介机构（以下简称债券服务机构），受托管理人或者具有同等职责的机构（以下简称受托管理人）等相关各方的权利、义务和责任，将责任承担与行为人的注意义务、注意能力和过错程度相结合，将民事责任追究的损失填补与震慑违法两个功能相结合，切实保护债券持有人、债券投资者的合法权益，维护公开、公平、公正的资本市场秩序。

4. 坚持纠纷多元化解原则。债券纠纷案件涉及的投资者人数众多、发行和交易方式复杂、责任主体多元，要充分发挥债券持有人会议的议事平台作用，保障受托管理人和其他债券代表人能够履行参与诉讼、债务重组、破产重整、和解、清算等债券持有人会议赋予的职责。要进一步加强与债券监管部门的沟通联系和信息共享，建立、健全有机衔接、协调联动、高效便民的债券纠纷多元化解机制，协调好诉讼、调解、委托调解、破产重整、和解、清算等多种司法救济手段之间的关系，形成纠纷化解合力，构建债券纠纷排查预警机制，防止矛盾纠纷积累激化。充分尊重投资者的程序选择权，着眼于纠纷的实际情况，灵活确定纠纷化解的方式、时间和地点，尽可能便利投资者，降低解决纠纷成本。

二、关于诉讼主体资格的认定

会议认为，同期发行债券的持有人利益诉求高度同质化且往往人数众多，采用共同诉讼的方式能够切实降低债券持有人的维权成本，最大限度地保障债券持有人的利益，也有利于提高案件审理效率，节约司法资源，实现诉讼经济。案件审理中，人民法院应当根据当事人的协议约定或者债券持有人会议的决议，承认债券受托管理人或者债券持有人会议推选的代表人的法律地位，充分保障受托管理人、诉讼代表人履行统一行使诉权的职能。对于债券违约合同纠纷案件，应当以债券受托管理人或者债券持有人会议推选的代表人集中起诉为原则，以债券持有人个别起诉为补充。

5. 债券受托管理人的诉讼主体资格。债券发行人不能如约偿付债券本息或者出现债券募集文件约定的违约情形时，受托管理人根据债券募集文件、债券受托管理协议的约定或者债券持有人会议决议的授权，以自己的名义代表债券持有人提起、参加民事诉讼，或者申请发行人破产重整、破产清算的，人民法院应当依法予以受理。

受托管理人应当向人民法院提交符合债券募集文件、债券受托管理协议或者债券持有人会议规则的授权文件。

6. 债券持有人自行或者共同提起诉讼。在债券持有人会议决议授权受托管理人或者推选代表人代表部分债券持有人主张权利的情况下，其他债券持有人另行单独或者共同提起、参加民事诉讼，或者申请发行人破产重整、破产清算的，人民法院应当依法予以受理。

债券持有人会议以受托管理人怠于行使职责为由作出自行主张权利的有效决议后，债券持有人根据决议单独、共同或者代表其他债券持有人向人民法院提起诉讼、申请发行人破产重整或者破产清算的，人民法院应当依法予以受理。

7. 资产管理产品管理人的诉讼地位。通过各类资产管理产品投资债券的，资产管理产品的管理人根据相关规定或者资产管理文件的约定以自己的名义提起诉讼的，人民法院应当依法予以受理。

8. 债券交易对诉讼地位的影响。债券持有人以债券质押式回购、融券交易、债券收益权转让等不改变债券持有人身份的方式融资的，不影响其诉讼主体资格的认定。

三、关于案件的受理、管辖与诉讼方式

会议认为，对债券纠纷案件实施相对集中管辖，有利于债券纠纷的及时、有序化解和裁判尺度的统一。在债券持有人、债券投资者自行提起诉讼的情况下，受诉法院也要选择适当的共同诉讼方式，实现案件审理的集约化。同时，为切实降低诉讼维权成本，应当允许符合条件的受托管理人、债券持有人和债券投资者以自身信用作为财产保全的担保方式。

9. 欺诈发行、虚假陈述案件的受理。债券持有人、债券投资者以自己受到欺诈发行、虚假陈述侵害为由，对欺诈发行、虚假陈述行为人提起的民事赔偿诉讼，符合民事诉讼法第一百一十九条规定的，人民法院应当予以受理。欺诈发行、虚假陈述行为人以债券持有人、债券投资者主张的欺诈发行、虚假陈述行为未经有关机关行政处罚或者生效刑事裁判文书认定为由请求不予受理或者驳回起诉的，人民法院不予支持。

10. 债券违约案件的管辖。受托管理人、债券持有人以发行人或者增信机构为被告提起的要求依约偿付债券本息或者履行增信义务的合同纠纷案件，由发行人住所地人民法院管辖。债券募集文件与受托管理协议另有约定的，从其约定。

债券募集文件与受托管理协议中关于管辖的约定不一致，根据《最高人民法院关于适用〈中华人民共和国民事诉讼法〉若干问题的解释》第三十条第一款的规定不能确定管辖法院的，由发行人住所地人民法院管辖。

本纪要发布之前，人民法院以原告住所地为合同履行地确定管辖的案件，尚未开庭审理的，应当移送发行人住所地人民法院审理；已经生效尚未申请执行的案件，应当向发行人住所地人民法院申请强制执行；已经执行尚未执结的案件，应当交由发行人住所地人民法院继续执行。

11. 欺诈发行和虚假陈述案件的管辖。债券持有人、债券投资者以发行人、债券承销机构、债券服务机构等为被告提起的要求承担欺诈发行、虚假陈述民事责任的侵权纠纷案件，由省、直辖市、自治区人民政府所在的市、计划单列市和经济特区中级人民法院管辖。

多个被告中有发行人的，由发行人住所地有管辖权的人民法院管辖。

12. 破产案件的管辖。受托管理人、债券持有人申请发行人重整、破产清算的破产案件，以及发行人申请重整、和解、破产清算的破产案件，由发行人住所地中级人民法院管辖。

13. 允许金融机构以自身信用提供财产保全担保。诉讼中，对证券公司、信托公司、基金公司、期货公司等由金融监管部门批准设立的具有独立偿付债务能力的金融机构及其分支机构以其自身财产作为信用担保的方式提出的财产保全申请，根据《最高人民法院关于人民法院办理财产保全案件若干问题的规定》（法释〔2016〕22号）第九条规定的精神，人民法院可以予以准许。

14. 案件的集中审理。为节约司法资源，对于由债券持有人自行主张权利的债券违约纠纷案件，以及债券持有人、债券投资者依法提起的债券欺诈发行、虚假陈述侵权赔偿纠纷案件，受诉人民法院可以根据债券发行和交易的方式等案件具体情况，以民事诉讼法第五十二条、第五十三条、第五十四条，证券法第九十五条和《最高人民法院关于适用〈中华人民共和国民事诉讼法〉若干问题的解释》的相关规定为依据，引导当事人选择适当的诉讼方式，对案件进行审理。

四、关于债券持有人权利保护的特别规定

会议认为，债券持有人会议是强化债券持有人权利主体地位、统一债券持有人立场的债券市场基础性制度，也是债券持有人指挥和监督受托管理人勤勉履职的专门制度安排。人民法院在案件审理过程中，要充分发挥债券持有人会议的议事平台作用，尊重债券持有人会议依法依规所作出决议的效力，保障受托管理人和诉讼代表人能够履行参与诉讼、债务重组、破产重整、和解、清算等债券持有人会议赋予的职责。对可能减损、让渡债券持有人利益的相关协议内容的表决，受托管理人和诉讼代表人必须忠实表达债券持有人的意愿。支持受托管理人开展代债券持有人行使担保物权、统一受领案件执行款等工作，切实保护债券持有人的合法权益。

15. 债券持有人会议决议的效力。债券持有人会议根据债券募集文件规定的决议范围、议事方式和表决程序所作出的决议，除非存在法定无效事由，人民法院应当认定为合法有效，除本纪要第 5 条、第 6 条和第 16 条规定的事项外，对全体债券持有人具有约束力。

债券持有人会议表决过程中，发行人及其关联方，以及对决议事项存在利益冲突的债券持有人应当回避表决。

16. 债券持有人重大事项决定权的保留。债券持有人会议授权的受托管理人或者推选的代表人作出可能减损、让渡债券持有人利益的行为，在案件审理中与对方当事人达成调解协议，或者在破产程序中就发行人重整计划草案、和解协议进行表决时，如未获得债券持有人会议特别授权的，应当事先征求各债券持有人的意见或者由各债券持有人自行决定。

17. 破产程序中受托管理人和代表人的债委会成员资格。债券持有人会议授权的受托管理人或者推选的代表人参与破产重整、清算、和解程序的，人民法院在确定债权人委员会的成员时，应当将其作为债权人代表人选。

债券持有人自行主张权利的，人民法院在破产重整、清算、和解程序中确定债权人委员会的成员时，可以责成自行主张权利的债券持有人通过自行召集债券持有人会议等方式推选出代表人，并吸收该代表人进入债权人委员会，以体现和代表多数债券持有人的意志和利益。

18. 登记在受托管理人名下的担保物权行使。根据《最高人民法院关于〈国土资源部办公厅关于征求为公司债券持有人办理国有土地使用权抵

押登记意见函〉的答复》精神，为债券设定的担保物权可登记在受托管理人名下，受托管理人根据民事诉讼法第一百九十六条、第一百九十七条的规定或者通过普通程序主张担保物权的，人民法院应当予以支持，但应在裁判文书主文中明确由此所得权益归属于全体债券持有人。受托管理人仅代表部分债券持有人提起诉讼的，人民法院还应当根据其所代表的债券持有人份额占当期发行债券的比例明确其相应的份额。

19. 受托管理人所获利益归属于债券持有人。受托管理人提起诉讼或者参与破产程序的，生效裁判文书的既判力及于其所代表的债券持有人。在执行程序、破产程序中所得款项由受托管理人受领后在十个工作日内分配给各债券持有人。

20. 共益费用的分担。债券持有人会议授权的受托管理人或者推选的代表人在诉讼中垫付的合理律师费等维护全体债券持有人利益所必要的共益费用，可以直接从执行程序、破产程序中受领的款项中扣除，将剩余款项按比例支付给债券持有人。

五、关于发行人的民事责任

会议认为，民事责任追究是强化债券发行人信用约束的重要手段，各级人民法院要充分发挥审判职能作用，严格落实债券发行人及其相关人员的债券兑付和信息披露责任，依法打击公司控股股东、实际控制人随意支配发行人资产，甚至恶意转移资产等“逃废债”的行为。对于债券违约案件，要根据法律规定和合同约定，依法确定发行人的违约责任；对于债券欺诈发行和虚假陈述侵权民事案件，应当根据债券持有人和债券投资者的实际损失确定发行人的赔偿责任，依法提高债券市场违法违规成本。

21. 发行人的违约责任范围。债券发行人未能如约偿付债券当期利息或者到期本息的，债券持有人请求发行人支付当期利息或者到期本息，并支付逾期利息、违约金、实现债权的合理费用的，人民法院应当予以支持。

债券持有人以发行人出现债券募集文件约定的违约情形为由，要求发行人提前还本付息的，人民法院应当综合考量债券募集文件关于预期违约、交叉违约等的具体约定以及发生事件的具体情形予以判断。

债券持有人以发行人存在其他证券的欺诈发行、虚假陈述为由，请求提前解除合同并要求发行人承担还本付息等责任的，人民法院应当综合考量其他证券的欺诈发行、虚假陈述等行为是否足以导致合同目的不能实现等因素，判断是否符合提前解除合同的条件。

22. 债券欺诈发行和虚假陈述的损失计算。债券信息披露文件中就发行人财务业务信息等与其偿付能力相关的重要内容存在虚假记载、误导性陈述或者重大遗漏的，欺诈发行的债券认购人或者欺诈发行、虚假陈述行为实施日及之后、揭露日之前在交易市场上买入该债券的投资者，其损失按照如下方式计算：

（1）在起诉日之前已经卖出债券，或者在起诉时虽然持有债券，但在一审判决作出前已经卖出的，本金损失按投资人购买该债券所支付的加权平均价格扣减持有该债券期间收取的本金偿付（如有），与卖出该债券的加权平均价格的差额计算，并可加计实际损失确定之日至实际清偿之日止的利息。利息分段计算，在2019年8月19日之前，按照人民银行确定的同期同类贷款基准利率计算；在2019年8月20日之后，按照人民银行授权全国银行间同业拆借中心公布的贷款市场报价利率（LPR）标准计算。

（2）在一审判决作出前仍然持有该债券的，债券持有人请求按照本纪要第21条第一款的规定计算损失赔偿数额的，人民法院应当予以支持；债券持有人请求赔偿虚假陈述行为所导致的利息损失的，人民法院应当在综合考量欺诈发行、虚假陈述等因素的基础上，根据相关虚假陈述内容被揭露后的发行人真实信用状况所对应的债券发行利率或者债券估值，确定合理的利率赔偿标准。

23. 损失赔偿后债券的交还与注销。依照本纪要第21条、第22条第二项的规定请求发行人承担还本付息责任的，人民法院应当在一审判决作出前向债券登记结算机构调取本案当事人的债券交易情况，并通知债券登记结算机构冻结本案债券持有人所持有的相关债券。

人民法院判令发行人依照本纪要第21条、第22条第二项的规定承担还本付息责任的，无论债券持有人是否提出了由发行人赎回债券的诉讼请求，均应当在判项中明确债券持有人交回债券的义务，以及发行人依据生效法律文书申请债券登记结算机构注销该债券的权利。

24. 因果关系抗辩。债券持有人在债券信息披露文件中的虚假陈述内容被揭露后在交易市场买入债券的，对其依据本纪要第22条规定要求发行人承担责任的诉讼请求，人民法院不予支持。

债券投资人在债券信息披露文件中的虚假陈述内容被揭露后在交易市

场买入该债券，其后又因发行人的其他信息披露文件中存在虚假记载、误导性陈述或者重大遗漏导致其信用风险进一步恶化所造成的损失，按照本纪要第22条的规定计算。

人民法院在认定债券信息披露文件中的虚假陈述内容对债券投资人交易损失的影响时，发行人及其他责任主体能够证明投资者通过内幕交易、操纵市场等方式卖出债券，导致交易价格明显低于卖出时的债券市场公允价值的，人民法院可以参考欺诈发行、虚假陈述行为揭露日之后的十个交易日的加权平均交易价格或前三十个交易日的市场估值确定该债券的市场公允价格，并以此计算债券投资者的交易损失。

发行人及其他责任主体能够证明债券持有人、债券投资者的损失部分或者全部是由于市场无风险利率水平变化（以同期限国债利率为参考）、政策风险等与欺诈发行、虚假陈述行为无关的其他因素造成的，人民法院在确定损失赔偿范围时，应当根据原因力的大小相应减轻或者免除赔偿责任。

人民法院在案件审理中，可以委托市场投资者认可的专业机构确定欺诈发行、虚假陈述行为对债券持有人和债券投资者损失的影响。

六、关于其他责任主体的责任

会议认为，对于债券欺诈发行、虚假陈述案件的审理，要按照证券法的规定，严格落实债券承销机构和债券服务机构保护投资者利益的核查把关责任，将责任承担与过错程度相结合。债券承销机构和债券服务机构对各自专业相关的业务事项未履行特别注意义务，对其他业务事项未履行普通注意义务的，应当判令其承担相应法律责任。

25. 受托管理人的赔偿责任。受托管理人未能勤勉尽责公正履行受托管理职责，损害债券持有人合法利益，债券持有人请求其承担相应赔偿责任的，人民法院应当予以支持。

26. 债券发行增信机构与发行人的共同责任。债券发行人不能如约偿付债券本息或者出现债券募集文件约定的违约情形时，人民法院应当根据相关增信文件约定的内容，判令增信机构向债券持有人承担相应的责任。监管文件中规定或者增信文件中约定增信机构的增信范围包括损失赔偿内容的，对债券持有人、债券投资者要求增信机构对发行人因欺诈发行、虚假陈述而应负的赔偿责任承担相应担保责任的诉讼请求，人民法院应当予以支持。增信机构承担责任后，有权向发行人等侵权责任主体进行追偿。

27. 发行人与其他责任主体的连带责任。发行人的控股股东、实际控制人、发行人的董事、监事、高级管理人员或者履行同等职责的人员，对其制作、出具的信息披露文件中存在虚假记载、误导性陈述或者重大遗漏，足以影响投资人对发行人偿付能力判断的，应当与发行人共同对债券持有人、债券投资者的损失承担连带赔偿责任，但是能够证明自己没有过错的除外。

28. 发行人内部人的过错认定。对发行人的执行董事、非执行董事、独立董事、监事、职工监事、高级管理人员或者履行同等职责的人员，以及参与信息披露文件制作的责任人员所提出的其主观上没有过错的抗辩理由，人民法院应当根据前述人员在公司中所处的实际地位、在信息披露文件的制作中所起的作用、取得和了解相关信息的渠道及其为核验相关信息所做的努力等实际情况，审查、认定其是否存在过错。

29. 债券承销机构的过错认定。债券承销机构存在下列行为之一，导致信息披露文件中的关于发行人偿付能力相关的重要内容存在虚假记载、误导性陈述或者重大遗漏，足以影响投资人对发行人偿债能力判断的，人民法院应当认定其存在过错：

（1）协助发行人制作虚假、误导性信息，或者明知发行人存在上述行为而故意隐瞒的；

（2）未按照合理性、必要性和重要性原则开展尽职调查，随意改变尽职调查工作计划或者不适当地省略工作计划中规定的步骤；

（3）故意隐瞒所知悉的有关发行人经营活动、财务状况、偿债能力和意愿等重大信息；

（4）对信息披露文件中相关债券服务机构出具专业意见的重要内容已经产生了合理怀疑，但未进行审慎核查和必要的调查、复核工作；

（5）其他严重违反规范性文件、执业规范和自律监管规则中关于尽职调查要求的行为。

30. 债券承销机构的免责抗辩。债券承销机构对发行人信息披露文件中关于发行人偿付能力的相关内容，能够提交尽职调查工作底稿、尽职调查报告等证据证明符合下列情形之一的，人民法院应当认定其没有过错：

（1）已经按照法律、行政法规和债券监管部门的规范性文件、执业规范和自律监管规则要求，通过查阅、访谈、列席会议、实地调查、印证和讨论等方法，对债券发行相关情况进行了合理尽职调查；

（2）对信息披露文件中没有债券服务机构专业意见支持的重要内容，经过尽职调查和独立判断，有合理的理由相信该部分信息披露内容与真实情况相符；

（3）对信息披露文件中相关债券服务机构出具专业意见的重要内容，在履行了审慎核查和必要的调查、复核工作的基础上，排除了原先的合理怀疑；

（4）尽职调查工作虽然存在瑕疵，但即使完整履行了相关程序也难以发现信息披露文件存在虚假记载、误导性陈述或者重大遗漏。

31. 债券服务机构的过错认定。信息披露文件中关于发行人偿付能力的相关内容存在虚假记载、误导性陈述或者重大遗漏，足以影响投资人对发行人偿付能力的判断的，会计师事务所、律师事务所、信用评级机构、资产评估机构等债券服务机构不能证明其已经按照法律、行政法规、部门规章、行业执业规范和职业道德等规定的勤勉义务谨慎执业的，人民法院应当认定其存在过错。

会计师事务所、律师事务所、信用评级机构、资产评估机构等债券服务机构的注意义务和应负责任范围，限于各自的工作范围和专业领域，其制作、出具的文件有虚假记载、误导性陈述或者重大遗漏，应当按照证券法及相关司法解释的规定，考量其是否尽到勤勉尽责义务，区分故意、过失等不同情况，分别确定其应当承担的法律责任。

32. 责任追偿。发行人的控股股东、实际控制人、发行人的董事、监事、高级管理人员或者履行同等职责的人员、债券承销机构以及债券服务机构根据生效法律文书或者按照先行赔付约定承担赔偿责任后，对超出其责任范围的部分，向发行人及其他相关责任主体追偿的，人民法院应当支持。

七、关于发行人破产管理人的责任

会议认为，对于债券发行人破产案件的审理，要坚持企业拯救、市场出清、债权人利益保护和维护社会稳定并重，在发行人破产重整、和解、清算程序中，应当进一步明确破产管理人及时确认债权、持续信息披露等义务，确保诉讼程序能够及时进行，保护债券持有人的合法权益，切实做到化解风险，理顺关系，安定人心，维护秩序。

33. 发行人破产管理人的债券信息披露责任。债券发行人进入破产程序后，发行人的债券信息披露义务由破产管理人承担，但发行人自行管理财产和营业事务的除外。破产管理人应当按照证券法及相关监管规定的要求，及时、公平地履行披露义务，所披露的信息必须真实、准确、完整。破产管理人就接管破产企业后的相关事项所披露的内容存在虚假记载、误导性陈述或者重大遗漏，足以影响投资人对发行人偿付能力的判断的，对债券持有人、债券投资者主张依法判令其承担虚假陈述民事责任的诉讼请求，人民法院应当予以支持。

34. 破产管理人无正当理由不予确认债权的赔偿责任。债券发行人进入破产程序后，受托管理人根据债券募集文件或者债券持有人会议决议的授权，依照债券登记机关出具的债券持仓登记文件代表全体债券持有人所申报的破产债权，破产管理人应当依法及时予以确认。因破产管理人无正当理由不予确认而导致的诉讼费用、律师费用、差旅费用等合理支出以及由此导致债权迟延清偿期间的利息损失，受托管理人另行向破产管理人主张赔偿责任的，人民法院应当予以支持。

【政策解读】

《最高人民法院关于证券纠纷代表人诉讼若干问题的规定》的理解与适用

林文学 付金联 李 伟 张凌云*

为推动证券法第九十五条规定的代表人诉讼机制落地实施，切实保护投资者合法权益，助力建设资本市场良性维权生态，结合证券民事诉讼的具体特点，最高人民法院出台了《关于证券纠纷代表人诉讼若干问题的规定》（以下简称《规定》）。为正确理解和适用《规定》，现对有关问题说明如下。

一、《规定》的起草背景

虚假陈述、内幕交易、操纵市场等违法犯罪行为是资本市场的毒瘤。近年来连续发生多起上市公司财务造假案件，严重损害了投资者的合法权益，危及资本市场的健康稳定发展，影响极为恶劣。2015 年监管部门对虚假陈述、内幕交易、操纵市场行为作出行政处罚共 103 件，2016 年 142 件，2017 年 156 件，2018 年 221 件，2019 年 219 件，基本上呈现逐年递增的态势。集体诉讼制度为权利受损的中小投资者提供了便利、低成本的维权渠道，其聚沙成塔、集腋成裘的赔偿效应能够对证券违法犯罪行为形成强大的威慑力和高压态势。在民事诉讼法第五十三条、第五十四条关于普通代表人诉讼规定的基础上，证券法第九十五条第三款规定了默示加入、明示退出的特别代表人诉讼，为我国集体诉讼制度的完善提供了法律依据。《规定》是在党中央提出探索建立集体诉讼制度，对资本市场违法违

* 作者单位：最高人民法院民事审判第二庭。

规犯罪行为零容忍的背景下，最高人民法院依据证券法、民事诉讼法等法律规定，为保障投资者的合法权益，便利投资者提起和参加诉讼，有效惩治资本市场违法违规行为，依法提高证券市场违法犯罪行为成本而制定的一部重要司法解释。《规定》通过详细具体的程序规则保障证券集体诉讼制度落到实处，为各级人民法院正确适用法律、统一裁判尺度、提高诉讼质效提供了明确的操作指引，为畅通投资者求偿途径、惩戒威慑证券违法活动、落实对资本市场违法行为零容忍的要求提供了有力的司法保障。

二、《规定》的主要内容和价值导向

《规定》全文共计 42 条，分为四部分，重点规范以下内容。

一是明确证券纠纷代表人诉讼分为普通代表人诉讼和特别代表人诉讼。普通代表人诉讼是指依据民事诉讼法第五十三条、第五十四条规定提起的诉讼，包括当事人一方在起诉时人数确定的代表人诉讼和以明示加入为特征的起诉时人数尚未确定的代表人诉讼；特别代表人诉讼是指依据证券法第九十五条第三款提起的以明示退出为特征的代表人诉讼。

二是细化了两类代表人诉讼的程序规定，包括先行审查、代表人的推选、审理与判决、执行与分配等。

三是准确回应了代表人诉讼中的实践难题，如代表人诉讼的启动条件、代表人的推选方式、代表人的权限范围、调解协议的审查、重大诉讼事项的审查、代表人放弃上诉或者决定上诉的处理、特别代表人诉讼的启动等。

四是充分发挥投资者保护机构和证券登记结算机构的职能作用，依托信息化技术手段开展各项工作，提高审判执行的公正性、高效性和透明度。

《规定》遵循依法合规与机制创新相协调、诉讼效率与权利保障相平衡、实体审查与正当程序相结合的原则，主要体现了以下价值导向。

（一）降低维权成本，便利投资者提起和参加诉讼

接近司法是证券集体诉讼的重要价值所在。为降低诉讼门槛和维权成本，《规定》明确：代表人请求败诉的被告赔偿合理的公告费用、通知费用、律师费用等费用的，人民法院应当予以支持；特别代表人诉讼中公告期满后十五日内未声明退出的投资者即视为原告；特别代表人诉讼案件不

预交案件受理费，败诉或者部分败诉的原告申请减交或者免交诉讼费的，人民法院应当依照《诉讼费用交纳办法》的规定，视原告的经济状况和案件的审理情况决定是否准许；特别代表人诉讼中投资者保护机构作为代表人在诉讼中申请财产保全的，人民法院可以不要求提供担保；等等。

（二）提升诉讼效率，促进证券群体纠纷多元化解

为克服美国式集团诉讼周期长、成本高的痼疾，《规定》明确普通代表人诉讼和特别代表人诉讼均采用特别授权的模式，代表人可以代表原告变更、放弃诉讼请求或者承认对方当事人的诉讼请求，决定撤诉，与被告达成调解协议，提起或放弃上诉等；代表人的确定采取诉前确定与诉后推选相结合的方式，既方便双方当事人，又利于程序的高效开展；依托信息化技术手段开展立案登记、诉讼文书送达、公告和通知、权利登记、执行款项发放等工作，便利当事人行使诉讼权利、履行诉讼义务；注重代表人诉讼与非代表人诉讼机制的衔接，引导和鼓励当事人选择非诉讼方式解决证券纠纷。

（三）践行正当程序，重视当事人诉讼权利的保护

在提高代表人诉讼效率的同时，《规定》注重妥善保护投资者的诉讼权利和程序利益，包括表决权、知情权、异议权、复议权、退出权和上诉权等。一是表决权。代表人的推选实行一人一票，充分保护弱势群体的利益。二是知情权。代表人对于决定撤诉、达成调解协议、变更或放弃诉讼请求、放弃或决定上诉等重要诉讼事项，应当及时通知全体原告。三是异议权。原告认为代表人不适格的，可以向人民法院申请撤销代表人资格；原告对代表人撤诉、变更或者放弃诉讼请求等决定以及调解协议草案内容有权提出异议；当事人对判决中的计算方法和赔偿金额等有异议的可以申请复核；原告对分配方案有异议的可以依据民事诉讼法第二百二十五条的规定提出执行异议。四是复议权。当事人对人民法院经先行审查裁定确定的权利人范围有异议的，可以自裁定送达之日起十日内向上一级人民法院申请复议。五是退出权。普通代表人诉讼中，投资者对推选出的代表人不满意的，有权撤回权利登记并另行起诉；特别代表人诉讼中，符合权利人范围的投资者可以在公告期限届满后十五日内向人民法院声明退出；经听证程序后，投资者对调解协议草案仍不认同的，可向法院提交退出调解的

申请。六是上诉权。代表人放弃上诉的，不影响个别投资者提起上诉的权利；代表人决定上诉的，不影响个别投资者放弃上诉的权利。

（四）强化实体审查，发挥司法权的监督制约作用

证券纠纷集体诉讼人数多规模大，不仅涉及公众投资者利益保护，还涉及证券法律秩序维护，人民法院的监督制约作用至关重要。私益诉讼中的处分原则、辩论原则以及程序自治原则应当受到职权主义诉讼模式和法院实体审查权的相应限制。一是权利范围的先行审查。在发出权利登记公告前，人民法院可以通过阅卷、调查、询问和听证等方式对被诉证券侵权行为的基本事实进行审查以确定权利人范围。二是对代表人选任的监督。二次推选不出代表人的，由人民法院指定代表人；申请担任代表人的原告与被告存在关联关系等可能影响履职的情形时，人民法院不予准许其担任代表人；代表人因丧失诉讼行为能力或者其他事由影响案件审理或者可能损害原告利益的，人民法院可以决定撤销其代表人资格。三是对调解协议的审查。原告对调解协议草案内容有异议时，人民法院应当召开听证会，对调解协议草案的合法性、适当性和可行性进行审查，并决定是否制作调解书。四是对重要诉讼事项的审查。代表人变更或者放弃诉讼请求、承认对方当事人诉讼请求、决定撤诉的，应当向人民法院提交书面申请，人民法院依法裁定是否准许。

三、《规定》涉及的主要问题

（一）代表人诉讼的启动条件

《规定》第五条确定了代表人诉讼的启动条件，需要说明以下几点。

一是设置启动条件的目的在于防止程序被滥用，同时防止程序被搁置。代表人诉讼一旦启动，涉及的原告人数将显著增加，如案件起诉时证据不足事实不清，法院的审理难度将显著加大，可能影响审判效率，甚至影响社会稳定。因此有必要在司法解释中设置启动条件，只有符合法定条件的诉讼才能适用代表人诉讼的程序进行审理。同时，只要当事人的起诉符合《规定》第五条的三项条件，人民法院必须适用普通代表人诉讼程序进行审理，避免出现以往代表人诉讼空置的情形，以激活代表人诉讼程序。

二是代表人诉讼的启动条件包括四个方面：起诉符合民事诉讼法第一百一十九条规定和共同诉讼条件；原告一方人数十人以上；起诉书中确定二至五名符合条件的拟任代表人；原告提交证明证券侵权事实的初步证据。

三是取消了前置程序。即便没有相关行政处罚决定或者刑事裁判文书，原告提交有关被告自认材料、证券交易所等给予的纪律处分或者采取的自律管理措施等初步证据证明存在证券侵权事实的亦可。其中，被告自认材料主要是指作为被告的发行人对虚假陈述等行为的相关更正公告、迫于监管压力、舆论压力等原因承认实施了虚假陈述等行为的声明等。

四是明确了不符合代表人诉讼启动条件的诉讼分流方式。不符合代表人诉讼启动条件的，人民法院应当适用非代表人诉讼程序进行审理，包括个别诉讼或者共同诉讼形式。立案部门在登记立案后，应当及时将相关材料移送审判部门，由审判部门根据案件情况选择适当的审理程序，切实加快案件审理进程，提高审判效率。

（二）先行审查的程序

《规定》第六条确定了权利人范围的先行审查以及异议复议程序。此处的权利人范围，是指在某一时间段买入或者卖出证券可以向法院进行登记并进入诉讼的投资者，解决的是代表人诉讼中如何确定适格原告范围的问题。证券违法事实具有特殊性，以虚假陈述为例，其权利人范围的划定有赖于虚假陈述行为实施日、揭露日、更正日、基准日等关键时点的确定。为防止不适格的投资者进入权利登记程序并导致权利人范围“翻烧饼”的现象，在发出权利登记公告前，人民法院应当对被诉证券侵权行为的基本事实进行先行审查，并在受理后三十日内以裁定的方式确定具有相同诉讼请求的权利人范围。当事人对权利人范围有异议的，可以自裁定送达之日起十日内向上一级人民法院申请复议，上一级人民法院应当在十五日内作出复议裁定。

在此程序中，法院要审查确定的就是前述关键时点。通过赋予原被告双方异议复议的权利以及二审法院的进一步审查，尽量确保权利人范围认定的准确性。这里确定的权利人范围，原则上就是将来可依法获赔的原告范围。人民法院在登记期间届满后十日内对登记的权利人进行审核：不符合权利人范围的投资者，人民法院不确认其原告资格；符合权利人范围的投资者列入代表人诉讼原告名单，并通知全体原告。

需要指出的问题是，进入实体审理之后再发现权利人范围有误如何处理？应当说，经过先行审查和异议复议程序之后，虚假陈述实施日、揭露日、基准日等时点的确定是比较准确的，有误的可能性不大。但先行审查程序毕竟是在开庭审理之前，在进入实体审理后，如果确有证据证明应当重新划定权利人范围的，人民法院可以根据新查明的事实裁定变更权利登记范围并进行公告。因人民法院裁定导致其不再属于原告的投资者，可以另行提起诉讼。在变更公告期内登记的投资者，视为接受已经进行的诉讼程序。

（三）代表人的确定

代表人选任机制关系整个代表人诉讼制度的设计，《规定》第十三条至第十五条设计了一套详细的代表人选任程序，旨在保证代表人的产生方式高效、快捷，避免无人愿意出任代表人的困境。

第十三条区分了起诉时当事人人数确定和当事人人数尚未确定两种情形。对起诉时人数确定的代表人诉讼，原告之间方便沟通和协调，应当在起诉前确定诉讼代表人，并在起诉书中就代表人的推选情况作出专项说明。这样，代表人的产生能够体现全体原告的意愿，在诉前推选产生有利于立案后程序的快速顺利推进。对起诉时人数尚未确定的代表人诉讼，应当在起诉书中就拟任代表人人选及条件作出说明，体现起诉的原告对代表人的推选意愿。如果后来登记的权利人对拟任代表人的人选均没有提出异议，并且登记的权利人无人申请担任代表人的，表明在先起诉的原告和在后登记的原告在代表人的人选上取得一致意见，人民法院可以直接认定二至五名人选作为代表人。这样省却了后续选举和指定代表人的程序操作，既体现当事人的意志，又利于程序的高效推进。

第十四条解决的是在先起诉的原告和在后登记的原告在代表人的人选上不能形成一致意见时如何处理问题。《最高人民法院关于适用〈中华人民共和国民事诉讼法〉的解释》（以下简称《民诉法解释》）第七十七条规定，人数不确定的代表人诉讼的代表人选任采取“推选+协商+指定”的方式。本条规定沿袭了该思路，在契合现有司法解释的基础上最大程度尊重当事人意思自治。登记权利人对拟任代表人的人选提出异议，或者申请担任代表人的，表明起诉时原告推选的拟任代表人不能得到后续登记原告的认同。为取得最大共识，基于公平和自愿原则，人民法院应当自原告范围审核完毕后十日内在自愿担任代表人的原告中组织推选，包括起诉书中列明的拟任代表人的原告和权利登记阶段申请担任代表人的原告。代表人的推选实行一人一票，每位代表人的得票数应当不少于参与投票人数的50%。代表人人数为二至五名，按得票数排名确定。通过投票产生二名以上代表人的，为推选成功。首次推选不出的，人民法院应当即时组织原告在得票数前五名的候选人中进行二次推选，以此提高诉讼效率，快速推进诉讼程序。

同时，为避免代表人选任程序过于拖延冗长或者陷入僵局，《规定》第十五条规定，依据前条规定推选不出代表人的，由人民法院指定。人民法院指定代表人的，应当将投票情况、诉讼能力、利益诉求份额等作为考量因素，并征得被指定代表人的同意。法院指定是代表人产生的一种必要形式，也是人民法院发挥审判指挥权和诉讼监督权的具体表现。

（四）对代表人的特别授权

民事诉讼法第五十三条及第五十四条均规定，代表人变更、放弃诉讼请求或者承认对方当事人的诉讼请求，进行和解，必须经被代表的当事人同意。此系基于充分保障原告诉权之考虑，采纳了明示特别授权规则，即代表人处分实体权利须逐一征得被代表原告的明确同意。但这会导致集体诉讼程序变得烦琐冗长、久拖不决，也是民事诉讼法规定的代表人诉讼在实践中无法落地的原因之一。

针对这个问题，《规定》改为采纳默示特别授权规则。根据《规定》第七条，无论是普通代表人诉讼还是特别代表人诉讼，权利登记公告均应当以醒目的方式提示，参加登记视为对代表人进行特别授权，代表人可代表原告参加开庭审理，变更、放弃诉讼请求或者承认对方当事人的诉讼请求，决定撤诉，与被告达成调解协议，提起或者放弃上诉，申请执行，委托诉讼代理人等。《规定》第十三条规定，在起诉时当事人人数确定的代表人诉讼，应当在起诉前确定获得特别授权的代表人，并在起诉书中就代表人的推选情况作出专项说明。默示特别授权模式系对诉讼效率与权利保障两种价值进行重新权衡的结果，其是整个代表人诉讼制度的核心，也是集体诉讼程序得以推进的关键。但特别授权本身隐含被滥用的风险，因此《规定》注重通过多种机制来制衡代表人权利，包括赋予投资者知情权、异议权、上诉权和退出权等诉讼权利以及人民法院行使审判监督职能，形成了“代表人特别授权—投资者诉讼权利—法院监督权”相互制衡的三方权利架构。

以投资者的知情权和异议权为例，代表人对于决定撤诉、达成调解协议、变更或放弃诉讼请求、放弃或决定上诉等重要诉讼事项，应当及时通知全体原告。对代表人撤诉、变更或者放弃诉讼请求等决定以及调解协议草案内容，投资者有权提出异议。投资者还有两次机会“用脚投票”退出诉讼。第一次是投资者对推选出的代表人不满意或者不愿意加入特别代表人诉讼的，有权撤回权利登记或者声明退出并另行起诉；第二次是调解协议草案经听证程序后，投资者仍不认同的，可向法院提交退出申请。此外，代表人放弃上诉的，个别投资者有权提起上诉；代表人决定上诉的，个别投资者有权放弃上诉。

为缓解代表人特别授权与投资者诉讼权利之间的张力和冲突，司法权应积极发挥对诉讼活动的监督管理职能。申请担任代表人的原告与被告存在关联关系等可能影响履职的情形时，人民法院不予准许其担任代表人；代表人因丧失诉讼行为能力或者其他事由影响案件审理或者可能损害原告利益的，人民法院可以决定撤销其代表人资格。原告对调解协议草案内容有异议时，人民法院应当召开听证会，对调解协议草案的合法性、适当性和可行性进行审查，并决定是否制作调解书。代表人变更或者放弃诉讼请求、承认对方当事人诉讼请求、决定撤诉的，应当向人民法院提交书面申请，人民法院依法裁定是否准许。

需要指出的是，《规定》第七条的代表人特别授权中包括与被告达成调解协议，未列明与被告进行和解，表明《规定》鼓励代表人在法院主持调解或委托调解的前提下与被告达成调解协议，不倡导代表人自行与被告进行和解，以发挥法院的监督管理作用。

（五）调解协议的审查及退出

代表人与被告达成调解协议属于特别授权的范围，构成对全体原告实体权利的重大处分，对此须加以适当的制约。

《规定》第十八条至第二十一条旨在明确人民法院依法审查调解协议草案并制作调解书的程序，具体包含以下两个方面。

一方面，是保障当事人的知情权、异议权、听证权和退出权。代表人与被告达成调解协议草案的，应当向人民法院提交制作调解书的申请；人民法院经初步审查后，向全体原告发出包含调解协议草案的通知；对调解协议草案有异议的原告，有权出席听证会或者以书面方式向人民法院提交异议的具体内容及理由；异议人未出席听证会的，人民法院应当在听证会上公开其异议的内容及理由，代表人及其委托代理人、被告应当进行解释；经听证程序后，投资者对代表人达成的调解协议草案仍不认同的，可自收到法院拟出具调解书的通知后十日内向人民法院提交退出调解的申请。

另一方面，是强化法院的实体审查权。人民法院应当对提交的调解协议草案进行初步审查，认定其不存在违反法律、行政法规的强制性规定、违背公序良俗及损害他人合法权益等情形的，方能向全体原告发出通知；被代表的原告有异议时，法院确定召开听证会的时间、地点及报名方式；召开听证会之后，人民法院应当综合考虑当事人意见、所涉法律和事实情况、调解协议草案的合法性、适当性和可行性等因素，决定是否制作调解书；人民法院准备制作调解书的，应当通知提出异议的原告，告知其可以在收到通知后十日内向人民法院提交退出调解的申请；人民法院对申请退出原告的诉讼继续审理，并依法作出相应判决。

根据《规定》第二十二条，代表人变更或者放弃诉讼请求、承认对方当事人诉讼请求、决定撤诉的，应当向人民法院提交书面申请，人民法院收到申请后应当根据原告所提异议情况，依法裁定是否准许。根据案件实际情况，人民法院认为有必要时可以参照《规定》第二十条的程序召开听证会，并要求代表人及其委托诉讼代理人作出相应解释。

（六）代表人放弃上诉和决定上诉的处理

上诉权是一项重要的民事权利，如何规范意义重大。在起草过程中，出现了两种观点。

第一种是不允许部分当事人提起上诉，理由是允许部分投资者自行上诉会产生以下问题。

一是根据总体制度设计，既然已经将上诉权纳入特别授权的范围，就不应再允许部分当事人自行上诉。

二是代表人诉讼制度的核心之一就是判决在生效后发生既判力扩张，如果在代表人决定不上诉时允许部分当事人上诉，在一、二审判决结果不同时，就会发生到底是一审判决还是二审判决发生既判力扩张的问题，造成实践中的困惑。

三是允许部分当事人上诉会导致程序上的难题，比如二审程序中如何推选代表人、执行依据的生效范围如何确定等。

第二种是允许部分当事人提起上诉。

此种观点的理由在于：上诉权是当事人的基本诉权，应当尊重当事人的正当程序利益，在程序设计上还是应当保护个别投资者的上诉权，不应以代表人不上诉为由剥夺当事人的上诉权，也不应以代表人决定上诉为由剥夺当事人放弃上诉的权利。

经反复研究，《规定》采纳的是第二种观点。

第二十七条规定，代表人决定放弃上诉的，应当在上诉期间届满前通知全体原告；原告自收到通知之日起十五日内未上诉，被告在上诉期间内亦未上诉的，一审判决在全体原告与被告之间生效；原告自收到通知之日起十五日内上诉的，对上诉的原告按上诉处理；被告在上诉期间内未上诉的，一审判决在未上诉的原告与被告之间生效，二审裁判的效力不及于未上诉的原告。

第二十八条规定，代表人决定上诉的，应当在上诉期间届满前通知全体原告；原告自收到通知之日起十五日内决定放弃上诉的，应当通知一审法院；被告在上诉期间内未上诉的，一审判决在放弃上诉的原告与被告之间生效，二审裁判的效力不及于放弃上诉的原告。

采纳上述观点主要基于以下考虑。

第一，证券纠纷代表人诉讼属于普通共同诉讼，按照民事诉讼法的原理，普通共同诉讼是非必要的诉的合并，必要时应当允许诉的分离。民事诉讼法第五十二条规定，对诉讼标的没有共同权利义务的，其中一人的诉讼行为对其他共同诉讼人不发生效力。在证券纠纷代表人诉讼中，各当事人与被告之间的诉讼标的并非共同的，而是同一种类，代表人与当事人之间在诉讼标的上没有共同的权利义务关系，代表人的诉讼行为未必总是以个别原告的利益为依归，必要时应当允许当事人撤回特别授权并自行提起上诉。

第二，将上诉权纳入特别授权的范围，意味着代表人决定上诉或者放弃上诉无须逐一征求被代表的原告的同意。《规定》同时允许被代表的原告撤回特别授权，并非否定特别授权，而是构成对特别授权的制约，以实现被代表的投资者与代表人之间的权益平衡。

第三，我国证券纠纷代表人诉讼尚处于起步阶段，为防止代表人和诉讼代理人的道德风险，有必要保护个别投资者自行提起上诉的权利。

《规定》第二十七条、第二十八条在适用中应当注意以下问题。

第一，生效判决的效力冲突问题。一审判决在未上诉的原告与被告之间生效，二审裁判的效力不及于未上诉的原告。一审和二审判决不一致时，二审判决发生既判力扩张。未上诉的投资者不得以生效二审裁判为依据申请再审。

第二，执行依据的确定。执行部门应当依据《规定》第二十六条至第二十八条审查执行依据是否存在对部分当事人生效、对部分当事人不生效的情形，并向审判部门核实执行依据的生效范围，防止出现差错。

第三，二审程序中代表人的确定。在代表人决定放弃上诉，个别投资者提起上诉的情况下，再要求原代表人继续担任二审代表人有违处分权原则；此外，在被告上诉的情形下，如果原代表人同时作为二审阶段上诉投资者和不上诉投资者的代表人，则其诉讼主张必然是分裂和矛盾的。因此，在部分投资者自行提起上诉的情况下，如果符合代表人诉讼的条件，应当依据相关规定重新确定代表人。

第四，上诉费用的交纳。根据《民诉法解释》第一百九十四条，在起诉时人数尚未确定的代表人诉讼案件不预交案件受理费，结案后按照诉讼标的额由败诉方交纳。该规定不适用于上诉程序，投资者提起上诉应当按照标的额交纳上诉费。

（七）代表人诉讼裁判的既判力扩张

代表人诉讼制度的核心之一就是裁判在生效后发生既判力扩张，这是代表人诉讼制度预设的法律框架。民事诉讼法第五十四条第四款规定：“人民法院作出的判决、裁定，对参加登记的全体权利人发生效力。未参加登记的权利人在诉讼时效期间提起诉讼的，适用该判决、裁定。”《民诉法解释》第八十条规定：“未参加登记的权利人提起诉讼，人民法院认定其请求成立的，裁定适用人民法院已作出的判决、裁定。”

根据《规定》第二十九条，符合权利人范围但未参加登记的投资者提起诉讼，且主张的事实和理由与代表人诉讼生效判决、裁定所认定的案件基本事实和法律适用相同的，人民法院审查具体诉讼请求后，裁定适用已经生效的判决、裁定。本条是关于代表人诉讼生效裁判既判力扩张的规定。一方面，本条规定与第二十三条规定的审理顺序相互衔接，除代表人诉讼案件外，人民法院还受理其他基于同一证券违法事实发生的非代表人诉讼案件的，原则上代表人诉讼案件先行审理，非代表人诉讼案件中止审理，但非代表人诉讼案件具有典型性且先行审理有利于及时解决纠纷的除外。另一方面，本条也与第三条关于多元解纷与着重调解的规定形成呼应关系，代表人诉讼调解结案的，人民法院对后续同类案件应当引导当事人先行调解。

应当注意的是，代表人诉讼裁判的既判力扩张存在例外，不适用于明示退出或者明示不加入代表人诉讼的投资者。具体包括：《规定》第十条中经释明不申请撤诉的投资者；《规定》第十六条中自代表人公告之日起十日内向人民法院申请撤回权利登记并另行起诉的投资者；《规定》第三十二条中不同意加入特别代表人诉讼并提交退出声明，继续进行原诉讼的在先登记权利人；《规定》第三十四条中自公告期间届满后十五日内向人民法院声明退出并另行起诉的投资者。

（八）特别代表人诉讼的启动方式

关于证券法第九十五条第二款与第三款之间的关系，即特别代表人诉讼的启动方式，《规定》起草过程中形成了两种意见。第一种意见是递进说，认为启动证券法第九十五条第二款的程序是投资者保护机构后续启动第三款程序的前提。这种观点的理由在于：一是从诉讼制度的立法原理上看，证券法第九十五条应该是在民事诉讼法第五十四条的框架下进行设计，证券法不能超越民事诉讼法的基本框架创设新的诉讼制度。二是从证券法第九十五条三款之间的关系来看，也能看出第二款与第三款之间存在程序上的递进关系，即先进入了第二款规定的普通代表人诉讼程序之后，如果投资者保护机构在这个阶段受到五十名以上投资者的委托，可以代表全体权利人向人民法院登记。三是从程序进行的可操作性角度，在人民法院没有公告确定权利人范围的情况下，投资者保护机构自行征集和确定权利人范围的标准不明确，可能出现对权利人范围的确定“翻烧饼”的情况，不利于程序的稳妥推进。第二种意见是并行说，认为证券法第九十五条第二款、第三款之间不存在严格的先后顺序，既可以先由人民法院通过发布公告启动普通代表人诉讼，再由投资者保护机构介入转为特别代表人诉讼，也可以由投资者保护机构先行征集五十名以上投资者委托，直接向人民法院提起特别代表人诉讼。这种观点的理由在于：特别代表人诉讼是此次证券法修法的最大亮点，有利于降低诉讼成本，提高诉讼效率，震慑证券市场违法违规行为，人民法院用好用足特别代表人诉讼机制符合各方预期。考虑到代表人诉讼制度长期处于休眠状态，为鼓励投资者保护机构提起诉讼，不应再人为设置障碍。

《规定》最终采纳的是第一种递进说。从证券法第九十五条的文义看，三款内容在逻辑上存在递进关系。第三款使用的是“参加”而非“提起”，即投资者保护机构是在已有投资者提起普通代表人诉讼的情形下参加诉讼。据此，投资者保护机构作为代表人参加诉讼有两个前提：一是人民法院决定采用起诉时人数尚未确定的代表人诉讼程序审理案件，发出权利登记公告，通知投资者在一定期间内向法院登记；二是投资者保护机构受五十名以上投资者委托作为代表人参加诉讼。此外，从实际工作的角度看，投资者保护机构依法选择参与法院已经发布权利登记公告的案件，在案件选择、权利人范围划定、权利人征集等方面更容易开展工作，同时也更有利于加强司法与行政监管部门的沟通，并降低可能带来的负面影响。

《规定》第三十二条的适用应当注意以下问题：一是管辖权的移转。根据《规定》第二条，特别代表人诉讼案件实行专属管辖，先受理的人民法院不具有特别代表人诉讼管辖权的，应当将案件及时移送有管辖权的人民法院。二是投资者的退出权。在先登记的权利人不同意加入特别代表人诉讼的可以提交退出声明，原诉讼作为普通代表人诉讼、个别诉讼或者共同诉讼继续进行；人民法院依据《规定》第三十三条发布权利登记公告后，投资者明确表示不愿意参加诉讼的，应当在公告期间届满后十五日内向人民法院声明退出，声明退出的投资者可以另行起诉。

证券纠纷代表人诉讼的中国特色

肖建国*

最高人民法院7月31日颁布《关于证券纠纷代表人诉讼若干问题的规定》（以下简称《规定》）。该《规定》以保护人数众多中小投资者合法权益为依归，是在充分挖掘和吸收上海、深圳和北京等地法院处理证券群体性纠纷方面积累的大量审判经验的基础上，结合我国证券市场虚假陈述、内幕交易、操纵市场等违法违规行为的实际情况制定的。《规定》所确立的证券纠纷代表人诉讼机制，与我国民事诉讼法上的代表人诉讼有别，也不同于美式证券集团诉讼和大陆法系国家的证券团体诉讼，体现了鲜明的中国特色。这里择其要者，予以阐明。

一、证券纠纷代表人诉讼的集中管辖

民商事案件的集中管辖，是基于特定时期的司法政策和民商事纠纷的自身特点，由最高人民法院通过统一指令管辖方式将某些类型的民商事纠纷交给特定的人民法院管辖的制度。与为我国加入世贸组织，提升涉外案件审判质量，维护我国司法的国际形象而实施涉外民商事案件集中管辖不同，该《规定》确立的证券纠纷代表人诉讼集中管辖制度之目的，在于集中优质审判资源，实现对虚假陈述、内幕交易、操纵市场等证券侵权行为所引发的证券赔偿纠纷的公正裁判。这类纠纷量多面广，中小证券投资者成千上万，遍及全国且地域分散，他们对于人民法院公开、公正地处理证券纠纷抱有极大的期待。集中管辖可以确保证券纠纷代表人诉讼这种新型的诉讼机制有效运转，同时也有利于统一裁判尺度，真正落实习近平总书记关于“让人民群众在每一个司法案件中感受到公平正义”的要求。

* 作者单位：中国人民大学。

因此，《规定》第二条将证券普通代表人诉讼的管辖权，集中于发行人住所地或被告住所地的省、自治区、直辖市政府所在市、计划单列市和经济特区中级人民法院或者专门人民法院。而证券特别代表人诉讼案件，则由涉诉证券集中交易的证券交易所、国务院批准的其他全国性证券交易场所所在地的中级人民法院或者专门人民法院集中管辖。

二、权利登记公告的双重功能

《规定》对证券纠纷代表人诉讼的权利登记公告，进行了精心的设计，扩张了公告的功能。一方面，权利登记公告具有锁定原告范围的功能，这与民事诉讼法第五十四条就起诉时人数尚未确定的代表人诉讼通过公告程序加以确定没有区别；另一方面，《规定》第七条第二款还赋予权利登记公告一个特殊的功能，即辅助确定特别授权诉讼代表人。该条规定：公告应当以醒目的方式提示，代表人的诉讼权限包括代表原告参加开庭审理，变更、放弃诉讼请求或者承认对方当事人的诉讼请求，与被告达成调解协议，提起或放弃上诉，申请执行，委托诉讼代理人等，参加登记视为对上述权限进行特别授权。

实际上，权利登记公告的上述双重功能中，第二项功能设置从根本上解决了证券纠纷代表人诉讼中的特别授权之难题，回答了诉讼代表人的特别授权为何能够及于在一审开庭前补充登记权利的投资者（第八条）以及撤回在先提起的诉讼并加入代表人诉讼的投资者（第十条）的原因，同时也解决了人民法院组织推选诉讼代表人（第十四条）和指定诉讼代表人（第十五条）等情形下，诉讼代表人获得特别授权的权源问题。

三、投资者加入与退出代表人诉讼的两种模式

在大规模的证券侵权诉讼中，投资者采用加入制还是退出制，关系原告适格的判断和判决效力的主观范围。美式证券集团诉讼以退出制为其特征，对于全面保护中小投资者利益、扩大民事司法解决纠纷的机能，节约司法资源提高诉讼效率、规制证券违法行为具有独特的价值。《规定》在区分证券普通代表人诉讼与特别代表人诉讼的基础上，对投资者参与诉讼提供了两种不同的模式，退出制代表人诉讼正式进入实操层面。

一是“默示加入 + 明示退出”模式，适用于中证中小投资者服务中心和中国证券投资者保护基金有限责任公司等投资者保护机构提起或参加的

证券纠纷代表人诉讼，这种诉讼融合了民事诉讼法上代表人诉讼与团体诉讼的制度特征。退出制的适用，背后的深层原因在于投保机构的特殊性质和职责，通过对投保机构诉讼的特别授权，可以使中小投资者“搭便车”而获得侵权赔偿，无需采取任何行动。但如果投资者认为投保机构的诉讼请求不足以保护其合法权益或者不同意投保机构与被告达成的调解协议的，《规定》赋权给投资者向人民法院提交退出声明即可，法院判决或调解书的效力不及于明示退出的投资者。

二是“明示加入+明示退出”模式，适用于证券普通代表人诉讼。只有向人民法院登记权利的投资者才是适格原告，登记权利即为加入的意思表示。这与民事诉讼法上的代表人诉讼具有相似性，不同之处在于，采用特别授权的证券纠纷代表人诉讼既要求明示加入，也要求明示退出，对于诉讼代表人与被告达成的调解协议，投资者有异议的，有权提交退出调解的申请，调解书对该明示退出的投资者不产生效力。允许投资者申请退出调解，是《规定》对中小投资者的特别保护，可以防止诉讼代表人滥用特别授权侵害投资者的利益。

四、证券纠纷代表人诉讼中的两种优先机制

《规定》优化了代表人诉讼的程序机制，对证券纠纷代表人诉讼机制予以分层处理，确立了两种程序优先机制，即证券纠纷代表人诉讼优先于非证券纠纷代表人诉讼、证券特别代表人诉讼优先于证券普通代表人诉讼。

《规定》第二十三条明确了证券纠纷代表人诉讼在审理顺序上的优先性，优先于非证券纠纷代表人诉讼，以保障人民法院裁判的统一性。对基于同一证券违法行为发生的代表人诉讼案件或其他个别诉讼案件，《规定》要求代表人诉讼案件原则上先行审理，而其他证券投资者个别诉讼案件则中止审理，等待代表人诉讼的裁判结果。《规定》第三十二条强化了集中管辖的意义，廓清了证券特别代表人诉讼程序启动的优先性，优先于普通代表人诉讼，即启动特别代表人诉讼程序的，普通代表人诉讼不仅让位于特别代表人诉讼，而且被特别代表人诉讼吸收。因此，在先受理的法院不具有特别代表人诉讼管辖权的，应当将案件及时移送，由特别代表人诉讼管辖权法院一并审理。

五、证券纠纷代表人诉讼中判决效力的扩张

《规定》第二十九条依据民事诉讼法第五十四条第四款的规定，赋予证券纠纷代表人诉讼判决对其他投资者的扩张效力。这里的“其他投资者”，是指事实和理由的主张与代表人诉讼生效判决、裁定所认定的案件基本事实和法律适用相同，且符合权利人范围但未参加登记的投资者。判决效力扩张的程序是法院审查其他投资者的具体诉讼请求后，裁定适用已经生效的判决和被告赔偿的金额，裁定一经作出立即生效。

按照《规定》，前诉中声明退出的投资者，不受生效判决效力所及。这类投资者符合权利人范围，且基于同一证券违法事实主张权利，另行向法院起诉的，人民法院如何处理，值得进一步讨论。

【民法典解读】

关于民法典的几个主要问题

刘俊臣*

编纂民法典是党的十八届四中全会提出的重大立法任务，是以习近平同志为核心的党中央作出的重大法治建设部署。十三届全国人大三次会议高票通过了民法典，这标志着新中国第一部以法典命名的法律编纂任务顺利完成，在新中国法治建设史上具有里程碑意义。本文就编纂民法典的重大意义、总体思路和主要内容，介绍一些情况，谈谈个人的学习体会和看法。

一、编纂民法典的重大意义

编纂一部真正属于中国人民的民法典，是新中国几代人的夙愿。党和国家曾于 1954 年、1962 年、1979 年和 2001 年先后四次启动民法制定工作。第一次和第二次由于多种原因而未能取得实际成果。1979 年第三次启动是在党的十一届三中全会的背景下进行的，当时领导法制委员会工作的彭真、习仲勋同志经过深入研究后，确定按照“成熟一个通过一个”的工作思路，先制定民事单行法律。之后，修改了婚姻法，相继出台继承法、民法通则、收养法、担保法、合同法等。2001 年第四次启动，又先后制定了物权法、侵权责任法、涉外民事关系法律适用法等。

第一，编纂民法典是坚持和完善中国特色社会主义制度的现实需要。民法典是中国特色社会主义法律体系中的基础性法律。编纂一部具有中国特色、体现时代特点、反映人民意愿的民法典，能够充分彰显、集中体现

* 作者单位：全国人民代表大会常务委员会。

中国特色社会主义法律制度成果和制度自信，有力促进和保障中国特色社会主义事业不断发展，也能够为人类法治文明的发展进步贡献中国智慧和中国方案。

第二，编纂民法典是推进全面依法治国、推进国家治理体系和治理能力现代化的重大举措。民法典是“社会生活的百科全书”。民事法律关系是社会生活中最为常见的法律关系。民事关系调整得好，各种社会关系就比较和谐，各种社会矛盾也就比较和缓。民法与国家其他领域法律规范一起，支撑着国家制度和国家治理体系。

第三，编纂民法典是坚持和完善社会主义基本经济制度、推动经济高质量发展的客观要求。民法典是市场经济的基本法。法人制度为各类市场主体参与公平竞争提供了基本准入资格和民商事行为规范；物权制度为国家所有权、集体所有权等公有制的实现、为保护和促进各类所有制经济发展提供了制度安排；合同制度为各类民事主体自由参与市场交易、实现经济利益提供了基本行为准则。

第四，编纂民法典是增进人民福祉、维护最广大人民根本利益的必然要求。民法典是广大人民群众的权利保护法。权利能力制度关系每个人一生的权利，甚至关系胎儿的利益；监护制度关系未成年人的健康成长，也关系老年人安享晚年；婚姻家庭制度关系每个人的终身大事和婚姻家庭幸福。

二、编纂民法典的总体考虑

编纂民法典按照“两步走”的工作思路进行：第一步先出台民法总则；第二步编纂民法典各分编，适时出台民法典。王晨副委员长在关于民法典草案的说明中，阐明了编纂民法典的总体要求和基本原则。这些要求和原则为民法典编纂工作提供了重要指导和基本遵循。

第一，坚决贯彻民法典编纂工作的指导思想和基本原则。自2015年民法典编纂工作启动以来，全国人大常委会党组多次向党中央请示汇报，习近平总书记三次主持中央政治局常委会会议，听取并原则同意全国人大常委会党组就民法典编纂工作所作的请示汇报，确定了民法典编纂工作的总体考虑、工作步骤、体例结构等重大问题。栗战书委员长、王晨副委员长对做好民法典草案研读讨论和大会审议工作提出了明确意见和具体要求。正是因为在编纂工作中坚决落实党中央确定的指导思想和基本原则，努力把党的意志转化为国家意志，把党言党语转化为法言法语，才确保了民法典编纂工作的成功。

在民法典编纂过程中始终贯彻和遵循以下五条基本原则：一是坚持正确政治方向，二是坚持以人民为中心，三是坚持立足国情和实际，四是坚持依法治国与以德治国相结合，五是坚持科学立法、民主立法、依法立法。

第二，把握好民法典编纂工作的基本定位。一是编纂式立法。编纂民法典既不是推倒重来，制定全新的法律，也不是简单的法律汇编，而是对现行民事法律的编订纂修。二是法典化立法。法典化立法的最大特点就是集大成、成体系、成系统。既要妥善处理好民法典总则编与各分编之间、各分编相互之间以及各分编内部的体系性问题，又要协调好民法典与相关法律的系统性问题。三是民事基本法立法。编纂民法典属于民事基本法立法，要解决的是民事法律关系的根本性、普遍性问题。

第三，积极回应社会关切。坚持问题导向、目标导向、法效导向，注重解决实际问题，使民法典立得住、行得通、真管用。如为解决民间借贷领域存在的突出问题，维护正常的金融秩序，在合同编中增加禁止高利放贷的规定。

三、民法典的主要内容

民法典包括 7 编，即总则编、物权编、合同编、人格权编、婚姻家庭编、继承编、侵权责任编，以及附则，共 84 章、1260 条，总字数 10 万余字。结构安排上有几个特点：一是坚持民商合一，二是单设人格权编，三是不设独立的债权编，四是不设独立的知识产权编，五是单设侵权责任编。

（一）总则编

总则编共 10 章、204 条，与民法通则相比，主要修改内容有：

第一，为贯彻习近平生态文明思想，将绿色原则确立为民法的基本原则，并在各分编的相关制度中体现了绿色原则。

第二，完善了监护制度。扩大了被监护人的范围，强化了政府的监护职能，并增加了临时监护制度和临时生活照料制度。

第三，确立了特别法人制度。按照法人设立目的和功能等方面的不同，将法人分为营利法人、非营利法人和特别法人。

第四，完善了民事权利制度。对知识产权作了概括性规定，以统领各知识产权单行法律。规定法律对数据、网络虚拟财产的保护有规定的，依照其规定。

第五，完善了民事责任制度，增加规定了“好人条款”和“英烈保护条款”等。

（二）物权编

物权编共5个分编、20章、258条，与物权法相比，主要修改内容有：

第一，完善农村集体产权相关制度。完善征地补偿制度，与修改后的土地管理法相衔接；落实土地承包“三权分置”制度；考虑到农村集体建设用地和宅基地制度改革正在推进过程中，在民法典中作出衔接性规定。

第二，完善建筑物区分所有权制度。强化业主对共有部分共同管理的权利，适当降低作出决议的门槛；完善公共维修资金使用的表决规则；明确共有部分产生的收益属于业主共有。

第三，增加规定居住权。为落实党中央的要求，认可和保护民事主体对住房保障的灵活安排，满足特定人群的居住需求，在用益物权部分增加一章，专门规定居住权。

第四，关于改善营商环境。扩大担保合同的范围，进一步明确了实现担保物权的统一受偿规则和清偿顺序；删除具体登记机构的规定，为建立统一的动产抵押和权利质押登记制度留下空间；完善流押、流质的规定。

第五，关于住宅建设用地使用权续期。作出原则性规定，国务院正式提出修改有关法律的议案后，再进一步做好衔接。

（三）合同编

合同编共3个分编、29章、526条，与合同法相比，主要修改内容有：

第一，增加典型合同类型。为适应经济社会发展的现实需要，增加了保证合同、保理合同、物业服务合同、合伙合同这四种新的典型合同。

第二，补充完善债法的一般规则。明确了非合同之债的法律适用问题，完善无因管理、不当得利的具体规则。

第三，完善国家订货合同制度。规定国家根据抢险救灾、疫情防控或者其他需要下达国家订货任务、指令性计划的，有关民事主体之间应当依照有关法律、行政法规订立合同。

第四，完善电子合同的订立、履行规则。为适应电子商务和数字经济快速发展的需要，规范电子交易行为，对电子合同订立、履行的特殊规则作了规定。

第五，完善格式条款制度。规定提供格式条款的一方未尽到合理提示义务的，对方可以主张这些条款不成为合同的内容。

第六，禁止高利放贷。为了防范金融风险，维护正常的金融秩序，明确规定，禁止高利放贷，借款的利率不得违反国家有关规定。

第七，细化客运合同的规定。明确旅客应当按照有效客票记载的时间、班次和座位号乘坐，承运人应当严格履行安全运输义务等。

（四）人格权编

人格权编共 6 章、51 条，规定了人格权的一般规则，并对生命权、身体权和健康权，姓名权和名称权，肖像权，名誉权和荣誉权，隐私权和个人信息保护等作了明确规定。

第一，确立器官捐献的基本规则。明确自然人生前未表示不同意捐献的，死亡后其配偶、成年子女、父母可以采用书面形式共同决定捐献。

第二，规范与人体基因、人体胚胎等有关的医学和科研活动。

第三，增加禁止性骚扰的规定。明确了性骚扰的认定标准，并规定了机关、企业、学校等单位防止和制止性骚扰的义务。

第四，明确禁止利用信息技术手段侵害他人的肖像权。对利用信息技术手段“深度伪造”他人的肖像、声音，侵害他人人格权益的行为，民法典从人格权保护角度作了明确规定。

第五，明确规定隐私权和个人信息保护。明确了隐私的定义，对侵害他人隐私权的常见行为作了列举性规定。界定了个人信息的定义，明确处理个人信息遵循的原则和条件，强化个人信息的保护。

（五）婚姻家庭编

婚姻家庭编共 5 章、79 条，与婚姻法、收养法相比，主要修改内容有：

第一，明确规定树立优良家风。为了贯彻落实习近平总书记关于加强家庭文明建设的讲话精神，体现社会主义核心价值观，明确规定家庭应当树立优良家风，弘扬家庭美德，重视家庭文明建设。

第二，修改了禁止结婚的条件。规定患有重大疾病一方应当在结婚登记前如实告知对方，不如实告知的，对方可以请求撤销该婚姻。

第三，吸收新司法解释的规定，明确了夫妻共同债务的范围，回应社会关切。

第四，规范亲子关系确认或者否认之诉。规定对亲子关系有异议且有正当理由的，父或者母可以向人民法院提起诉讼，请求确认或者否认亲子关系；成年子女可以向人民法院提起诉讼，请求确认亲子关系。

第五，规定离婚冷静期。在三十天的离婚冷静期内，任何一方可以向登记机关撤回离婚申请。

第六，完善收养制度。明确规定了最有利于被收养人的原则，删除了现行收养法关于被收养的未成年人应为十四周岁以下的限制，并完善了收养人的条件要求。

（六）继承编

继承编共4章、45条，与继承法相比，主要修改内容有：

第一，完善了遗嘱继承制度。适应实践发展的需要，增加打印、录音录像等新的遗嘱形式，并修改了遗嘱效力规则，还增加规定了遗嘱信托。

第二，增加遗产管理人制度。为确保遗产得到妥善管理、顺利分割，新增了遗产管理人制度，明确了遗产管理人的产生方式、职责和权利等内容。

第三，完善遗赠扶养协议制度。适当扩大了社会组织作为扶养人的范围，以满足养老形式多样化需求，促进老龄事业发展。

第四，完善了无人继承遗产的归属制度。明确此类财产收归国有后应当用于公益事业。

（七）侵权责任编

侵权责任编共10章、95条，与侵权责任法相比，主要修改内容有：

第一，确立“自甘风险”规则。规定自愿参加具有一定风险的文体活动，因其他参加者的行为受到损害的，受害人不得请求其他参加者承担侵权责任。

第二，规定“自助行为”制度。自然人在自己的合法权益受到侵害，来不及请求国家机关保护的情况下，自己可以采取合理措施保护权益。

第三，完善精神损害赔偿制度。因故意或者重大过失侵害自然人具有人身意义的特定物造成严重精神损害的，被侵权人有权请求精神损害赔偿。

第四，规定侵犯知识产权的惩罚性赔偿。切实加强对知识产权的保护，显著提高侵犯知识产权的违法成本，充分发挥法律的威慑作用。

第五，完善机动车交通事故责任规则。为鼓励助人为乐，规定无偿搭乘人在交通事故中受到损害的，应当减轻机动车一方的赔偿责任，但是机动车使用人有故意或者重大过失的除外。

第六，完善生态环境损害责任。增加规定生态环境损害的惩罚性赔偿，明确了生态环境损害的修复和赔偿制度。

第七，完善高空抛物坠物规则。“头顶上的安全”引发社会关注，民法典对高空抛物坠物规则作了进一步的完善。从建筑物中抛掷物品或者从建筑物上坠落的物品造成他人损害的，由侵权人依法承担侵权责任。公安等机关应当依法及时调查，查清责任人；经调查难以确定具体侵权人的，才适用由可能加害的建筑物使用人给予补偿的规定。

法律的权威和生命力在于实施。2020 年 5 月 29 日，在民法典通过后的第一时间，习近平总书记主持中央政治局集体学习民法典，并就贯彻实施民法典发表了重要讲话，充分体现了习近平总书记和党中央对民法典实施工作的高度重视，为民法典实施工作指明了方向，也为民法典实施工作创造了良好的政治环境和社会氛围。我们要认真贯彻落实习近平总书记的重要讲话精神，切实做好民法典实施工作，让民法典走到群众身边，走进群众心里。

民法典实施的若干理论与实践问题

刘贵祥*

内容摘要 正确理解民法典的精神和内容，是贯彻实施民法典的前提和基础，这就离不开法律解释方法的掌握和运用。抽象地说，民法典既是行为规范，也是裁判规范，但具体到某一条文或者规定，则可能是行为规范而非裁判规范，也可能是裁判规范而非行为规范，正确辨识规范性质对于民法典的正确实施具有重要意义。从法律渊源的角度看，民法典在法律之外，承认习惯亦为正式法源，因此正确处理法律与习惯之间的关系，也是贯彻实施民法典的基本要求。此外，民法典为私法和实体法，且采民商合一的立法体例，处理好民法典与公法的关系、民法典与程序法的关系以及民法典与商事特别法的关系，都是正确实施民法典的应有之义。民法典施行后，要正确处理新旧法律的衔接适用，就要对民法典的溯及力有全面的认识，而民法典在通过后施行前，亦对当前的司法实践具有一定指导意义。

关键词 民法典 法律解释方法 规范性质 习惯 时间效力 非讼程序

万众期待的《中华人民共和国民法典》（以下简称民法典）已于2020年5月28日由十三届全国人大三次会议审议通过，并于2021年1月1日起施行。民法典是新中国成立以来第一部以“法典”命名的法律，是新时代中国特色社会主义法治建设的重大成果；是一部体现我国社会主义性

* 作者单位：最高人民法院。

质，符合人民利益和愿望，顺应新时代发展需求的法律；是一部固根本、稳预期、利长远的基础性法律，具有鲜明的中国特色、实践特色、时代特色。法律的生命在于实施。民法典编纂完成后，当务之急是如何确保民法典得到正确贯彻实施。5月29日，中央政治局就“切实实施民法典”举行集体学习，习近平总书记发表了题为“充分认识颁布实施民法典重大意义，依法更好保障人民合法权益”的重要讲话，为我们全面认识民法典颁布实施的重大意义提供了强大的理论武装、思想指引、行动纲领。人民法院要认真学习贯彻习近平总书记关于实施民法典的重要讲话精神，坚持以人民为中心发展思想，扎实做好民法典贯彻实施工作，进一步提高民事审判工作水平，切实满足人民群众的新要求新期待。民法典的实施是一项系统工程，本文仅从法律适用的角度选取与民法典实施有关的几个理论和实践问题谈谈自己的看法。

一、如何正确理解民法典的精神与内容

从民法典的结构看，立法机关采取的显然是“总分”的编纂技术：不仅设总则编规定了整个法典的一般性规则，在分则各编中，也是先规定适用于该编的一般性规则，再规定具体规则或者特别规则。例如在合同编中，先规定通则，再规定各类典型合同和准合同；而在合同编的通则分编中，也是先有“一般规定”，再规定其他内容。物权编更是如此，不仅有通则分编的设置，而且各分编都有“一般规定”。人格权编、婚姻家庭编、继承编和侵权责任编虽然未设分编，但也是先以专章规定“一般规定”，再规定其他内容。这种提取“公因式”的编纂技术可以有效节约立法资源，并使得民法典的外部体系更加严谨、科学，但也加大了法律适用过程中“找法”的难度。例如，当我们在处理一个具体的合同纠纷案件时，便无法在法典的某个特定地方查找到应当适用于该合同纠纷的全部规则，而必须在整个法典中去寻找可能适用的所有规则。根据从特殊到一般的思维逻辑，在有特别规定的情况下，应优先适用特别规定，只有在没有特别规定时，才能适用一般规定。因此，在处理某一具体的合同纠纷案件时，先要到民法典合同编的典型合同分编中查找是否存在与该合同有关的特别规定。如果有，就要优先适用特别规定，只有在没有找到特别规定时，才能适用合同编通则部分的规定，也只有在合同编通则部分没有特别规定时，

才能适用总则编关于法律行为与代理的一般规定。例如“融资租赁合同”一章就融资租赁合同无效的情形和后果作了特别规定，自应优先适用该规定，再适用合同编通则以及总则编的相关规定。当然，有时问题可能会更加复杂，例如所要处理的合同纠纷不是一个因典型合同引起的纠纷，而是无名合同引起的纠纷；再如所要处理的合同纠纷虽然是因典型合同引起的纠纷，但民法典并未将处理该合同纠纷的特别规则全部规定于该典型合同，而是要求我们适用与其有关的其他典型合同的规定。如民法典在“建设工程合同”一章中规定：“本章没有规定的，适用承揽合同的有关规定。”这是因为，建设工程合同是一种特殊的承揽合同，民法典虽然将其作为典型合同予以规定，但也根据“总分”的思路，先规定承揽合同，再规定建设工程合同，且明确规定了二者在法律适用上的相互关系。至于因无名合同引起的纠纷，依民法通说，应优先适用与其最为类似的典型合同的特别规定，如果没有特别规定，再适用合同编通则部分的规定以及总则编关于法律行为和代理的一般规定。此外，无论是典型合同还是无名合同，根据民法典第六百四十六条的规定，在没有关于该合同的特别规定时，如果该合同是有偿合同，还应在适用合同编通则部分之前，优先适用民法典关于买卖合同的规定。可见，民法典的结构极为复杂，对我们找法提出了挑战，当然也增大了我们理解并运用民法典的难度。

从法律规范的角度看，民法典由基本原则与具体规则两部分组成。前者旨在强调民法典的精神，如自愿原则、诚信原则、公序良俗原则、公平原则、绿色原则等都充分体现了社会主义价值观，并贯穿于整个民法典始终；后者旨在落实基本原则的要求，为民事主体如何行为提供具体指引，也为民事纠纷的处理提供具体的裁判依据。需要说明的是，在民事审判中，当民法典有具体规则时，应适用民法典的具体规定，而不能直接适用民法典关于基本原则的规定，以防止出现“向一般条款逃避”的现象。只有在民法典对某一特定问题没有具体规定，且无法通过法律解释获得裁判依据时，才能根据民法典规定的基本原则作出裁判。就此而言，虽然民法典规定了大量旨在落实基本原则的具体规则，但由于人类理性的有限性，立法机关不可能预见到所有可能发生的民事争议并事先将体现基本原则的所有规则悉数纳入民法典中予以规定。在此背景下，允许人民法院在法律适用过程中对法律进行解释就是不可避免的。尤其值得注意的是，我国

《宪法》和《立法法》均明确规定了最高司法机关可就具体法律适用问题制定相关司法解释，因此立法机关在民法典的编纂过程中也有意为司法解释的制定预留了空间。例如，民法典第三百二十二条仅就添附制度作了原则性的规定，要求人民法院在认定因加工、附合、混合出现新物的归属时，在当事人没有约定且法律也没有规定时应“按照充分发挥物的效用以及保护无过错当事人的原则确定”，这一规定显然过于抽象，需要我们总结司法实践积累的经验，通过司法解释予以具体化。也正因为如此，民法典通过后，最高人民法院已着手对过去发布的司法解释进行全面清理，并根据司法实践的需要制定新的司法解释。

当然，无论是人民法院在个案审理中解释适用法律还是最高司法机关通过司法解释对民法典的规定予以具体化，都必须以正确理解民法典的精神与内容为前提。在最高人民法院党组理论学习中心组贯彻落实习近平总书记重要讲话精神、学习民法典专题辅导会上，周强院长亦强调指出：“贯彻实施好民法典，必须吃透民法典精神，正确理解民法典的核心要义和重要制度，正确适用民法典的规定，保障人民权益。”问题是，如何才能正确理解民法典的精神和内容呢？过河的目标确定了，就要解决船和桥的问题，亦即方法路径问题。因此，正确理解民法典的精神和内容，离不开法律解释方法的掌握和运用。在以往的司法实践中，有时会听到一些法官抱怨自己明明是依据法律作出的裁判，却无法获得当事人乃至社会的认可。一些学者也将此种情形描述为社会效果与法律效果的冲突。在笔者看来，之所以出现此种情形，主要还是因为法官没有掌握并运用好法律解释的方法，从而没能对法律作出正确的理解，甚至出现断章取义、张冠李戴的现象。因此，当法律适用的结果与社会的公平正义观念格格不入时，人民法院一定要先检讨自己对法律的理解是否正确。

法律解释方法可以分为广义的法律解释方法与狭义的法律解释方法。狭义的法律解释方法是指法律有规定但不清楚或者有歧义时，法律适用者应采取一定的方法探求立法者的真意，进而对法律的规定作出正确的理解。一般认为，狭义的法律解释方法主要有四种：文义解释、体系解释、历史解释和目的解释。也就是说，我们在对法律进行解释适用时，不仅要从条文所使用的语言文字来理解法律，而且要将条文放到整个法律体系中去进行理解，并将条文制定的背景以及立法者所追求的目的作为理解法律的重要依据。可见，正确理解法律是一项十分艰巨而复杂的工作，尤其是民法典的内容博大精深，且条文众多，理解起来确实不易。这就要求我们在学习民法典时，不仅要了解条文的字面含义，还要掌握条文制定的背景和立法者的目的，更要将具体条文放到整个法典中进行体系性的把握。也就是说，不仅要知其然，还要知其所以然。例如，合同法第五十一条规定了无权处分所订立的合同仅在真正权利人予以追认或者无权处分人事后取得处分权时才有效，否则就应认定无效。这一规定虽然保护了真正权利人的利益，但却可能给受让人带来较大的交易风险，因为在真正权利人不予追认，无权处分人事后也没有获得处分权的情况下，一旦受让人不符合善意取得制度规定的条件（如标的物尚未交付或者登记），则受让人既无法获得物权的保护，也无法获得有效合同的保护。为了解决受让人的交易安全问题，《最高人民法院关于审理买卖合同纠纷案件适用法律问题的解释》（以下简称《买卖合同司法解释》）第三条将区分原则运用于此，明确规定买卖合同不因出卖人无处分权而无效，且在出卖人因无权处分而无法履行买卖合同时，对受让人应承担违约责任。民法典吸收了司法解释的成果，没有再在合同编中继续规定无权处分规则，并在该编中的第五百九十七条明确规定“因出卖人未取得处分权致使标的物所有权不能转移的，买受人可以解除合同并请求出卖人承担违约责任”。问题是，无论是《买卖合同司法解释》还是民法典，是否意味着处分权不再具有法律意义呢？答案显然是否定的，因为无论是根据物权法第一百零六条的规定还是根据民法典物权编中的第三百一十一条的规定，在出卖人无权处分时，即使买卖合同有效且当事人已经交付标的物或者已就标的物办理登记手续，物权原则上也不发生变动，除非受让人构成善意取得。可见，处分权的有无虽然不影响买卖合同的效力，但却会影响物权变动的效力，从而为善意取得制度的适用提供了前提。如果我们不从体系上把握《买卖合同司法解释》第三条，不了解民法典删除合同法第五十一条的背景和目的，就无法正确理解民法典的相关规定，自然也就谈不上正确适用法律。

广义上的法律解释方法除了狭义的法律解释方法外，还包括填补制定法漏洞的方法，主要包括类推适用、目的性限缩等。制定法漏洞的填补仅适用于民商事审判而不适用于刑事审判和行政审判，因为刑事审判应严格贯彻罪刑法定原则的要求，不允许人民法院通过类推适用等方法来填补制定法的漏洞，行政审判旨在监督政府依法行政，也要求以现行法的规定作为司法审查的依据。在民商事审判中，基于“法官不得以法无明文规定为由拒绝裁判”的要求，即使在制定法没有规定的情形下，人民法院也应采用一定的方法来填补制定法的漏洞，再根据填补漏洞后的规则作出裁判。在实行立案登记制后，过去的一些错误做法得到了根本遏制，例如一些法院常常以法无明确规定为由不受理案件的情况基本上已不存在，但在司法实践中，又出现人民法院常常以法无明确规定为由直接驳回原告诉讼请求的情况。在笔者看来，“不得拒绝裁判”不仅是指原告符合起诉条件时要受理案件，更指人民法院不能简单以法律没有规定为由（裁判文书的表述通常是“原告的主张没有法律依据”）驳回原告的诉讼请求，而应通过对现行法进行解释来填补制定法的漏洞，并据此作出裁判。当然，根据填补漏洞后的规则，原告的诉讼请求也可能无法获得支持，但即使如此，人民法院驳回原告诉讼请求的理由，也不应是法无明文规定，而是填补漏洞后的规则。这里需要说明的是，对制定法漏洞的填补在本质上仍然是一种法律解释，而非人民法院在进行立法，因为制定法是否存在漏洞以及将何种类似的规则类推运用于本案，都需要人民法院对现行法进行全面的解释。这就好比高鹗续写《红楼梦》，既然是续写，就不能天马行空、我行我素，而要受到前八十回的约束，只有在对前八十回进行深入研究并作出正确理解的基础上，才能成功完成续写的任务。人民法院采用一定的方法填补制定法的漏洞也是如此，只有在对现行法作出正确理解后，才能将最相类似的规则恰当地运用于待审案件，或者将已有的规则在经过目的性限缩或者扩张后恰当地运用于待审案件，进而获得一个公平公正的判决。

二、如何正确辨识民法典的规范性质

一般来说，法律既是行为规范，也是裁判规范，民法典也不例外。从行为规范的角度看，民法典全面规定了各种民事权利的内容和相应的救济方式，从而为民事主体乃至公权力主体划定了行为的界限。以物权为例，民法典第一百一十四条明确规定物权是权利人依法对特定的物享有直接支配和排他的权利。依民法通说，物权的这种排他性的支配地位不仅包含排除其他民事主体对物权的不当干预，也包含排除公权力对物权的不当干预，因而发挥着制约政府公权力的作用。也正因为如此，习近平总书记在讲话中强调指出“国家机关履行职责、行使职权必须清楚自身行为和活动的范围和界限。各级党和国家机关开展工作要考虑民法典规定，不能侵犯人民群众享有的合法民事权利，包括人身权利和财产权利”，并要求将民法典实施水平和效果作为衡量各级党和国家机关履行为人民服务宗旨的重要尺度。

对人民法院来说，民法典的意义更多地体现在它作为裁判规范，为人民法院公平公正地解决纠纷提供了更加明确的指引和依据。以民法典人格权编关于具体人格权和一般人格权的规定为例，它不仅宣示了人格权的价值和内容，也规定了人格权的保护范围，从而一方面为其他民事主体和公权力主体划定了行为界限，同时也为侵害人格权纠纷案件的审理提供了更加明确的指引和依据。当然，这里涉及如何处理民法典人格权编与侵权责任编的关系问题。笔者认为，尽管侵权责任编对人格权的保护发挥着极其重要的作用，但这并不意味着人格权独立成编没有意义，因为侵权责任法对人格权的保护主要是通过追究行为人因侵害人格权而发生的损害赔偿责任来实现的（当然，承担损害赔偿尤其是精神损害赔偿的方式可以多样），在人格权未受到现实侵害但有发生侵害的危险或者虽有现实侵害但权利人希望行为人停止侵害时，侵权责任法有时却无能为力或者虽然可以发挥作用，但却会面临行为人的诸多抗辩，如主观过错、诉讼时效等。此时，权利人依据人格权编的规定，直接以人格权编关于具体人格权和一般人格权的规定为请求权基础，请求行为人停止侵害、排除妨害或者消除危险，对权利人来说可能会更加便利。此外，由于侵权责任编只能就侵权责任的一般规则作出规定，而不可能根据权利的不同就各种侵害权利的行为分别进行规定，这就要求人民法院在适用侵权责任编时，必须先根据人格权编中各种权利的具体内容来确定受侵权责任编保护的限度，再根据侵权责任编来确定行为人是否须承担侵权责任。尤其是人格权的保护程度所涉及的价值判断因素很多，通过人格权独立成编系统地规定受法律保护的人格权范围及其内容，既可起到宣示权利的作用，也可为侵权责任编的适用提供指引和依据，其意义不可谓不大。

值得注意的是，如果抽象地说，法律当然既是行为规范，也是裁判规范，但具体到某一条文或者规定，则可能只是行为规范而非裁判规范，或者只是裁判规范而不是行为规范。尤其是立法机关为了提高人民群众的法律意识，防范法律风险的发生，在民事法律包括民法典中规定了大量宣示性、倡导性和警示性的规定。例如，既然民法典人格权编已就各种具体人格权和一般人格权作了明确规定，那么总则编中关于一般人格权（第一百零九条）和具体人格权（第一百一十条）的规定就只能理解为宣示性的规定。再如，民法典合同编中的第四百七十条关于合同内容一般包括的条款以及在典型合同分编中有关各有名合同的内容一般包括的条款的规定，其目的显然是倡导当事人在订立合同时最好将合同的内容约定清楚、全面，从而防止将来发生纠纷，此类规定仅仅是立法机关倡导当事人如何行为的规范，不能作为人民法院裁判案件的依据——人民法院不能以当事人签订的合同不具备这些条款为由认定合同不成立或者无效。

更为复杂的是，民法典中还包含一些警示性的规定，此类规范与倡导性规范不同，其目的并非倡导当事人为一定的行为，而是提醒当事人注意不要为一定的行为，否则可能会承担不利的后果，但条文或者规定本身却并未给出具体的不利后果，而是要求人民法院通过适用其他规定来确定具体的法律后果，因此这种规定在规范性质上属于行为规范而非裁判规范。由于警示性规定通常也会采用“不得”的表述，因此实践中常常有人将警示性规定误解为法律、行政法规的强制性规定，并据此作出裁判。例如，民法典物权编中的第三百九十九条关于不得抵押财产的规定，其中规定了“所有权、使用权不明或者有争议的财产”不得抵押，一些法院据此认定当事人以“所有权、使用权不明或者有争议的财产”订立的抵押合同因违反法律、行政法规的强制性规定而无效。显然，即使抵押财产的所有权、使用权不明或者财产权属有争议，结果无非是两个：一是抵押人有权处分；二是抵押人无权处分。如前所述，无权处分并不影响合同的效力，因此，无论是有权处分还是无权处分，抵押人签订的抵押合同都不会因为当事人违反上述规定而无效。那么，这条规定的意义何在呢？在笔者看来，这一规定的意义在于提醒当事人注意，如果抵押物存在权属争议且人民法院最终认定抵押人构成无权处分，他所订立的抵押合同可能会因无法履行而必须对债权人的损失承担赔偿责任。也就是说，这一条的该项规定是针对行为人作出的警示性规定，不能作为裁判的依据。

应当引起注意的还有，民法典第一百四十三条将“意思表示真实”规定为民事法律行为有效的条件之一，是否意味着意思表示不真实，民事法律行为就必然无效呢？显然，我们不能作此反对解释，因为根据民法典第一百四十六至第一百五十一条的规定，意思表示不真实的情况较为复杂，相应的法律后果也不统一：如果是通谋虚伪意思表示，则民事法律行为无效，但其隐藏的行为并不必然无效，是否无效，取决于法律的规定；如果当事人的意思表示不真实是因为对方或者第三人实施欺诈、胁迫所致，则民事法律行为可撤销。可见，民法典第一百四十三条仅仅是从正面规定民事法律行为应当具备的有效要件，但不能作为人民法院认定民事法律行为无效的依据。人民法院认定民事法律行为的效力，应以民法典第一百四十四条及其以下的条文作为裁判依据。

总之，严格区分行为规范与裁判规范，对于人民法院正确适用法律，具有极其重要的意义。此外，对于裁判规范，还有必要进一步区分为任意性规定和强行性规定。所谓任意性规定，是指当事人可以通过意思表示排除其适用的规定；所谓强行性规定，则是指当事人的意思不能排除其适用的规定。一般而言，合同原则上仅在当事人之间发生效力，因而民法典合同编的规定大多是任意性的规定，只有在当事人没有特别约定时，才需要适用民法典合同编的规定来确定当事人之间的权利义务关系，而在当事人有明确约定时，就应根据当事人的约定来认定权利义务关系。相反，因物权具有对世效力，所以民法典物权编的规定原则上是强行性规定，当事人的约定与物权编的规定不一致时，应根据法律的规定确定权利义务关系。也就是说，如果当事人的约定违反物权法定原则，虽然该约定不因此无效，但原则上仅仅具有合同上的效力，不具有物权的效力。当然，上述分类是否已经涵盖裁判规范的全部情况，值得探讨。笔者认为，民法典中的裁判规范除了任意性规定和强行性规定外，还有一类规定，就是赋权性规定。这类规定形式上也常常采用“应当”“不得”的表述，因而亦常常被人误解为法律、行政法规的强制性规定，但由于其目的并非旨在要求当事人为一定行为或者不为一定行为，而是旨在规定行为人实施特定行为必须有相应的权限或者授权，因此与法律、行政法规的强制性规定存在根本性区别。例如民法典第一百六十八条规定：“代理人不得以被代理人的名义与自己实施民事法律行为，但是被代理人同意或者追认的除外。代理人不得以被代理人的名义与自己同时代理的其他人实施民事法律行为，但是被代理的双方同意或者追认的除外。”据此，无论是代理人自己代理还是双方代理，实质上构成无权代理，行为的效力和后果依据无权代理处理即可，并非因违反法律、行政法规的强制性规定而当然无效。再如，民法典第三百零一条规定："处分共有的不动产或者动产以及对共有的不动产或者动产作重大修缮、变更性质或者用途的，应当经占份额三分之二以上的按份共有人或者全体共同共有人同意，但是共有人之间另有约定的除外。"据此，如果当事人之间没有约定，在共同共有中未经全体共有人同意或者在按份共有中未经占份额三分之二共有人同意，则处分共有物的行为就构成无权处分，行为的效力依据前述关于无权处分的分析认定即可，不能简单以违反法律、行政法规的强制性规定为由认定该行为无效。

三、如何正确把握法律与习惯的关系及其适用

民法典第十条规定："处理民事纠纷，应当依照法律；法律没有规定的，可以适用习惯，但是不得违背公序良俗。"可见，民法典虽然被誉为"社会生活的百科全书"，但国家并没有试图通过民法典的编纂来垄断民法的法源，而是在民法典及其他制定法之外，还承认习惯是民法的法源。民法典将习惯作为法律渊源，意味着人民法院在法律及司法解释没有规定的情况下，在通过类推适用等广义的法律解释方法对制定法的漏洞进行填补之前，要先审查本案纠纷的处理是否存在可供适用的习惯。如果存在不违背公序良俗的习惯，就应将该习惯作为审理案件的依据，只有在不存在可供适用的习惯时，才能通过漏洞填补的方法来解决规则缺失的问题。

值得注意的是，民法典关于法律渊源的规定来自民法总则第十条，而后者在制定时有意修改了民法通则关于法律渊源的规定。民法通则第六条规定："民事活动必须遵守法律，法律没有规定的，应当遵守国家政策。"应该说，将国家政策作为法律渊源，是当时特定历史时期的产物，因为国家政策在新中国成立后的民事审判中长期发挥着极为重要的作用。如前所述，新中国成立后的民商事法律是随着改革开放的发展而逐步建立和完善的。在改革开放的初期，由于立法机关采取了"宜粗不宜细""成熟一部制定一部"的指导思想，大量民商事法律制度都付之阙如，在法律没有规定的场合，只能通过适用国家政策处理民事纠纷。在此背景下，将国家政策作为一种法律渊源，显然是实事求是的态度。当然，相对于法律，国家政策具有时代性和不稳定性，原则性也较强，在社会主义法律体系已经形

成的情况下，绝大多数国家政策已经通过立法转化为法律，再将国家政策继续作为法律渊源，既无必要，也会与依法治国的治国方略不相适应。因此，民法总则不再将国家政策作为法律渊源，而是借鉴其他国家或地区的通行做法，明确规定习惯可以作为正式的法律渊源。对此，不仅民法典总则编予以继受，且在民法典的分则部分，立法机关也强调指出习惯对于制定法的补充作用。例如，物权编中的第二百八十九条规定："法律、法规对处理相邻关系有规定的，依照其规定；法律、法规没有规定的，可以按照当地习惯。"再如，人格权编中的第一千零一十五条第二款规定："少数民族自然人的姓氏可以遵从本民族的文化传统和风俗习惯。"

顾名思义，所谓习惯，是指特定地域、特定行业或者特定族群约定俗成的通行做法。正因为如此，民法典在将习惯规定为正式法源的同时，还采用了"交易习惯""当地习惯""风俗习惯"的表述。显然，"当地习惯"是指通行于特定地域的做法，"风俗习惯"是指通行于特定地域或者特定族群的做法，而"交易习惯"则是指通行于特定地域、特定行业或者特定族群的做法。值得注意的是，根据《最高人民法院关于适用〈中华人民共和国合同法〉若干问题的解释（二）》第七条的规定，合同法规定的"交易习惯"有两类：一是在交易行为当地或者某一领域、某一行业通常采用并为交易对方订立合同时所知道或者应当知道的做法；二是当事人双方经常使用的习惯做法。问题是，上述"交易习惯"是否都构成民法典第十条规定的"习惯"？笔者认为，第一种情形下的"交易习惯"作为法源意义上的习惯，应无疑问，但第二种情形下的"交易习惯"能否作为法源意义上的习惯，并由人民法院将其作为裁判的依据，则值得讨论。原因很简单：当事人双方经常使用的习惯做法并不意味着特定地域、特定行业或者特定族群都有类似的做法。在笔者看来，此种交易习惯可以作为解释合同的依据，即在当事人对合同内容存在争议时，可将双方之间经常使用的习惯做法作为解释合同的依据，从而在认定当事人之间权利义务关系时发挥作用，但不能作为法源意义上的习惯。

此外，需要说明的是，无论是民法典规定的一般意义上的习惯，还是民法典规定的当地习惯、风俗习惯或者交易习惯，习惯的形成往往是自发的，但在我国改革开放的大背景下，特定地域、特定行业或者特定族群的某些通行做法的形成却是自上而下通过国家以一定的政策推动形成的。也就是说，国家政策不仅对于民事立法具有重要的指导意义，而且对于习惯的形成也发挥着重要的作用。例如，在当前的民商事审判中，仍然有些案件涉及公有房屋的租赁问题。对此，无论是现行法还是民法典都没有明确规定，一些人想当然地将合同法关于租赁合同的规定适用于公房租赁，显然没有充分注意到公房租赁权的特殊性。应该说，合同法规定的租赁合同是市场经济条件下的交易行为，而公房租赁则是计划经济时代的产物，二者存在根本性的区别，后者更类似一种用益物权，且效力较之民法典规定的居住权，可能还要更强一些。例如根据相关的政策文件，公房租赁的承租人死亡后，与其共同生活的近亲属有权继续居住、使用该房屋。另外，根据公房改制的相关政策，承租人在缴纳远低于市场价格的购房款后，即可将租赁权转化为所有权。可见，民法典施行后，无论是根据民法典合同编关于租赁合同的规定来认定公房租赁当事人之间的权利义务关系，还是根据民法典关于居住权的规定来认定公房租赁当事人之间的权利义务关系，都会存在一定的问题。正确的做法是，根据当时的国家政策认定是否已经形成了某种习惯，再根据该习惯来处理当事人就公房租赁问题发生的纠纷。

关于法律与习惯之间的关系，也是一个值得思考的问题。例如，在实践中，一些民事法律行为并没有违反法律、行政法规的强制性规定，但却违反了地方性法规或者行政规章，有的法院就以民法总则第一百五十三条第二款为依据，以违背公序良俗为由认定合同无效。笔者认为，这一裁判思路有其合理性，因为违反地方性法规或者行政规章，只是意味着人民法院不能以违法无效否定合同的效力，但并不意味着该合同一定有效。如果违反地方性法规或者行政规章的行为严重背离公共秩序和善良风俗的要求，则人民法院以违背公序良俗否定合同效力，自然没有问题。这里需要指出的是，我们能否仅仅以地方性法规或者行政规章体现了公共利益为由认定违反地方性法规或者行政规章的行为也违背了公序良俗原则？答案显然是否定的，因为地方性法规或者行政规章都或多或少涉及公共利益，如果仅以此为由即将违反地方性法规或者行政规章理解为违背公序良俗，则我们在认定合同效力时区分法律、行政法规的强制性规定和地方性法规或者行政规章以及进一步区分法律、行政法规的效力性强制性规定与管理性强制性规定的意义都将不复存在。因此，笔者认为，违反地方性法规或者行政规章本身，不能作为判断行为是否违背公序良俗的理由，而必须在此之外另行论证否定行为效力的正当性。为此，最高人民法院于2019年11月发布的《全国法院民商事审判工作会议纪要》第31条明确规定："违反规章一般情况下不影响合同效力，但该规章的内容涉及金融安全、市场秩序、国家宏观政策等公序良俗的，应当认定合同无效。人民法院在认定规章是否涉及公序良俗时，要在考察规范对象基础上，兼顾监管强度、交易安全保护以及社会影响等方面进行慎重考量，并在裁判文书中进行充分说理。"

四、如何正确对待民法典与其他法律的关系

民法典的编纂虽然是一次系统性的法律编纂，但并非将所有民商事法律都纳入民法典，也并不意味着民法典的实施无需其他法律的配合。相反，不仅在民法典之外还存在大量民商事特别法，而且民法典的正确实施也离不开包括公法与程序法在内的其他法律的配套实施。这就涉及如何正确对待民法典与其他法律的关系问题。

首先，要正确对待作为私法的民法典与公法的关系。尽管民法典也包含一些公法性的规定，如民法典物权编关于征收征用的规定就是典型的公法规范，但民法典本质上是一部私法，调整的是平等主体之间的人身关系和财产关系。公法与私法的划分由来已久，从法律适用的角度看，区分二者的实益在于争议解决所应适用的实体规则与诉讼程序均不同：因民事纠纷发生的争议，应适用民事法律并依民事诉讼程序处理；因公法行为发生的争议，则应适用公法规范并通过行政诉讼程序解决。通常情形下，公法规范与私法规范的区分是清楚的。但是，因我国是社会主义国家，国家对社会经济的调控和参与度较高，行政机关究竟是以作为民事主体的机关法人参与民事活动，还是以行政机关的身份行使公权力，有时会发生极大的争议。以国有土地使用权出让合同为例，在2014年修订的行政诉讼法将行政协议规定为行政诉讼的受案范围后，此类合同究竟是民事合同还是行政协议，便再次成为一个争议较大的问题；再如行政机关及其工作人员在履行职务过程中致人损伤，究竟是适用国家赔偿还是民事赔偿，也有不同的意见。本文无意全面分析解决上述问题，仅仅是在此指出作为私法的民法典与公法之间的区分有时并非泾渭分明，需要在认真研究民法典的基础上

作出科学的回答。另外，作为私法的民法典与公法还可能在某些领域发生竞合关系，例如民法典规定的相邻关系是私法上的相邻关系，但随着社会经济尤其是城市化的高速发展，公法上的相邻关系亦日益受到人们的重视，例如城市房地产管理法、城乡规划法等关于房地产开发高度、容积率等的规定，环境保护法关于排污、噪音等的规定。这就引发一类问题：当事人主张私法上的相邻关系是否以行为人违反公法上的相邻关系为前提，或者说当事人已取得公法上的许可是否足以正当化其在私法上的行为？与此有关的另一个问题是：在法律、行政法规规定合同须经批准的情况下，如果合同没有被行政机关批准，合同效力如何？合同被行政机关批准，是否意味着合同就有效？此时当事人对合同效力发生争议，究竟是应该提起行政诉讼，还是应当提起民事诉讼？还有，民法典第一百五十三条规定："违反法律、行政法规的强制性规定的民事法律行为无效。但是，该强制性规定不导致该民事法律行为无效的除外……"该条所谓"法律、行政法规的强制性规定"究竟是指公法上的强制性规定，还是也包括私法上的强制性规定？究竟应如何判断违反强制性规定是否影响合同效力？可见，民法典与公法之间的关系错综复杂，而正确处理作为私法的民法典与公法之间的关系，无疑是正确适用民法典的前提和基础。

其次，要正确处理作为民商合一的民法典与商事特别法的关系。我国民法典的编纂虽然采取的是民商合一的立法体例，但并非将所有商事法律均纳入民法典予以规定，而是将大量商事单行法作为特别法保留在民法典之外。民法典第十一条规定，"其他法律对民事关系有特别规定的，依照其规定"，即旨在解决特别法与民法典之间的规范冲突问题。应该说，这一规定符合立法法第九十二条的规定，本身并无问题，自然也应适用于处理商事单行法与民法典之间的规范冲突。但是，由于我国的民事立法过程较为特殊，不少商事单行法是在没有民法典的背景下制定的，因此包含大量一般性的规定。以公司法为例，该法制定于1993年，当时虽有民法通则关于法人的一般规定，但这些规定显然过于简单，无法满足实践的需要。在此背景下，公司法包含了大量法人制度尤其是营利法人制度的一般规则。也就是说，公司法实际上担负着构建法人制度尤其是营利法人制度一般规则的使命。在民法总则的制定过程中，立法机关将公司法中的一些条文经提炼或者修改后规定到了民法总则，但并未同时修改公司法，从而删除该法与民法总则不一致的规定，这就造成法律适用上的困难：一方面，根据特别法优于一般法的法律适用规则，应适用公司法的规定；但另一方面，凡是民法总则与公司法及其司法解释规定不一致的地方，显然又是立法者有意要修改法律，如果一概适用公司法及其司法解释，则立法者的上述目的显然无法实现。正因为如此，最高人民法院于2019年11月发布的《全国法院民商事审判工作会议纪要》在坚持特别法优于一般法的前提下，规定了若干例外情形，以防止民法总则对公司法所作的修改被完全架空。现在民法总则已经编纂进民法典，关于民法典与公司法的关系问题，也应按照上述思路处理。但是，还是有一个问题值得研究，即关于有限责任公司清算义务人的规定。《最高人民法院关于适用〈中华人民共和国公司法〉若干问题的规定（三）》第十八条第二款根据公司法关于有限责任公司清算组成员的规定，将有限责任公司的清算义务人规定为有限责任公司的股东。这一规定虽然解决了当时普遍存在的"清算难"问题，但也带来了一些问题，主要是不适当地扩大了股东尤其是对公司没有控制权的中小股东的清算责任。民法总则第七十条第二款一方面将法人的清算义务人界定为"法人的董事、理事等执行机构或者决策机构的成员"，另一方面又规定"法律、行政法规另有规定的，依照其规定"，导致司法实践面临法律适用上的困难：且不说该款第一句是否将有限公司股东排除在清算义务人之外存在较大争议，即使答案肯定，立法机关是否又通过该款第二句将有限责任公司清算义务人的确定依据指向公司法及其司法解释，也有不同的意见。民法总则通过并实施以来，实践中有一种较为流行的观点认为，民法总则第七十条第二款针对的是除公司以外的其他法人，公司的清算义务人仍应根据公司法及其司法解释确定。笔者对此持有如下疑问：虽然我国的法人种类繁多，但绝大多数为公司，尤其是营利法人主要采用的是公司形态，如果民法总则仅仅适用于除公司之外的其他法人，则民法总则作为一般法的意义究竟何在？可见，如何正确处理民法总则与公司法及其司法解释之间的关系仍然是一个亟待解决的问题。民法总则已被编纂进民法典，就涉及如何正确处理民法典与公司法的关系。尽管有些问题的解决有赖未来公司法的修订，但在公司法修订之前，也有必要进行研究，看能否从解释论的角度拿出一个更好的解决方案。

最后，要正确对待作为实体法的民法典与程序法的关系。如前所述，公法与私法划分的意义在于确定案件所应适用的法律规范，因此这种划分本身并不是针对程序法，而仅仅是针对实体法。从这个意义上说，我们不仅要正确处理作为私法的民法典与公法之间的关系，还要正确处理作为实体法的民法典与程序法的关系。一般认为，民事程序法可以分为诉讼程序与非讼程序。民法典与诉讼程序之间的关系极为紧密，例如民法典关于自然人、法人以及非法人组织住所的规定，就与诉讼管辖和送达有密切的联系。相较于民法典与诉讼程序的关系，笔者更加关注的是民法典与非讼程序的关系，这是因为民法典规定了大量的非讼事件，都需要有相应的非讼程序配合才能得以实施，而非讼程序却长期未受到应有的重视。例如民法典关于申请人民法院指定监护人以及申请撤销、恢复监护人资格的规定，关于申请人民法院宣告失踪、申请指定和变更财产代管人、申请宣告死亡的规定，关于申请人民法院指定有关人员组成清算组的规定，关于抵押权人申请人民法院拍卖、变卖抵押财产的规定，关于申请人民法院指定遗产管理人的规定，都涉及人民法院通过非讼程序处理非讼事件。值得注意的是，在我国，并非所有非讼事件都由人民法院处理。例如，根据民法典总则编关于法人、非法人组织登记的规定，物权编关于不动产登记、特殊动产登记以及动产或权利担保登记的规定，婚姻家庭编关于结婚、离婚、收养等登记的规定，处理相关非讼事件的主体就不是人民法院，而是相应的登记机构。长期以来，由于我们对非讼程序的认识和重视程度不够，简单地将登记机构实施的相关登记行为理解为具体行政行为，并将其纳入行政诉讼的受案范围，导致因民事争议而大量出现民事诉讼与行政诉讼相互交织的问题，既给人民法院的审判工作带来巨大的困难，也给当事人带来了无穷的诉累，导致不少纠纷长期无法得到有效解决。尽管最高人民法院一直在探索解决此类纠纷的方案，2014 年修订后的行政诉讼法也规定了一并审理的模式，但问题并没有从根本上得到解决。究其原因，可能还是对登记机构的登记行为欠缺应有的认识。应该说，民法典规定的各种登记虽然有利于行政机关对相应事项进行管理，但从本质上看，登记机构从事的登记行为仅仅是为配合民法典的实施而处理的各种非讼事件。也就是说，登记机构的登记行为在性质上是民事登记而非行政登记，因为登记机构办理登记的目的并非为了行政管理，而是为了处理民法典规定的非讼事件。就此而言，登记机构办理登记所适用的登记规则，不能认为是行政程序规则，而是民事非讼程序规则。当然，这一问题的解决需要立法机关早日完善民法典的配套制度，尽快制定非讼程序法或者专门的不动产登记法等法律，以提高人们对相关问题的认识水平。

总之，法律是一个体系，民法典是法律体系中的一个重要组成部分，要正确处理它与其他法律之间的关系，否则就会影响到民法典的贯彻实施。

五、如何正确处理新旧法律的衔接与适用

民法典于2021年1月1日起施行。根据民法典第一千二百六十条的规定，民法典施行后，现行婚姻法、继承法、民法通则、收养法、担保法、合同法、物权法、侵权责任法、民法总则将同时废止。正如全国人民代表大会常务委员会副委员长王晨在《关于〈中华人民共和国民法典（草案）〉的说明》中所言："编纂民法典不是制定全新的民事法律，也不是简单的法律汇编，而是对现行的民事法律规范进行编订纂修，对已经不适应现实情况的规定进行修改完善，对经济社会生活中出现的新情况、新问题作出有针对性的新规定。"因此，上述九部法律在民法典施行后废止，并非因为立法机关制定了全新的法律，而是因为立法机关在对这九部法律进行修改完善后将其编纂进了民法典。这就在一定程度上保持了法律的稳定性和延续性，从而避免了因民法典的实施而给司法实践带来过大的冲击和不适。例如，由于民法典的编纂仅仅是对上述九部法律进行了适当修改，因此最高人民法院原来根据上述九部法律制定的司法解释在民法典施行后并非当然失效，只要是不与民法典相冲突的规定，就仍然可以继续适用。也正因为如此，不仅最高人民法院自己启动了司法解释和规范性文件的清理工作，也要求各高级人民法院抓紧时间清理各种指导意见、会议纪要等规范性文件，目的在于废除与民法典不一致的规定，保留仍然可以适用的规定。当然，尽管民法典的施行不会给司法实践带来太大的震动，但民法典毕竟对原有的法律作出了不少修改，并增设了一些新的规定，因此新旧法的衔接及其适用问题仍然值得重视，其中主要涉及的是民法典的溯及力问题。

根据立法法第九十三条的规定，法律原则上没有溯及既往的效力，但"为了更好地保护公民、法人和其他组织的权利和利益而作的特别规定除

外”，这在理论上被称为“有利溯及”。此种所谓“有利溯及”在刑法的适用上表现为“从旧兼从轻”，但民法的适用上，则没有一个统一的规则，需要根据具体情况进行分析，看适用民法典更有利于当事人合法权益的保护还是适用当时的法律更有利于当事人权益的保护。当然，最高人民法院对于一些常见的问题也制定了相关的司法解释或者司法政策文件。例如，合同法通过并实施后，最高人民法院发布的《最高人民法院关于适用〈中华人民共和国合同法〉若干问题的解释（一）》在坚持“法不溯及既往”原则的同时，明确规定“人民法院确认合同效力时，对合同法实施以前成立的合同，适用当时的法律合同无效而适用合同法合同有效的，则适用合同法”（第三条）。之所以如此规定，就是考虑到认定合同有效更有利于保护当事人的合法权益，因为当事人订立合同的目的，自然是希望合同效力能够得到法律的承认从而得到履行。也正因为如此，《全国法院民商事审判工作会议纪要》亦明确指出：“民法总则施行前成立的合同，根据当时的法律应当认定无效，而根据民法总则应当认定有效或者可撤销的，应当适用民法总则的规定。”此外，民法总则通过并实施后，最高人民法院专门就民法总则规定的诉讼时效的溯及力问题出台了司法解释，以统一司法实践的裁判标准。上述司法解释和司法政策文件虽然并非针对民法典的实施所作的规定，但亦可以作为判断“有利溯及”的重要依据。

值得注意的是，除了“有利溯及”这种例外，民法还可能因民事审判本身的特殊性而被赋予溯及力。如前所述，民事审判不同于刑事审判和行政审判之处在于，在制定法存在漏洞的情况下，人民法院要通过一定的法律解释方法（如类推适用）来填补制定法的漏洞，并据此对待审案件作出判决。既然如此，在新旧法律交替时期，如果新法对某一问题已经作出明确规定，而旧法对此没有规定，则人民法院自应将新法的规定用于填补旧法的漏洞，并据此作出判决。从这一意义上说，人民法院适用的虽然是旧法，新法只不过被作为填补旧法的漏洞而被适用，但是如此一来，也就扩大了新法的适用范围，实际上赋予了新法一定的溯及力。关于新法此种溯及力，在民法总则制定过程中，专家意见稿曾专设一条予以明确规定，但因分歧较大没有最终规定到民法总则。不过，《全国法院民商事审判工作会议纪要》明确指出：“虽然法律事实发生在民法总则施行前，但当时的法律对此没有规定而民法总则有规定的，例如，对于虚伪意思表示、第三人实施欺诈行为，合同法均无规定，发生纠纷后，基于‘法官不得拒绝裁判’规则，可以将民法总则的相关规定作为裁判依据。”这一规定虽然旨在解决民法总则的时间效力，但亦可类推适用于处理民法典的溯及力问题。

总之，虽然根据立法法的规定，民法典原则上仅能适用于该法施行后发生的法律事实，民法典施行前发生的法律事实，原则上只能适用当时的法律，但依据立法法的规定和民事审判本身的规律，在例外情况下还是要承认民法典的溯及力。此外，一些人可能错误地认为，在民法典在施行前，该法对当前的民商事审判不发生任何影响。在笔者看来，即使在民法典施行前，民法典的一些规定对当前的民商事审判也具有重要的指导意义，这是因为在民法典施行前，虽然人民法院不能依据民法典作出裁判，而只能依据现行的法律进行裁判，但如果现行法律没有规定或者规定得不清楚，而民法典有规定或者规定得更加清楚，人民法院在裁判理由部分援引民法典的规定作为说理的依据，也是前述法律解释方法的必然要求。就此而言，民法典一经通过，民法典时代就已经到来，我们必须做好充分的准备，为民法典的正确实施贡献自己的力量。

这里笔者还想顺便谈一下司法解释的溯及力问题。如前所述，司法解释是最高司法机关针对法律在实践中的具体适用而对法律作出的理解，因而与立法不同，其目的并非创设规则，而是运用法律解释方法解决法律的实施问题。就此而言，大多数司法解释虽然制定于被解释的法律施行之后，但却应溯及被解释的法律实施之日发生效力：在司法解释采用“解释”的形式对某一法律的具体应用作出规定时，司法解释应溯及该法律施行之日；在司法解释采用“规定”“批复”的形式对某类案件的法律适用问题作出规定时，如果被解释的法律有多部，则应根据司法解释的条文所规范的对象判断被解释法律，进而根据被解释的法律的施行日期来判断该条的时间效力。也正因为如此，通常情况下，最高人民法院的司法解释大多会在条文的最后明确规定司法解释生效后，尚未终审的一、二审案件应适用该解释，但依照审判监督程序再审的案件，不应适用该解释。尚未终审的一、二审案件之所以要适用该司法解释，是因为案件所涉法律事实虽然发生在司法解释生效前，但却发生在被解释的法律施行后，自应适用该被解释的法律，在最高人民法院已对法律的适用作出明确规定的情况下，各级人民法院应根据最高人民法院对法律的理解来适用法律，而不能再依据自己对法律的理解来适用法律。依照审判监督程序再审的案件不适用该司法解释，是因为司法解释生效前，审理该案的人民法院已经根据自己对法律的理解对案件作出终审判决，如果再因为司法解释的发布否定已经生效的判决，则不仅会影响到司法的权威性，从而引发大规模的再审申请，更为重要的是，这种以现在的理解否定过去的理解的做法既不符合司法的规律，也不符合认识的规律。

值得注意的还有，最高人民法院发布的个别司法解释在对法律的适用问题作出理解时，为了统一裁判尺度，对法律所规定的一些不确定的概念进行了具体化处理，甚至创设了法律没有规定的具体期限。例如物权法、公司法均没有规定按份共有人或者股东行使优先购买权的具体期限，但为了平衡优先购买权人和受让人之间的利益，《最高人民法院关于适用〈中华人民共和国物权法〉若干问题的规定（一）》和《最高人民法院关于适用〈中华人民共和国公司法〉若干问题的规定（四）》都明确规定了优先购买权的行使期限。尽管从法理上看，优先购买权的行使必然要受到合理期限的限制，因此上述司法解释也仅仅是运用了制定法漏洞填补的方法来解释已有的法律，但如果司法解释一经公布即发生效力，则可能给当事人带来不可预见的风险。为了解决这个问题，有些司法解释规定了特定的生效日期，以留出合理的时间让人民群众熟悉司法解释的相关规定，从而避免自身权益受到损害。需要指出的是，即使司法解释规定了特定的生效日期，在司法解释生效后，尚未终审的一、二审案件亦应适用司法解释的规定，而不论案件涉及的法律事实究竟发生在司法解释生效之前，还是司法解释生效之后。

从人民法院司法的角度谈解读和实施民法典的几个问题

孙宪忠*

内容摘要　民法典是完善依法治国的基本遵循，要从现实性、实践性、全局性、基础性、贯穿性、历史性等方面准确认识民法典。精准司法要求人民法院在司法审判中要做到以下六点：一是实施民法典应该确立体系性思维，系统理解民法典体系中的基本规则。二是实施民法典应该具有人民权利保护的思维，要“有理想”也要“接地气”。三是要关注法律行为制度的重大革新，深刻理解民法典当事人意思自治原则下法律行为制度的思想进步和全局性的分析裁判价值。四是要全面准确理解民法典关于人身权制度的创新意义，在人格权保护方面精准司法。五是要贯彻区分原则，在交易分析和裁判中精准司法，准确地分析和裁判当事人的权利归属。六是在公共财产保护的司法实践中注意对于公法法人制度、公法法人物权规则的应用，把公共财产的保护落在实处。

关键词　民法典　贯彻实施　体系性思维　精准司法

引言：民法典的立法价值在于实施

2020年5月28日全国人民代表大会通过《中华人民共和国民法典》（以下简称民法典）。民法典编纂完成之后，中央政治局书记处立即举办关于民法典学习的讲座。习近平总书记在讲座上指示，必须重视民法典的实施。民法典的立法价值就在于全面实施。民法典的内容并不是“宣言”，

* 作者单位：中国社会科学院法学研究所。

而是行为规范和裁判规范，它的每一个条文，都具有实践性功用，而不只是拿来作宣传教育、用思想来感召人民的。民法典中的权利、义务和责任都要贯彻落实到我们每一个自然人、每一个团体的身上，要落实到我们从事民事活动的时时刻刻。这就是民法典支持国家治理、规范国家治理的作用。我们一定要从国家治理的实际效用的角度来理解民法典的编纂和实施，尤其是要从当前我国国家治理能力现代化提升的角度来理解这部伟大法典的重要意义。民法典通过体系整合、缺陷弥补和矛盾消除，解决了一些单行法存在的问题。它生效实施之后，将为下一步的立法、执法、司法和守法提供系统完整、内容和谐的系列规范和制度。所以，民法典完善了国家治理者的法律支持基础，同时提升了治理者的能力优化和法律支持力度。因此，民法典的编纂任务完成后，更为重要的任务是实施。只有通过民法典的实施，才能将该法承载的国家治理基本理念落到实处，才能实现立法者编纂法典的指导思想和立法目的。

一、从国家治理和人民权利保障的角度看民法典编纂

民法典编纂的全部意义在于国家治理。民法典是国家治理的基本遵循，是人民权利的基本保障。民法典的编纂，首先是为了贯彻依法治国的宪法原则，是实现国家治理体系和治理能力现代化的具体步骤。民法与国家其他领域的法律规范一起，支撑着国家的治理体系。从这个要点来看，很多媒体和学者一直在热炒民法典对于一些零零碎碎的民事权利的规定的做法，其实也是不妥当的。因为民法典除了规定这些零散的民事权利之外，它在国家治理过程中还承担着更大的历史使命。以下几点，可做参考。

（一）民法典与经济基础的支持和保障

我们知道，经济基础决定上层建筑，而支持和保障我国经济基础良好运行的使命，是由民法典来承担的。本次民法典编纂，从一开始就确立了依法维护和保障我国经济基础运行、建立和稳定国家经济基本秩序的指导思想。自古以来，民法中的所有权制度等，就是为维护和保障国家的经济基础而建立起来的。我国民法典也是一样，它通过自己特有的法律制度，确立符合国家基本体制的经济制度，直接承担维护和保障国家经济基础的重大使命，从而在国家治理的过程中发挥基础性、根本性的重大作用。尤

其值得注意的是，本次民法典编纂，贯彻了中央关于进一步深化改革开放的精神，在公有制财产秩序的法律建设上实现了制度和理论的重大突破。民法典第九十六条关于特别法人的规定，第二百五十五条、第二百五十六条、第二百五十七条等关于公共财产物权的规定让我们清楚地认识到，民法典通过这些具体制度来保障社会主义公有制，为国家资产、公共财产秩序等方面建立了既符合国情又符合民法原理的制度。

最值得注意的是第二百五十七条规定："国家出资的企业，由国务院、地方人民政府依照法律、行政法规规定分别代表国家履行出资人职责，享有出资人权益。"这是关于国家投资的条文，它和以前的相关规定相比也发生了重大的改变。其一，它采用了政府投资的科学概念，而没有沿用国家投资这个提法。其二，它承认了政府投资人的多元性，不再坚持国家统一投资的理念。其三，它不再把政府投资资产称为国家所有权资产，而规定投资人的权利和职责。这一点意义最为重大。从此，国家所有权统一性、唯一性理论在政府投资这一点上也就被彻底涤除了。

认识和掌握民法典对于我国公共财产秩序的建立、维护和保障经济基础运行方面所发挥的重要作用的基础性作用，对于我国公共财产方面下一步的制度建立、执法和司法意义都非常重大。可以说，民法典从基础法律制度方面，使公共资产从主体、客体到权利、义务，都实现了民法上的制度化、科学化，这些制度规则的意义十分显著，需要我们认真领会、实施。

（二）民法典与人民生存和发展的基本权利

本次民法典编纂回应现实重大民生问题，为人民生存与发展从民法的角度提供了比较全面的制度保障，也实现了很多制度和理论的突破。习近平总书记指出，民法典是一部体现对生命健康、财产安全、交易便利、生活幸福、人格尊严等各方面权利平等保护的民法典。民法典实实在在地涉及每一个自然人、法人、非法人组织等。这种"涉及"不是一时一事，而是贯穿始终。民法典尤其关注当前我国民生问题，在一系列制度建设上作出了积极回应。如监护制度、农村集体经济组织成员权、居住权、保障业主权利的规则等，都体现了民法典顺应时代发展要求，注重解决人民群众最关心、最直接、最现实利益问题的特点。下一步应加强对民法典一系列新规定、新概念、新精神的研究和阐释，特别是以通俗易懂的宣传语言阐释民法典对人民权益保护的新规定，使民法典更好为人民追求美好生活保驾护航。

(三) 民法典和人民精神权利

民法典重视人民精神权利保障，应对近现代社会人身权利尤其是人格权利重大问题，在人格权利、隐私、个人信息保护等方面规定详细制度。值得注意的是，本次民法典将人格权独立成编，目的是强化对自然人精神需要的全面提升，是全面落实党中央提出的“加强人格权保护”的要求。民法典所体现的公民人格全面受保护的思想具有重要价值，从世界范围的民事立法来看，是一个极大的进步，为世界民事立法提供了宝贵的中国智慧和中国方案。

(四) 民法典和国家社会发展动力

民法典建立以所有权为核心的财产权利制度，保护人民创造财富的进取心，为国家经济社会发展提供了源源不断的动力和渊源。我国改革开放的巨大成功也说明，承认和保护人民群众的所有权，国民经济就会获得发展的动力。所以，承认和保护民众的所有权，并不是保护自私自利，而是保护人的正常需求、造就国计民生发展的源源不断的动力。我国民法典第一百一十三条关于“民事主体的财产权利受法律平等保护”的规定，其重大理论和现实意义就在于，要通过民法上的所有权等财产权利制度，来为国民经济确立最为切实的法律保障。民法典中对所有权的保护，也再一次落实了中共中央、国务院 2016 年所提出的保护产权的意见，其本质在于维护、保障整个国家经济、社会的发展，也从国家立法的层面为人民法院积极发挥国家治理作用提供支撑。

二、从依法治国基本遵循的角度看民法典编纂

我国最高立法机关在民法典的立法理由中明确指出，民法典是依法治国的基本遵循。民法典作为基本遵循，体现了民法在我国法律体系具有基础性、全局性、贯穿性作用。所以中央明确指出，民法典是依法治国的基本遵循，具有国家治理基本支柱的意义。

(一) 民法典为依法治国建立可靠的基本遵循

我国民法通则制定于 1986 年，是计划经济时代的产物。虽然在改革开

放初期发挥着强大的作用，贯彻了改革开放的思想，也体现了改革开放的基础制度和意义。但由于民法通则是计划经济时代制定的，所以，它贯彻了计划经济体制的要求，不承认民营经济和私营经济的地位；对私有财产权利是压抑、限制的；对普通公民权利的保护是很不充分的；它也不承认现代企业制度；不承认企业投资规则；规定企业只能是公有制企业，企业资产来自国家授权，而不是政府投资。尤其关于土地问题，民法通则规定“土地不得买卖、出租、抵押或者以其他形式非法转让”，这显然早已脱离了当今社会的现实。2013年笔者在担任全国人大代表时进行了调研，发现民法通则156个条文中，仅有宣告失踪、宣告死亡等极少数条文被使用，大部分相关内容都被其他法律和最高人民法院的司法解释所替代。当时民法通则已经处于被“掏空”的境地。

除民法通则外，其他法律也存在漏洞，其中最为典型的是合同法。从合同法与物权法的衔接看，合同法存在严重缺陷。其中，问题最严重的是合同法第五十一条和第一百三十二条的规定。合同法第五十一条将当事人没有所有权或者处分权而订立合同的行为，从法律概念上定义为物权法意义的“无权处分”；把物权变动的法律根据作为合同之债的法律根据。该法第一百三十二条规定，订立买卖合同时必须要有标的物存在、出卖人必须有所有权。这两个条文的核心含义就是订立合同时，当事人就应该知道合同必须绝对地履行，把合同履行的条件作为合同成立的条件。这不但是明显而且严重的民法原理的混乱，违背了合同之债的基本原理，而且也完全不符合远期合同这种典型合同的交易现实。合同法第五十一条最严重的缺陷在于其没有承认合同之债，合同债权的理论没有在该条文中得到贯彻。第一百三十二条的问题也是一样。

实际上，这种理论混乱也出现在20世纪90年代初期和中期的一系列立法和司法解释之中。如1995年制定的城市房地产管理法明确规定不动产买卖合同未经登记不生效。1994年制定的担保法也规定不动产担保合同未经登记不生效，动产合同不交付占有不生效。1995年最高人民法院的一个司法解释进一步确立了“不动产的合同不登记不生效”的规则。

基于这样严重的理论混乱和制度混乱，笔者经过努力，提出了区分原则，即一切法律上的交易都存在着订立合同和履行合同的基本区别，存在着债权（或者请求权）和物权（或者支配权）的变动。因此，应该明确其中的法律效力和法律根据相互区分的原则。区分原则是针对20世纪90年代初期和中期的民法理论混乱提出来的，是一种科学的分析和裁判方法，对于整个民商法的交易分析和裁判具有共同的指导和规范作用。经过约20年的努力，我国2007年制定的物权法第十五条等，明确采纳了这一原则。特别是，2012年颁布的《最高人民法院关于审理买卖合同纠纷案件适用法律问题的解释》（以下简称《买卖合同司法解释》）第三条公开否定了我国合同法第五十一条的规定，而且最高人民法院在作出该项解释的论理中，明确地引用了笔者著作的内容。现在民法典已经果断地删除了第五十一条，也在根本上改变了第一百三十二条。这样，我国合同法不符合民法原理的问题就得到了解决。这一点也说明了我国立法的科学性确实在取得显著的进步。这样，区分原则理论在中国从提出到采纳，经历20年，其价值目标得以圆满实现。

现在民法典已经彻底地解决了这些问题，成为依法治国原则下可靠的系统遵循。民法典不但在立法指导思想上和具体制度设置上贯彻了人民权利保障和市场经济体制要求，在公有制资产上贯彻了政府投资理论，建立了现代企业法律制度，而且完全消除了法律分析和裁判上的理论混乱和规则混乱，为依法治国提供了既符合法理又符合国情的牢靠的规则体系。

（二）关于“法典体系化效应”

民法典本身具有“法典体系化效应”，它所确立的立法体系，不但对于消除以前立法的弊端，而且对于未来立法的缺陷弥补，都能够发挥重大作用，为依法治国提供可靠的体系依据。

如前文所述，民法通则和合同法中存在的缺陷导致法官在适用法律时存在很大困难。为此，最高人民法院先后出台了数个与合同法相关的司法解释，特别是2012年制定的《买卖合同司法解释》改变了合同法第五十一条的规定。然而，毕竟合同法第五十一条等还没有改变，所以最高人民法院的司法解释和国家法律形成了冲突。民法典彻底解决了这个问题。民法典第五百九十七条吸收了最高人民法院的司法解释，采纳了区分原则，废除了合同法第五十一条和第一百三十二条的规定，这就解决了人民法院司法方面的一个重大难题。类似的问题还有一些，但是合同法第五十一条和第一百三十二条的争议最为强烈，值得我们充分重视。

（三）民法典中的规则体系

民法典建立科学和谐的规则体系，不仅确保民事执法和司法有法可依，而且基本上可以满足精准司法的需要，实现司法分析和裁判的统一和公正。这一规则体系包括总则与分则的区分、共同性规则、一般条款、但书规则等系统内容，极大地体现了民法的包容性和准确性，为人民法院司法和行政执法提供了充分的法律依据。

民法典将大量法律规范和制度编纂成为一个体系。民法典实施后，无论是在民法的学习和研究过程中，还是在执法和司法的过程中，都应从整体化、体系化角度来把握，避免枝节化、碎片化的理解和适用。对于人民法院而言，要建立一个系统的裁判规则，不但要做到有法可依，而且要尽可能地做到精准司法和精准裁判。法官在适用法律时既要看具体规则，也要看一般性条款，尤其是总则规定。要考察总则中所规定的基本原则和规则，总则的目的在于处理无法可依的情形。例如民法典第一百四十三条关于受法律保护的法律行为的规定属于一般条款，第一百五十三条不受法律保护的法律行为的规定也属于一般条款。此外，第二百零九条、第二百二十四条都属于一般条款。

关于精准司法的问题，还应特别注意法条中的但书规定。除了一般规则，民法典还使用了大量但书条文。但书是一般规则的例外情形，但书条款在法律上要优先适用。因为现实生活中往往存在很多例外，这些例外需要在立法上进行业务拓展，从而做到精准司法。

（四）民法典是大私法体系的基本法基础

民法典的编纂完成，构建起了“大民法”（即私法）的和谐体系，使得民法典之内的民法体系，以及民法典之外的商法、知识产权法、社会法等民法特别法体系和谐统一，为人民权利保障和市场经济体制发展共同发挥作用。

首先，应该注意的是，民法作为一般法与商事法律、知识产权法等民法特别法之间的逻辑规则。民法典的总则体系不仅在民法典内部有统辖作用，在民法典之外，对其他法律同样也有统辖作用。总体而言，我们采用的是民商合一的立法体例。虽然有关商法的一些规则并没有写入民法典之中，但是民法中关于经营性法人的规定，实际上就是涉及公司这种体制的规定（当然，经营性法人与公司还不是完全一样的概念）。同样，合同也包括了商事合同。

另外，还有一些民法性质的社会权利性的立法，比如医疗、就业、三大保险等；涉及特别民事权利主体的特别的问题，比如老人、妇女、儿童等，也在民法典中予以反映。这就是民法典第一百二十八条规定的特别主体的社会性的权利。这些社会权利实际上也是民事权利，但也涉及特别法的规定。所以，民法典与民法典之外的特别法的关系，也是按照体系逻辑展开的，即民法典总则编发挥了总则性的作用。当然，特别法优先适用的规则还是要遵循的，这是法律明确规定的适用原则。

我们在适用法律时要注意特别法和一般法的关系。民法典弥补了现行法律的一些漏洞，填补了空白、吸收了司法解释的成果，从内在讲是统一的，从外在讲可以与宪法甚至行政法等做到很好的协调。

三、准确认识民法典的六个要点

一是现实性。民法典是为了解决中国现实问题而制定，如前文所述的监护制度。虽然在传统民法中监护制度存在于婚姻家庭制度中，但编纂民法典时我们结合中国特点，将其放在民事主体部分，从而达到解决现实中弃养儿童、留守儿童等问题。

二是实践性。民法典本身是一个裁判性规则，是行为规范，而非宣教。它是一部实践性法律。民法典不是要宣告权利，而是要贯彻、落实权利。

三是全局性。民法典涉及全部国计民生活动，涉及所有的财产权利问题。

四是基础性。民法典调整的都是基础性民事关系，针对经济基础和人民基本权利，是具体的法律制度，涉及每一个自然人的权利。

五是贯穿性。民法典建立的系统规范和制度贯穿在包括宪法在内的全部法律体系之中。

六是历史性。民法典是新中国第一部法典，切实落实依法治国原则，提升中国国家治理水平。

四、怎样打开民法典建立的规范与制度宝库

打开民法典庞大知识体系的三把金钥匙包括：法思想、法感情和法技术。

（一）民法典的法思想

法思想，也就是立法者编纂民法的指导思想。在我国，指导民法典编

纂的法思想，主要是对于中国共产党依法治国原则的坚持和推进的思想，对于民事主体的自决权利予以充分承认和保障的思想，对于民事活动予以积极规范引导的思想，以及对于民法典这种立法形式的认可和坚持的思想，等等。本次民法典编纂从一开始就确定了弘扬社会主义核心价值观、加强人民权利保护、维护社会实质公平正义、维护以社会主义公有制为基础的经济秩序、反映新时代社会发展需求比如绿色发展理念等的法思想。学习研究和贯彻民法典，首先应该对这些思想有清晰的了解，这样就掌握了民法典的灵魂。

（二）民法典中的法感情

法感情，主要指的是民事主体尤其是普通人民群众对于民法所设立的权利义务规则如何认识和接受到多大程度的心理状态。我国是社会主义国家，是人民群众当家作主的国家。民法典通过立法这种方式所设计的权利和义务，最终都要落实到民事主体的身上。所以，不仅民法典的编纂，而且在民法典的理解和实施时，都要考虑到民事主体尤其是普通人民群众的法感情。显然，只有符合民众法感情的制度设计，才能够得到民事主体发自内心的接受。民法典编纂当然要贯彻一些理想化的追求，但是也要联系实际，调查实际，体现我国社会的国情。

尤其需要指出的是，民法和其他法律相比有一个显著的差别，就是其他各种法律的贯彻实施都主要是要借助于一个或者多个执法或者司法机关，但是民法典贯彻实施主要依靠民事主体自己的行为。比如，不论是处分财产还是订立各种合同，不论是缔结婚姻还是收养子女，所有的民事活动都是依靠民事主体自己的意思自治来进行的。所以，民法典立法目的主要还是要借助于当事人自己的行为来实现的。

不论是民事立法还是民事司法，都应该注意民众的法感情问题，必须尊重国情民情。在法律的贯彻实施过程中，尊重人民、尊重民事主体的法感情，无疑是我们的底线。

（三）民法典的法技术

法技术，也就是民法典编纂所贯彻的科学法理、科学逻辑。习近平总书记近年来一再强调科学立法的原则。十九大报告提出的我国立法的基本原则是科学立法、民主立法和依法立法。其中，首要的原则还是科学立法。所谓科学立法，落实在民法典的编纂上，其实就是要讲法理、讲体系、讲逻辑。

大体而言，民法典中贯彻的这种体系化逻辑的内容有：

1. 法律关系的逻辑。即全部民法制度从主体、客体、权利义务到法律责任的逻辑；民事法律关系理论是我们分析和裁判案件的基本手段，也是民法的基本原理。民事法律关系理论以主体为逻辑起点，接着规定客体与权利、权利变动的根据，最后规定法律责任。这几个部分构成了一个清晰的逻辑：从人到物、到权利、到权利变动、最后到法律责任。这就是一个最基本的立法主线，也是立法和法律学习的原理。

2. 民事权利区分为人身权和财产权的逻辑（其中人身权又区分为人格权和身份权的逻辑）以及隐含的支配权和请求权相区分（绝对权和相对权相区分）的逻辑。支配权和请求权的区分并未在法条中有明确规定，但民法典第一百一十三条以下就可以看出支配性权利和请求性权利放在一起。第一百三十三条强调当事人意思自治，由当事人决定是产生支配权还是请求权的效果。

3. 民事权利制度区分为交易性规则和非交易性规则的逻辑。在处理商事行为的情况下应尽可能强调客观、公正。民事行为的情况下应尽可能强调当事人的意思自治。

4. 民事法律行为区分为支配权行为和请求权行为的逻辑。如前文所述的合同的成立、合同的履行等问题。

5. 法律责任区分为违约责任和侵权责任的逻辑。这个问题不仅涉及法官，更涉及律师对当事人起诉时的选择问题。

6. 总则和分则相区分的编纂逻辑。包括共同规则的确立，一般条款的作用，但书的运用等。

7. 科学性，其实就是确定性。正如任何科学都要划分其作用范围，都要有确定的发挥作用的方法一样，上述这些逻辑区分，就是民法确定其作用范围，而且实际发挥作用的具体方法的体现。

不论是学习研究还是贯彻适用法律，都是按照从一般到具体的逻辑进行的。学习贯彻民法典，首先学习的，就是作为民法一般规则的民法典总则编，然后才是相对具体的物权制度、合同制度、婚姻家庭制度等。我国民法典编纂，就是按照这样一种立法逻辑编纂而成的。

掌握了民法典的法思想、法感情、法技术三个要点，并且从这三个要点切入民法典，就能够打开民法典的知识宝库和制度宝库；而且，不但能够从大体系的角度理解其精要，而且在实施民法典时对一些具体问题有所遵循。

五、从司法角度实施民法典的一些具体思考

（一）实施民法典首先应该确立体系性思维

法官在适用民法典时应放宽视野，不仅仅着眼于具体条文，要结合一般条款、进行体系化思考。人民法院在适用民法典时，应该具有体系化思维，应该掌握总则分则的区分、共同规则的确立、一般规则的意义、具体规则、但书规则的意义。在适用分则时，应该更加重视总则的规定；在适用具体性规则时，应该更加重视共同性规则和一般性规则的适用；在适用一般规则时，必须重视关联性条款和但书规则的适用。

（二）实施民法典应该具有人民权利保护的思维

1. 民法典编纂“要有理想但是也要接地气”。民法典实施也应如此。民法典虽然条文很多，但是现在看来还是有一些制度规定不细致、不具体，有可能发生误解。希望在这些规则的适用中体现人民权利思维。

2. 民法典第十条提到的习惯和公序良俗的适用问题。民法典第四条、第一百五十三条均有规定，但法条中并没有具体解释。从民法解释学的角度来讲，公序良俗原则是补充性的条款。或者更多地来讲，它是一个引导性的条款。在没有具体规则规定的情况下，公序良俗原则可以作为裁判依据。但如果法律规定了具体规则，一般来说就不可以适用该原则。

3. 民法典关于农村集体经济组织中的成员权的规定及其司法适用问题。农村地区讲的是集体所有权，但往往集体组织成员的权利容易被忽视。在司法中应注意民法典第二百六十一条的明确规定：“农民集体所有的不动产和动产，属于本集体成员集体所有。”该条文强调，集体是建立在成员基础上的集体。但在司法和执法中，忽略成员利益问题比较严重。这个问题值得重视。

4. 民法典物权编中的第三百五十九条关于城市居民建设用地使用权七十年期限届满“自动续期”的收费问题。物权法第一百五十九条规定自动续期，不用付费；但民法典加了一句话“关于收费问题由国务院具体规

定”，意味着以后续期时有可能收费。

5. 婚姻家庭制度中当事人约定。民法典合同编中的第四百六十四条第二款的规定，承认了婚姻家庭成员之间的契约关系存在，但是契约关系的范围到底多大、到底能够解决哪些问题是需要进一步探讨的。

6. 民法典继承编第一千一百三十一条关于非继承人的继承权问题，也是将来需要思考的问题。

从贯彻实施民法典的角度而言，对于法官来说还应当具有理性思维。还有一些有可能发生政府与民争利、新旧观念冲突的规范，在适用这些规范时，尤其应该具备人民权利思维。

（三）注意法律行为制度的重大革新

民法典总则编法律行为制度的进步之处主要有以下三点。

首先，民法典将法律行为的核心要素自“适法性”改变为“意思表示”。民法典第一百三十三条明确了法律行为的核心要素为意思表示，相比民法通则第五十四条将法律行为定义为合法行为的表述有了明显的进步。

其次，民法典关于民事法律行为制度的另一个创新是从“泛意思表示”转变为“具体的效果意思”。坚持效果意思理论，就必须承认人身权行为和财产权行为的区分，支配权与请求权、处分行为与负担行为区分。这一司法理论意义重大。

最后，民法典将婚姻家庭关系的协议纳入法律行为规范的调整范围。民法典第四百六十四条第二款规定婚姻、收养、监护等有关身份关系的协议可以根据其性质参照合同编规定。在适用法律行为制度的规定时，应该充分掌握其政治伦理意义，在民事分析和裁判中准确按照当事人意思表示裁判。

（四）全面准确理解民法典关于人身权制度的创新意义，在人格权保护方面精准司法

1. 充分理解民法典总则编中的第二条规定之深意，认识到民法典改变了传统民法关于人身关系与财产关系的表述顺序的立法价值。

2. 充分理解民法典第一百零九条关于一般人格权的法律规定，充分运用这一条文所表达的法律伦理价值和制度价值，提升民法典关于人格权保

护的品位，全面保护人格权。

（五）贯彻区分原则，在交易分析和裁判中精准司法

1. 区分原则提出的意义在于合同成立生效与合同履行之间的区分。该原则在法院司法中具有普适价值。

2. 物权编对于区分原则的贯彻。

3. 合同编对于区分原则的贯彻。删除合同法第五十一条规定、修改第一百三十二条规定。合同编中的第五百九十七条的创制等。合同编中的第五百九十七条的立法本意和适用价值在于，民法典删除合同法第五十一条后，在第五百九十七条对合同法第一百三十二条进行修正，进一步贯彻区分原则。区分原则意义在于，虽然法学界还有不承认合同成立生效的根据与支配权变动发生根据之间的区分，但是司法分析和裁判必须贯彻区分原则，准确地就交易中何时发生债权、何时发生物权这个关键问题作出精准裁判。

（六）在公共财产保护的司法实践中注意对于公法法人制度、公法法人物权制度的应用

需要大家关注的是民法典总则编中的第九十六条新增了关于特别法人的规定。该条规定将机关法人明确为特别法人的一种类型，填补了我国民法关于公法法人的制度缺失。

此外，民法典物权编中的第二百五十五条至第二百五十七条、第二百六十八条、第二百六十九条的规定落实了上述公法法人的要求，承认了公法法人物权甚至是所有权，改变了国有资产“统一唯一国家所有权”的规则。第二百五十五条至第二百五十七条的内容分别体现了国家机关所有权、国家举办的事业单位所有权、国家出资企业的出资收益与责任以及国有财产保护、管理、监督等问题。希望司法实践中能够对这些规则加以运用，把公共财产的保护落到实处。

民法典十个方面的制度创新解读

黄　薇*

2020年5月28日，十三届全国人大三次会议高票通过了《中华人民共和国民法典》（以下简称民法典）。这是我国全面依法治国、建设中国特色社会主义法治体系的重大标志性成果，具有里程碑意义。5月29日，习近平总书记主持中央政治局就“切实实施民法典”举行集体学习，并就颁布实施民法典的重大意义、切实实施民法典发表了重要讲话。作为民法典编纂具体工作的参与者、亲历者，我们备受鼓舞和激励。以下结合学习习近平总书记的重要讲话精神和自己参加民法典编纂具体工作的感受，谈一些认识和学习体会。

回顾本次民法典编纂工作的历程，可以用三个“五”加以概括。

一是第五次启动。编纂一部真正属于中国人民的民法典，是新中国几代人的夙愿。在这部民法典之前，党和国家曾经先后四次启动民法制定工作。1954年第一次和1962年第二次，由于多种原因而未能取得实际成果。1979年第三次启动民法起草工作，由于刚进入改革开放历史新时期，法制建设处于重启阶段，制定一部完整民法典的条件尚不具备。因此，彭真、习仲勋等领导同志深入研究后，决定按照“成熟一个通过一个”的工作思路，确定先制定民事单行法律，逐步积累、总结、提高。1980年修改了婚姻法，之后陆续出台了继承法、民法通则、担保法、合同法等。2001年，九届全国人大常委会组织起草民法草案，并于2002年12月进行了一次审议，后来经讨论和研究，仍确定继续采取分别制定民事单行法律的办法推进我国民事法律制度建设。十届全国人大之后，又陆续制定了物权法、侵权责任法等。

* 作者单位：全国人民代表大会常务委员会法制工作委员会。

党的十八大以来，以习近平同志为核心的党中央把全面依法治国摆在突出位置。党的十八届四中全会作出编纂民法典的重大决策，充分体现了我国推进“四个全面”战略布局的时代要求，充分反映了人民群众的心愿和期盼。党中央高度重视民法典编纂工作，习近平总书记先后三次主持中央政治局常委会会议，分别审议民法总则、民法典各分编、民法典三个草案，对编纂工作提供明确要求，为民法典编纂工作提供基本遵循。根据党中央决策部署，在全国人大常委会党组领导下，法制工作委员会于2015年3月正式启动本次民法典编纂工作，这也是我国第五次启动民法的制定工作。

二是前后历时五年。按照党中央的决策部署，本次编纂民法典按照“两步走”的工作思路进行：第一步先出台民法总则；第二步编纂民法典各分编，之后与民法总则“合体”，成为一部完整的民法典。从2015年3月至2020年5月，本次编纂工作前后共历时五年，历经十次常委会会议、两次全国人代会的审议，终于顺利完成。

三是在五月份颁布出台。受2020年突如其来的新冠肺炎疫情影响，原本在2020年三月召开的十三届全国人大三次会议推迟至五月召开，这也使民法典意外与“五”再次结缘，在五月召开的全国人民代表大会上审议并顺利通过。

回顾本次民法典编纂工作的历程，我们的一个切身体会是，民法典编纂工作之所以能够顺利完成，最根本的原因是以习近平同志为核心的党中央的正确决策和坚强领导，这是民法典编纂成功的最根本保证。

编纂民法典不同于制定普通的民事单行法律，必须把握好法典编纂的规律和特点：

第一，编纂式立法。编纂民法典不是制定全新的民事法律，而是对现行的民事法律规范进行科学整理；也不是简单的法律汇编，而是对已经不适应现实情况的规定进行修改完善，对经济社会生活中出现的新情况、新问题作出有针对性的新规定。在编纂的具体工作上，要做好适当的立、改、废。一是“立”，就是积极回应经济社会发展带来的新情况、新问题，积极回应人民群众对民事立法的新诉求，在总结实践经验的基础上，制定新的法律规范，以填补现行民事法律制度的空白。二是“改”，针对现行民事法律规范中不适应新的情况、需要与时俱进进行修改的内容，作出有针对性的修改完善。三是“废”，处理好民法典与民事单行法律的关系。

在民法典颁布之前，我国现行有效的民事商事法律共有32部。其中，婚姻法、继承法、民法通则、收养法、担保法、合同法、物权法、侵权责任法、民法总则等9部法律的内容都已纳入民法典中，所以不再保留，将随同民法典的施行而同步废止，其他23部法律将继续保留，与民法典并行实施。

第二，法典化立法。法典化立法的最大特点是成体系、系统性强，是一个体例科学、结构严谨、内容完整并协调一致的整体。为此，在民法典的编纂工作中，必须对现有的、制定于不同时期的民事法律规范进行系统整合、编订纂修，使之成为一个和谐统一的整体。民法典的总则编与分则编、分则各编之间必须和谐有序、相互衔接：首先，在条文的内容方面不能有矛盾、冲突的问题；其次，在语言表述，甚至标点符号的使用方面也要讲求全典统一，同一个意思，不能在不同的编、不同的章采用不同的表述，也不能在同一种情形下使用不同的标点符号等。

第三，民事基本法立法。我国立法秉持“民商合一”的立法传统，在中国特色社会主义法律体系中，民法、商法同属于一个部门法，称为“民法商法”。我国现有的32部民法商法，包括婚姻法、民法通则、继承法、担保法、合同法、物权法、侵权责任法、民法总则、海商法、公司法、消费者权益保护法、涉外民事关系法律适用法、著作权法、专利法、保险法、票据法等。这些法律规范中，哪些需要纳入民法典中规定？哪些还作为民事特别法存在？我们在编纂工作中，秉持的一个基本原则就是把握好民法典是民事基本法这一立法定位。民事基本法不同于一般的民事单行法，其所规范的内容具有以下四个特点：一是内容具有基础性，是民事法律制度的基本规则；二是内容具有普遍性，是社会生活普遍适用的通用规则；三是内容具有稳定性，是经过实践证明切实有效，可以长期适用的惯常规则；四是内容具有平等自愿性，是民事主体在民事活动中依法可采用、可约定的规则。符合上述“四性”的法律规范，可以纳入民法典中规定；不符合的，可以继续在民事特别法中作规定。

民法典共7编1260条，各编依次为总则、物权、合同、人格权、婚姻家庭、继承、侵权责任，以及附则，总字数达106600余字。民法典规定的主要内容包括民事活动必须遵循的基本原则、民事主体制度、监护制度、民事权利制度、民事法律行为和代理制度、民事责任制度、诉讼时效制度、物权制度、合同制度、担保制度、人格权保护制度、婚姻家庭制度、收养制度、继承制度、侵权责任制度等。这些都是民商事法律中的基础性规范，为调整各种民事关系、解决民事纠纷、化解社会矛盾、促进社会和谐和经济社会发展奠定了坚实的法治基础。同时，民法典在现行民法通则、物权法、合同法、担保法、婚姻法、收养法、继承法、侵权责任法的基础上，总结实践经验，坚持问题导向，体现时代特点，进行了很多制度创新，这里主要谈以下十个方面。

1. 民事主体制度。民事主体制度是民事法律制度的基石。在民事主体的分类上，民法典相比民法通则，有两个方面的重大创新。

一是主体分类。在民事主体的分类上，民法通则采取的是公民、法人二元结构；民法典在此基础上，吸纳了我国改革开放四十多年来民事立法、民事司法和民法理论研究的成果，将民事主体分为自然人、法人和非法人组织三元结构，将非法人组织，包括个人独资企业、合伙企业、不具有法人资格的专业服务机构等作为自然人、法人以外的第三类民事主体。

二是法人分类。民法通则将法人分为企业法人、机关法人、事业单位法人和社会团体法人这四种类型。随着我国经济社会的发展，法人的类型日益多样化，出现了民办学校、民办医院、基金会、农村集体经济组织、城镇农村的合作经济组织等新型组织，不能被民法通则所规定的四种类型所涵盖。针对这一问题，民法典对法人制度的分类予以进一步完善，按照法人设立目的和功能的不同，将一般法人分为营利法人和非营利法人，同时建立特别法人制度，以涵盖机关法人、农村集体经济组织法人、基层群众性自治组织法人、城镇农村的合作经济组织法人等具有中国特色的法人类型，是法人制度的重大发展。

2. 民事权利制度。民事权利包括民事主体享有的各种人身权利和财产权利。人身权利包括人格权和身份权。财产权利包括物权、债权（合同之债、侵权之债、无因管理和不当得利之债）、知识产权、继承权、股权等投资性权利，以及法律规定的其他民事权利和利益。民法典将各类民事权利进行系统梳理、整合集成，可以说是一部权利法典。民法典在现行有关法律规定的基础上，对民事权利制度作了进一步丰富和发展。

一是突出对人格权的保护。人格权是民事主体对其特定的人格利益享有的权利，关系到每个人的人格尊严，关系到每个人的体面生活、工作、学习和社会参与。为了贯彻党的十九大和十九届二中全会关于“保护人民人身权、财产权、人格权”的精神，落实我国宪法尊重和保护公民人身自由和人格尊严的要求，民法典单独设一编规定人格权制度，加强人格权保护，是一个制度创新，也是民法典的一大亮点。总的考虑是，着眼于增强人民获得感、幸福感、安全感，从民法角度规定民事主体人格权的种类、内容、边界和保护方式，对生命权、身体权、健康权、姓名权和名称权、肖像权、名誉权和荣誉权以及隐私权和个人信息保护等具体人格权益的保护作出较为全面的规定。

二是增加规定新的权利类型，如隐私权、个人信息受保护的权益，股权和其他投资性权利，数据、网络虚拟财产权益，以及居住权等。

三是完善知识产权制度，明确知识产权的客体，规定权利人就作品，发明、实用新型、外观设计，商标，地理标志，商业秘密，集成电路布图设计，植物新品种和法律规定的其他客体享有专有权利。由于知识产权既具有民事权利属性，又与行政管理有密切关系，民法典在总则编关于民事权利的规定中作出基本规定，同时分别由著作权法、专利法、商标法、反不正当竞争法和有关行政法规对相关知识产权作出具体规定。

3. 完善业主的建筑物区分所有权制度。在民法典编纂过程中，有的意见反映，目前居民小区管理存在业主大会、业主委员会成立难，业主作决议表决难，公共维修资金使用难，以及小区内违法行为管理难等问题。针对这“四难”问题，民法典予以积极回应，明确政府有关部门、居民委员会对设立业主大会、选举业主委员会的指导和协助职责，降低业主决定共同事项的表决比例要求，规定紧急情况下使用公共维修资金的特别程序，明确有关部门对小区内发生的私搭乱建等违法行为依法查处等。在实施中，对小区的治理要体现业主共治与政府管理相结合的理念。小区里的事，除了居民依法共同决定涉及业主权益的事项外，有关部门和居民委员会也要依法积极介入小区管理，维护广大业主安居乐业的良好环境。

4. 完善用益物权制度，增加规定居住权。物权法规定了建设用地使用权、土地承包经营权、宅基地使用权、地役权四种用益特权，民法典在此基础上，增加规定了居住权这一新的用益物权。居住权是指居住权人有权按照合同约定或者遗嘱，对他人的住宅享有占有、使用的权利，以满足生活居住的需要。规定居住权这一新的用益物权，旨在贯彻党的十九大提出的建立多主体供给、多渠道保障、租购并举的住房制度要求，认可和保护民事主体对住房保障的灵活安排，满足特定人群的居住需要，为老年人以房养老提供法律依据。

5. 完善担保物权制度，为优化营商环境提供法治保障。为了便利企业融资，优化营商环境，民法典在担保物权制度方面进行了制度创新，扩大担保合同范围，明确所有权保留、融资租赁、保理等非典型担保合同的担保功能；删除有关动产抵押和权利质押具体登记机构的内容，为建立统一的动产抵押和权利质押登记制度留下制度空间；明确实现担保物权的统一受偿规则；等等。

6. 适应互联网经济的发展，完善电子合同的订立履行规则。随着互联网经济的快速发展，网上购物已经成为很多消费者喜欢的购物方式。为此，民法典对电子合同的订立和履行规则作了规定，明确当事人一方通过信息网络发布的商品或者服务信息符合要求条件的，对方选择该商品或者服务并提交订单成功时合同成立；采用快递物流方式交付的，收货人的签收时间为交付时间；电子合同的标的为提供服务的，生成的电子凭证或者实物凭证中载明的时间为提供服务的时间。

7. 规范格式条款合同，加大对弱势一方的保护。在日常生活中，人们经常会遇到一些格式条款合同。在这类合同中，提供格式条款的一方通常为商品或者服务的提供者，属于强势一方，而另一方通常是消费者，属于弱势一方。为了保护消费者等弱势一方的权利，避免因格式条款合同中的"陷阱"而权益受到损害，民法典规定，采用格式条款订立合同的，提供格式条款的一方应当遵循公平原则确定当事人之间的权利和义务，并采取合理的方式提示对方注意免除或者减轻其责任等与对方有重大利害关系的条款，按照对方的要求，对该条款予以说明。提供格式条款的一方未履行上述义务，致使对方没有注意或者理解与其有重大利害关系的条款的，对方可以主张该条款不成为合同的内容。

8. 增加规定四类典型合同，完善典型合同制度。典型合同是市场经济活动和群众社会生活中较为常见的各种合同。在现行合同法规定的买卖合同、租赁合同、借款合同、运输合同等十五种典型合同的基础上，为适应现实生活需要，民法典增加规定了保证合同、保理合同、物业服务合同、合伙合同等四种典型合同，使典型合同的数量增加至十九种。

9. 完善婚姻家庭和继承制度，维护婚姻家庭的和谐稳定。家庭是社会的细胞，也是社会稳定和谐的重要基础。民法典在现行婚姻法、收养法、继承法的基础上，以保障人民群众婚姻家庭权利和财产继承权利，维护婚姻家庭和谐稳定为目标，对婚姻家庭和继承制度进行了发展和完善。

一是修改禁止结婚的条件，删去现行婚姻法关于患有医学上认为不应当结婚的疾病者禁止结婚的规定，规定一方患有严重疾病的应当在结婚登记前如实告知对方，不如实告知的，对方可以请求撤销该婚姻，以尊重当事人的婚姻自主权。

二是增加离婚冷静期的规定，规定了三十天的离婚冷静期，在此期间，任何一方可以向登记机关撤回离婚申请。

三是吸收司法解释的相关规定，增加夫妻共同债务认定的规则。

四是完善收养制度，取消被收养人十四岁以下的限制，规定被收养人利益最大化原则，增加规定收养评估制度和收养人无不利于被收养人健康成长的违法犯罪记录这一条件。

五是增加规定遗产管理人制度，并修改遗嘱效力规则，删除公证遗嘱效力优先的规定，以尊重被继承人的真实意愿。

10. 完善侵权责任制度，加强对民事主体的权利救济。侵权责任是民事主体侵害他人权益应当承担的法律后果。在侵权责任法的基础上，民法典进一步完善了侵权责任的归责原则。

一是确立“自甘风险”规则，明确自愿参加具有一定风险的文体活动，因其他参加者的行为受到损害的，受害人不得请求其他参加者承担侵权责任，但是其他参加者对损害的发生有故意或者重大过失的除外。

二是规定“自助行为”制度，明确合法权益受到侵害，情况紧迫且不能及时获得国家机关保护，不立即采取措施将使其合法权益受到难以弥补的损害的，受害人可以在保护自己合法权益的必要范围内采取扣留侵权人的财物等合理措施，但是应当立即请求有关国家机关处理。

三是完善高空抛物坠物治理规则，保护人民群众的“头顶安全”。明确禁止从建筑物中抛掷物品。从建筑物中抛掷物品或者从建筑物上坠落的物品造成他人损害的，由侵权人依法承担侵权责任；发生此类事件的，公安等机关应当依法及时调查，查清责任人；经调查难以确定具体侵权人的，除能够证明自己不是侵权人的外，由可能加害的建筑物使用人给予补偿。可能加害的建筑物使用人补偿后，有权向侵权人追偿。物业服务企业等建筑物管理人应当采取必要的安全保障措施防止此类事件的发生，否则应当依法承担未履行安全保障义务的侵权责任。

法律的生命力在于实施，法律的权威也在于实施。习近平总书记在中央政治局第二十次集体学习时强调，全党要切实推动民法典实施，以更好推进全面依法治国、建设社会主义法治国家，更好保障人民权益。习近平总书记的重要讲话，为民法典实施工作指明了努力方向、提供了基本遵循。

编纂民法典是一项系统工程，实施民法典也是一项系统工程、长期工程。作为立法工作者，我们要在今后的工作中贯彻落实好总书记的重要讲话精神，为实施好民法典作出我们的贡献。

一是以民法典规定的制度和规则为基准，对与民法典有密切联系的法律规范进行梳理，区分不同情况，对相关立法修法工作进行统筹研究。

二是结合民法典实施工作，进一步加强民法理论研究，立足中国国情和实际，努力构建中国特色的民法理论体系和话语体系。

三是做好民法典的宣传普及工作，积极宣传民法典颁布实施的重大意义和规定的主要制度，讲好当代中国民法故事，进一步增强全社会特别是国家机关工作人员的民法意识，为民法典的实施营造良好的社会氛围。

民法典合同编新规定及其适用

林文学*

内容摘要 民法典合同编相较合同法，创新构建科学的合同法规范体系，增加了四类典型合同，对合同订立、合同效力、合同履行、合同保全、合同变更和转让、合同终止、违约责任等规则和制度以及典型合同部分内容进行了完善。这些新规定，坚持逻辑和实践相统一、合同自由与国家适度干预相统一、平等保护与倾斜保护相统一、诚信严格履约与情势变更相统一、理论自洽和解决实际问题相统一、传统与现代相统一。切实实施民法典，要在深刻理解民法典基本精神的基础上，坚定制度自信，实现思维方式从立法论向解释论的转变，尽快清理、起草司法解释和政策性文件，加强法官教育培训。

关键词 民法典 合同编 新规定 适用

《中华人民共和国民法典》（以下简称民法典），是新中国成立以来第一部以“法典”命名的法律，是新时代我国社会主义法治建设的重大成果。习近平总书记在2020年5月29日就“切实实施民法典”举行政治局第二十次集体学习时强调：民法典系统整合了新中国70多年来长期实践形成的民事法律规范，汲取了中华民族5000多年优秀法律文化，借鉴了人类法治文明建设有益成果，是一部体现我国社会主义性质、符合人民利益和愿望、顺应时代发展要求的民法典，是一部体现对生命健康、财产安全、交易便利、生活幸福、人格尊严等各方面权利平等保护的民法典，是一部具有鲜明中国特色、实践特色、时代特色的民法典。

合同法是市场经济的基本法，在现代市场经济法治保障中发挥着最为

* 作者单位：最高人民法院民事审判第二庭。

基础性的作用。改革开放以来，随着社会主义市场经济的发展，我国逐步确立了完善、统一的合同制度。1999年颁布的《中华人民共和国合同法》（以下简称合同法）结束了我国以民法通则规定的合同制度为龙头，经济合同法、涉外经济合同法、技术合同法三足鼎立的局面，构建了统一的合同法律制度。合同法对合同形式、合同内容、合同效力、违约责任以及十五类典型合同等作了较为全面的规定，坚持合同自由、当事人平等，诚信履约、公平交易等原则，确立了市场交易的基本规则，保障并促进了社会主义市场经济的发展。同时，合同法也以开放、包容的态度汇聚了国际通行的合同规则，为民法典合同编（以下简称合同编）的制定打下了扎实的基础。

一、合同编相较合同法的新变化

合同编在合同法的基础上，结合新时代发展需要，对我国多年来合同法理论研究成果和司法实践经验进行了科学化、系统化的整合，并借鉴其他国家（地区）合同法现代化改革的成果，贯彻全面深化改革的精神，坚持维护契约、平等交换、公平竞争，积极促进商品和要素自由流动，努力解决合同法实施以来的新情况、新问题。合同编分三个分编，共29章、526条。其中，第一分编“通则”，规定了合同的订立、效力、履行、保全、变更和转让、权利义务终止、违约责任等内容。第二分编“典型合同”规定了买卖合同、借款合同等十九类典型合同。第三分编“准合同”规定了无因管理、不当得利。合同编在民法典中具有极其重要的地位，占民法典全部1260个条文的41.7%，几乎占据了民法典“半壁江山”。合同编在合同法基础上增加了137条，删除了25条，修改了260条，有许多发展和创新。相较于合同法，这些修改变化主要体现在以下几个方面。

（一）创新构建科学的合同法规范体系

民法典在体系架构上对以德国民法典为代表的债法体系进行了重大改革，主要体现在合同编对债法体系和规则的改造。传统债的理论根据债产生的原因，将债分为约定之债和法定之债，约定之债主要指合同之债，法定之债包括无因管理之债、不当得利之债、侵权责任之债等，并将约定之债和法定之债都规定在统一的“债权编”之中，对应于“物权编”，形成物债二分的财产法体系。民法典在沿袭大陆法系传统物债二分模式基础上，将合同之债和侵权责任之债各自独立成编。这样的立法模式经实践证明是行之有效的。民法典承袭此例，是对我国原有立法路径的传承。而针对因缺乏债法总则而导致“缺失债法共同性规定”以及“无法容纳无因管理、不当得利”等问题，合同编采用了“通则”“典型合同”“准合同”的三分编体例。一方面，通过扩充合同编通则的内容，使其得以实现债法总则功能。例如，通过第四百六十八条规定非合同之债的法律适用规则，明确了合同编通则统领债法的功能；同时填补大量债法规范，如增加多数人之债规则（第五百一十七条至第五百二十一条），细化完善债权转让和债务转移制度（第五百四十五条至第五百五十一条、第五百五十四条）以及债的消灭规则（第五百五十七条至第五百五十九条）等，以扩大合同编通则的适用范围，尽量覆盖债法全部内容；另一方面，考虑到无因管理、不当得利等法定之债的特殊性，合同编单设了“准合同”分编，解决了无因管理、不当得利之债的安放问题。需要注意的是，为学习和适用的方便，立法者将合同编中能够适用于非合同之债的具体规则，尽量通过措辞予以明确指示。对于可适用于所有债的类型的共同规则，条文中尽量不使用“合同”“合同权利”“合同义务”的表述，而是采用“债”“债权”“债务”的表述；而就合同的订立、效力和解除等仅能适用于合同之债的规则仍然使用“合同”的表述。

合同编三分编的体例既凸显了合同编通则的债法总则功能，又通过准合同的设置较好地处理了合同与无因管理、不当得利的逻辑关系，同时也使得合同、准合同、侵权责任之间形成一个合乎逻辑的体系，具有科学性，可以说是当代合同法体系的一大创举。

（二）增加四类典型合同

民法典积极回应市场交易发展新需求，在典型合同分编增加了四类典型合同，即保证合同、保理合同、物业服务合同以及合伙合同，使有名合同从合同法规定的十五类增加到十九类。四类典型合同所涉的都是我国社会、市场发展实际中突出需要规范的问题。其中，保证合同和合伙合同在担保法和民法通则中都有规定，但相对粗疏简略，且因颁布时间久远而落后于现实需求。民法典颁布实施后，原有立法中的规定将被废止。鉴于保证合同及合伙合同在市场中的重要性和必要性，合同编在典型合同分编中加以全面规范，弥补了原有立法中的不足，并且统一了保证合同的规则适用。保理合同作为典型合同类型的必要性在于，保理业务可为实体企业提供综合性金融服务。近年来，我国保理业务发展迅猛、体量庞大，纠纷多发，有必要对保理合同进行规范，使保理业务实现法治化健康发展，以拓宽中小企业的融资渠道。物业服务合同关乎众多业主日常生活和社区管理，随着我国城市化发展和人们居住方式的变化，已成为现实生活中普遍存在且适用日益广泛的合同，作为典型合同将更好地规范物业服务市场秩序。需要注意的是，不是只有合同编规定的合同才是典型合同，其他法律对合同名称、权利义务有规定的合同也是典型合同，如保险法规定的保险合同、旅游法规定的旅游服务合同、劳动合同法规定的劳动合同和农村土地承包法规定的土地承包合同等。

（三）完善合同订立规则

合同编在合同法规定的基础上，对合同订立规则进行了完善，从而使相关规则适应现实交易的要求。合同编对于合同订立规则的完善，具体体现在以下几个方面：一是在合同法规定的要约、承诺方式之外，增加规定了可以以其他方式缔约（第四百七十一条），使合同订立的方式更为丰富，符合现实需要。二是增加了互联网交易合同成立时间的内容，规定当事人一方通过互联网等信息网络发布的商品或者服务信息符合要约条件的，对方选择该商品或者服务并提交订单成功时合同成立，但是当事人另有约定的除外（第四百九十一条）。这一规定吸收了电子商务法的相关内容，有助于解决实践中电商交易合同成立时间难以认定的问题。三是增加了预约合同的规定。当事人约定在将来一定期限内订立合同的认购书、订购书、预订书等，构成预约合同；当事人一方不履行预约合同约定的订立合同义务的，对方可以请求其承担预约合同的违约责任（第四百九十五条）。四是完善了格式条款制度，对于未尽说明义务的格式条款的效力问题，规定提供格式条款的一方未履行提示或者说明义务，致使对方没有注意或者理解与其有重大利害关系的条款的，对方可以主张该条款不成为合同的内容（第四百九十六条）。对于格式合同条款无效的情形，作出进一步的明确：当提供格式条款一方不合理地免除或者减轻其责任、加重对方责任、限制对方主要权利时，该格式条款无效。

（四）完善合同效力规则

合同编对合同的效力规则进行了完善，进一步限制合同无效或者不生效的情形，主要体现在三个方面：一是删除了合同法第五十一条有关无处分权人处分财产合同效力的规定，使之从合同法中的效力待定变为不影响合同效力。二是明确了未履行批准手续合同的效力。第五百零二条第二款规定："依照法律、行政法规的规定，合同应当办理批准等手续的，依照其规定。未办理批准等手续影响合同生效的，不影响合同中履行报批等义务条款以及相关条款的效力。应当办理申请批准手续的当事人未履行义务的，对方可以请求其承担违反该义务的责任。"根据该规定，当事人未履行批准手续的，不影响合同中报批条款的效力，不履行该条款所规定义务的，当事人仍应承担违反该义务的违约责任。三是明确超越经营范围签订的合同原则有效。第五百零五条规定："当事人超越经营范围订立的合同的效力，应当依照本法第一编第六章第三节和本编的有关规定确定，不得仅以超越经营范围确认合同无效。"也就是说，超越经营范围的合同原则上有效，除非其构成总则编关于民事法律行为无效、可撤销或者效力待定的情形，或者符合合同编关于合同无效的相关规定。

（五）完善合同履行规则

在合同的履行规则方面，合同编主要从以下方面进行了完善：一是增加了合同选择之债。对于标的有多项而债务人只需履行其中一项的，债务人享有选择权。享有选择权的当事人在约定期限内或者履行期限届满未作选择，经催告后在合理期限内仍未选择的，选择权转移至对方（第五百一十五条）。选择权在具体行使时，应当及时通知对方，通知到达对方时，标的确定；标的确定后不得变更，但是经对方同意的除外。可选择的标的发生不能履行情形的，享有选择权的当事人不得选择不能履行的标的，但是该不能履行的情形是由对方造成的除外（第五百一十六条）。二是完善了第三人合同的履行规则。对于向第三人履行债务的合同，增加了第三人只要未在合理期限内明确拒绝接收债务履行，债务人未向第三人履行或履行债务不符合约定的，第三人可以请求债务人承担违约责任；债务人对债权人的抗辩，可以向第三人主张（第五百二十二条）。在第三人对债务人履行债务有合法利益的场合，除债务不适宜代为履行的，规定第三人有权向债权人代为履行，债权人接受第三人履行后，其对债务人的债权转让给第三人，但是债务人和第三人另有约定的除外（第五百二十四条）。三是确认了情势变更制度，明确了情势变更的定义、适用情形以及法律效果。

合同成立后，合同的基础条件发生了当事人在订立合同时无法预见的、不属于商业风险的重大变化，继续履行合同对于当事人一方明显不公平的，受不利影响的当事人可以与对方重新协商；在合理期限内协商不成的，当事人可以请求人民法院或者仲裁机构变更或者解除合同。人民法院或者仲裁机构应当结合案件的实际情况，根据公平原则变更或者解除合同。根据该条规定，不可抗力与情势变更之间不再是并列的制度，而是既相互独立又存在一定交叉的关系。不可抗力适用于合同、侵权领域，出现了不能预见、不能避免并不能克服的情况，法律后果是减轻或者免除责任、解除合同。情势变更仅适用于合同领域，主要涉及长期合同；合同履行过程中出现了无法预见的、不属于商业风险的重大变化，继续履行合同对于当事人一方明显不公平的情形；法律后果是重新协商变更合同或者解除合同。两者最大的不同是情势变更可以重新协商变更合同，协商不成，法院或者仲裁机构可以根据公平原则予以变更。

（六）完善合同保全制度

一是扩大了代位权的客体范围，债权人的债权到期前，债务人的债权或者与该债权有关的从权利存在诉讼时效期间即将届满或者未及时申报破产债权等情形，影响债权人的债权实现的，债权人可以代位向债务人的相对人请求其向债务人履行、向破产管理人申报或者作出其他必要的行为（第五百三十六条）。二是明确行使代位权后的法律后果。人民法院认定代位权成立的，由债务人的相对人向债权人履行义务，债权人接受履行后，债权人与债务人、债务人与相对人之间相应的权利义务终止（第五百三十七条）。三是扩大了撤销权的适用范围。增加了放弃债权担保、恶意延长到期债权的履行期限、以明显不合理的高价受让他人财产，以及为他人的债务提供担保等情形（第五百三十八条、第五百三十九条）。四是建立合同性担保权利的登记制度。如在买卖合同一章中规定："出卖人对标的物保留的所有权，未经登记，不得对抗善意第三人"；在融资租赁合同一章中规定："出租人对租赁物享有的所有权，未经登记，不得对抗善意第三人"；在保理合同一章中规定："应收账款债权人就同一应收账款订立多个保理合同，致使多个保理人主张权利的，已经登记的先于未登记的取得应收账款。"

（七）完善合同变更和转让规则

一是细化了债权转让的规定，明确了债权转让时，受让人取得从权利不因该从权利未办理转移登记手续或者未移转占有而受到影响（第五百四十五条）。该规定与我国司法实践对于债权转让时从权利未办理转移登记的处理是一致的。以抵押权随主债权转让规则为例，债权转让的，除法律另有规定或者当事人另有约定外，担保该债权的抵押权一并转让（第五百四十七条）。受让人向抵押人主张行使抵押权，抵押人以受让人不是抵押合同的当事人、未办理变更登记等为由提出抗辩的，人民法院不予支持。二是增加债务加入规则。第三人与债务人约定加入债务并通知债权人，或者第三人向债权人表示愿意加入债务，债权人未在合理期限内明确拒绝的，债权人可以请求第三人在其愿意承担的债务范围内与债务人承担连带债务（第五百五十二条）。

（八）完善合同终止制度及违约责任制度

合同编在合同终止和违约责任方面，也作出了大量的修改。一是增设了债的清偿抵充规则。所谓清偿抵充是指债务人对债权人负担数宗同种类债务，而债务人的履行不足清偿全部债务时，确定该履行抵充其中某宗或某几宗债务的现象。合同编规定了清偿抵充的顺序：债务人对同一债权人负担的数项债务种类相同，债务人的给付不足以清偿全部债务的，除当事人另有约定外，由债务人在清偿时指定其履行的债务。债务人未作指定的，应当优先履行已经到期的债务；数项债务均到期的，优先履行对债权人缺乏担保或者担保最少的债务；均无担保或者担保相等的，优先履行债务人负担较重的债务；负担相同的，按照债务到期的先后顺序履行；到期时间相同的，按照债务比例履行（第五百六十条）。二是明确了主债务及利息和有关费用的履行顺序，规定了债务人在履行主债务外还应当支付利息和实现债权的有关费用，其给付不足以清偿全部债务的，除当事人另有约定外，应当按照实现债权的有关费用、利息和主债务的顺序清偿（第五百六十一条）。三是对合同解除制度进行了完善。增加了解除权的消灭期限，当法律没有规定或者当事人没有约定解除权行使期限时，自解除权人知道或者应当知道解除事由之日起一年内不行使，或者经对方催告后在合理期限内不行使的，该权利消灭（第五百六十四条）。完善了通知解除规则，增加了可以通过载明债务人在一定期限内不履行债务则合同自动解除，债务人在该期限内未履行债务的，合同自通知载明的期限届满时解除的解除方式。若当事人一方未通知对方，而是直接以提起诉讼或者申请仲裁的方式依法主张解除合同，人民法院或者仲裁机构确认该主张的，合同自起诉状副本或者仲裁申请书副本送达对方时解除（第五百六十五条）。在违约责任部分，吸收了担保法有关定金规则的规定（第五百八十六条至第五百八十八条）等。

（九）完善典型合同部分内容

合同编对部分典型合同的内容进行了完善，特别是买卖合同和借款合同。在买卖合同方面，一是增加了无权处分情况下合同效力的规定，第五百九十七条第一款规定："因出卖人未取得处分权致使标的物所有权不能转移的，买受人可以解除合同并请求出卖人承担违约责任。"本条增加的内容（即第一款）与合同法第五十一条删除是一致的，标志着负担行为与处分行为二分、合同效力与权利变动分别考量的民法理论得到了体系化的贯彻。二是完善了检验期间、检验内容、检验标准的相关规定。增加了约定检验期过短视为外观瑕疵异议期（第六百二十二条）、未约定检验期时通过特定行为推定完成外观检验（第六百二十三条）、向第三人交付标的物以出卖人和买受人双方约定标准为检验标准（第六百二十四条）等处理规则。三是增加规定试用买卖中风险负担、同意购买及费用负担等相关内容。关于标的物的风险负担，合同编确立了"交付转移风险"作为风险负担的一般规则（第六百零四条），但在试用买卖中确立了"物主承担风险"规则，其立法目的是为了更好地保护消费者的利益（第六百四十条）；关于试用买卖中同意购买及费用负担，规定了视为购买的情形（第六百三十八条）以及使用费的支付问题（第六百三十九条）。四是增加了所有权保留的登记对抗效力和担保效力物权化、出卖人取回权、买受人回赎权等相关规定。对于所有权保留的登记效力，采用登记对抗模式，"出卖人对标的物保留的所有权，未经登记，不得对抗善意第三人"（第六百四十一条第二款）；新增了出卖人取回权的行使条件、买受人回赎权的规定。出卖人可于未支付价款、未完成约定条件以及不当处分等情况下取回标的物（第六百四十二条第一款）；买受人可于约定或出卖人指定的期限内，回赎标的物，未于回赎期内回赎，出卖人可以出卖标的物于第三人（第六百四十三条）。在借款合同方面，明确禁止高利放贷，借款的利率不得违反国家有关规定。借款合同对支付利息没有约定的，视为没有利息。同时，对借款合同利息约定不明的情形，规定当事人不能达成补充协议的，按照当地或者当事人的交易方式、交易习惯、市场利率等因素确定利息；自然人之间借款的，视为没有利息（第六百八十条）。

二、合同编新变化的主要特点

合同编相较于合同法，内容更加丰富，规则更加清晰，更能满足审判实践的需要，这些修改完善体现了以下几个特点。

（一）坚持逻辑和实践相统一

合同编在编排体例以及具体的规则设计上，实现了逻辑和实践的统一。这种统一主要表现在两个方面：一方面，在结构体系上，既遵循大陆法系民法的基本原理，又根据我国民事立法、司法和理论研究的实际情况，创新了体系结构，使得民法典以及合同编的体系结构能够总分呼应、前后自洽；另一方面，在遵循民法原理的同时直接吸收了司法解释的部分内容，将长期司法实践总结出来的规则上升到法律。

（二）坚持合同自由与国家适度干预相统一

合同编立足于全面深化改革的背景，进一步深化了合同自由理念，特别是防止行政权力对于合同的不当干预。例如，在合同监督的问题上，合同编废除合同法第一百二十七条关于合同监督机关的规定，修改为第五百三十四条“对当事人利用合同实施危害国家利益、社会公共利益行为的，市场监督管理和其他有关行政主管部门依照法律、行政法规的规定负责监督处理”。规定未办理批准等手续影响合同生效的，不影响合同履行报批等相关条款的效力（第五百零二条）。同时，国家在必要时，可以适度干预，主要体现在因公共利益方面需要缔约时，相关当事人不得拒绝。例如，国家根据抢险救灾、疫情防控或者其他需要下达国家订货任务、指令性任务的，有关民事主体之间应当依照有关法律、行政法规规定的权利和义务订立合同。依照法律、行政法规的规定负有发出要约义务的当事人，应当及时发出合理的要约。依照法律、行政法规的规定负有作出承诺义务的当事人，不得拒绝对方合理的订立合同要求（第四百九十四条）。

（三）坚持平等保护与倾斜保护相统一

平等保护是合同法的基本原则，但在缔约双方实力相差过大的场合，强势一方当事人可能借合同自由原则，压迫弱势一方，造成实质不公。因此，合同编在坚持平等保护的同时，也注意加大对弱势一方的倾斜保护。例如，合同编完善了格式条款无效规定（第四百九十七条）；在第十章供用电、水、气、热力合同、第十九章运输合同中规定了电、水、气、热力供应（第六百四十八条、第六百五十六条）机构以及公共运输的承运人对社会公众的强制缔约义务等（第八百一十条）；又如，为落实党中央提出的建立租购同权住房制度的要求，保护承租人利益，在第十四章租赁合同中增加规定房屋承租人的优先承租权，租赁期限届满，房屋承租人享有以同等条件优先承租的权利（第七百三十四条）。在这些情形中，都存在相对弱势的缔约方，对其进行适度的倾斜保护，可以保证合同内容的实质公平，避免出现强势一方借助合同自由原则侵犯相对方利益的情况。

（四）坚持诚信严格履约与情势变更相统一

合同编明确要求当事人履行合同时应遵循诚信原则（第五百零九条），并增设合同的相关规则保证诚信原则的落实。例如，规定了合同保全制度（第五百三十五条至第五百四十二条），全面承认涉及特定第三人利益的代位权、撤销权，以抑制现实中多角债务情况及恶意转移财产等不诚信现象；通过强化和完善不安抗辩权（第五百二十七条、第五百二十八条）、合同解除（第五百六十二条至第五百六十六条）等合同救济制度，保障债权顺利实现。同时，针对合同履行过程中发生的当事人在订立合同时无法预见的、不属于商业风险的重大变化的情形，规定了情势变更制度（第五百三十三条），以平衡双方当事人的利益。

（五）坚持理论自洽和解决实际问题相统一

民法典体现出的基本理论更加扎实，逻辑更加严谨，但不是简单地解决理论的自洽，而是解决中国实践中出现的问题，既解决人民群众关心的现实问题，也凸显社会主义核心价值观。例如，针对近几年突出的承运人履行安全运输义务不到位、变相收费损害旅客权益以及旅客霸座、强抢方向盘等运输安全热点问题，第十九章运输合同中特别细化了客运合同当事人的权利义务（第八百一十五条、第八百一十九条、第八百二十条）。比如，针对中介服务实践中常发生的“跳单”行为，第二十六章中介合同新增对跳单行为的处理规则，规定委托人在接受中介人的服务后，利用中介人提供的交易机会或者媒介服务，绕开中介人直接订立合同的，应当向中介人支付报酬（第九百六十五条）。

（六）坚持传统与现代相统一

民法作为传统的法律部门，有其固有的传统、制度和规则，同时民法也要紧跟时代步伐，及时反映时代最新的发展变化。民法典首次确立了绿色原则，这一原则是对生态保护价值这一现代社会价值共识的承认，是首开先河的立法成就。这一原则也具体落实在合同编的多项规则当中。例如，在合同履行过程中，规定应当避免资源浪费、污染环境和破坏生态（第五百零九条）；债权债务终止后，当事人应当遵循诚信等原则，根据交易习惯履行通知、协助、保密、旧物回收等义务（第五百五十八条）；依照法律、行政法规的规定或者按照当事人的约定，标的物在有效使用年限届满后应予回收的，出卖人负有自行或者委托第三人对标的物予以回收的义务（第六百二十五条）。针对现代技术发展带来的交易手段和方式的革新，合同编及时回应，规定了大量新技术手段的交易规则。例如，为适应信息、网络技术飞速发展，针对网购等交易方式，规定了电子合同的履行规则（第五百一十二条）；针对技术许可市场的发展，在第二十章技术合同中，进一步完善了技术许可合同规范，强化对技术许可的鼓励和保护（第八百六十二条至第八百七十四条）。这些规则在合同的基本原则和规则基础上，增加了新内容，及时反映了现代合同理论和实践的最新发展，实现了传统与现代的统一。

三、开展司法解释清理和教育培训工作，提升民事审判质量

民法典于 2021 年 1 月 1 日开始实施，婚姻法、继承法、民法通则、收养法、担保法、合同法、物权法、侵权责任法、民法总则等九部法律同时废止，民法典时代已经到来。人民法院是贯彻落实民法典的一个重要部门。最高人民法院周强院长指出，学习好、贯彻好、实施好民法典是人民法院的重要职责，确保不折不扣完成人民法院在民法典贯彻实施工作中承担的职责使命。民法典的实施，是一项系统工程，需要法官在法律适用过

程中，赋予民法典鲜活的生命力。为保证民法典能够真正贯彻落实，相关规则能发挥预期效用，以下五点特别需要注意。

（一）深刻理解民法典的基本精神

在法律适用过程中，准确理解具体规则固然重要，但理解民法典的基本精神更为重要，只有理解、体会民法典的基本精神，才能更好地理解具体规则。民法典的基本精神至少包括公平、自愿、诚信、效率、人民情怀等。

（二）要有充分的制度自信

民法典系统整合了新中国70多年来长期实践形成的民事法律规范，汲取了中华民族5000多年优秀法律文化，借鉴了《联合国国际货物销售合同公约》《国际商事合同通则》《欧洲合同法原则》以及法国、德国、日本民法典等人类法治文明建设有益成果，是当今世界最好的民法典之一。在世界银行营商环境评估指标中有一项是执行合同，这个指标反映民事纠纷从立案、审理、执行全过程的时间、成本、质量情况。我国执行合同指标2020年在全球190个经济体中排名第五。所以，我们完全有理由对民法典和我国民事审判制度充满自信。

（三）思维方式要从立法论转向解释论

我国作为成文法传统国家，法律适用过程中应当以成文法规则为中心。司法实践过程中的法律适用虽然需要对法律规定进行独立的理解和判断，但总体上不能脱离法律的明确规定以及立法的实质精神。在实务工作中不能以法律没有规定或者规定不合理为由逃避法官忠实于法律的司法义务和职业准则。这就要求我们在法律适用过程中，按照规则科学地解释合同、准确适用法律，工作思维和方法要从立法论转向解释论。民法典及合同编中也确立了相关的意思表示以及合同条款解释规则。例如，对于意思表示的解释，规定有相对人的意思表示的解释，应当按照所使用的词句，结合相关条款、行为的性质和目的、习惯以及诚信原则，确定意思表示的含义；无相对人的意思表示的解释，不能完全拘泥于所使用的词句，而应当结合相关条款、行为的性质和目的、习惯以及诚信原则，确定行为人的真实意思（第一百四十二条）。对于合同条款不明确时的解释，规定合同生效后，当事人就质量、价款或者报酬、履行地点等内容没有约定或者约定不明确的，可以协议补充；不能达成补充协议的，按照合同相关条款或者交易习惯确定。司法实践中应当严格恪守立法中规定的解释规则，从而更好地探寻当事人的真意，并保障其最终实现。

（四）尽快清理、起草司法解释和政策性文件

民法典制定颁布的体系效应，是法律适用的统一化，避免法律适用规则体系过于庞杂。民法典实施后，合同法、物权法等九部法律同时废止，大量的司法解释必须清理，未来根据民法典的实施情况，还要及时研究制定新的司法解释。1949 年以来到目前为止所有现行有效的 591 件司法解释，不仅包括民商事，也包括刑事、行政、国家赔偿司法解释，都应纳入清理范围。司法解释的梳理工作要做到将司法解释的每一条、每一款、每一项与民法典条文进行核对，凡是与民法典精神、原则、条文相冲突的坚决废止。司法解释清理工作要与司法政策、全部 139 件指导性案例等全盘考虑，确保法律适用的统一。当前，要尽快制定出台司法解释，重点解决新旧法衔接适用、诉讼时效、现有司法解释效力等问题。对于规则较为复杂、前后规定变化较大的制度，例如担保制度，涉及合同编、物权编以及总则相关内容和原担保法司法解释的内容，应尽快制定审理担保纠纷案件适用法律问题的司法解释。

（五）加强法官教育培训

民法典是近年来我国最为宏大的立法工程，其条文复杂，涉及多项法律的修改统筹，也增加了大量的新规定，因此，学习和理解民法典，掌握相关规则，理解规则背后的立法精神，是科学实施和适用民法典的基本前提。同时，法律的生命力在于实施。法官特别是民商事审判法官，作为实施民法典的一线参与者和承担者，需要对民法典尽快全面掌握和正确理解，要通过民法典相关的专业培训，特别是自身的潜心钻研，真正理解规则、真正吃透精神。

物权编对四种他物权制度的完善和发展

崔建远*

一、关于农地“三权分置”制度

为适应现代化大农业的规模化经营的要求，跟上农村经济商品化、现代化转变的步伐，需要在保障农民生存权的基础上强化发展权，其中之一是让土地经营权超越原来的集体经济，超越行政界限，向擅长规模经营的“能手”集中。这就是土地经营权与土地承包经营权相分离的内在的、客观的要求。同时，鉴于权利人有以土地承包经营权设立担保达到融资目的之现实且巨大的需求，其实也有金融机构扩张其金融业务的经济人渴望，再创设土地经营权制度，由农户保有土地承包权，流转土地经营权，以后者融资，就兼顾了生存权和发展权，使二者相得益彰。土地管理法、农村土地承包法和民法典物权编落实中共中央的政策，规定了土地承包经营权、土地承包权、土地经营权的制度。把土地经营权定性和定位在债权，最大的弱点是受债的相对性的限制，土地经营权对第三人不具有约束力，有时对抗不了第三人。将土地经营权定性和定位于物权正能克服这种弱点。民法典第三百四十二条允许把“四荒”土地承包经营权流转时形成的土地经营权作为抵押物，意味着将此类土地经营权定性和定位在物权了。就利用土地经营权融资而言，土地经营权为物权时所设担保权为抵押权，其为债权时所设担保权是债权质权。以土地经营权设立抵押权，采取物的编成主义，由不动产登记机构在不动产登记簿页上作他项权利登记，其公示效果最为显著，当事人及其利害关系人查询之最为便捷。但在债权质的设立方面，至少截至目前尚无统一的生效要件，有些以登记为生效要件，

* 作者单位：清华大学。

有些以交付为生效要件。以土地经营权出质时，债权质于何时设立，究竟为质押合同生效时还是债权质登记时，存在疑问。此其一。依现行登记制度，债权质的登记不在不动产登记机构，由哪个机构登记尚不清楚，且采取人的编成主义。人的编成主义与物的编成主义相比较，后者的优点更为明显。此其二。由此看来，把土地经营权作为债权，在设立担保权方面不够顺畅，非理想之选。诚然，事物大多有两面性，绝对化往往不妥当。通过出租/转包、合同式联营的方式流转而形成的土地经营权，被定性和定位为债权，理由更充分些。值得特别注意的还有，民法典第三百三十九条、第三百四十二条的规定新创了一种权利产生的机制：通过出租/转包、入股、融资担保的方式流转土地承包经营权时，承租人/次承包人、股份合作制企业或股份有限公司或有限责任公司取得了土地经营权，贷款人所享有的融资担保权的标的物是土地经营权，留在原土地承包经营权人之手的是土地承包权。因为在这些流转方式实施之前，土地承包经营权人之手中并无土地经营权，有的是土地承包经营权，但在这些流转方式生效之时，土地经营权即告设立，归属于承租人/次承包人、股份合作制企业或股份有限公司或有限责任公司，或者成为担保权的标的物。换言之，这些流转方式"催生"出土地经营权。这与建设用地使用权等用益物权的转让或作为担保物向金融机构设立担保非常不同，因为建设用地使用权在转让之前或抵押权设立之前已经存在了，有了建设用地使用权才可能发生转让，有了建设用地使用权这个担保物才会有担保权的设立。另外，土地经营权流转，可有两种路径及方法：一种是民法典第三百三十九条、第三百四十二条规定的路径及方法，流转前是土地承包经营权，流转后变成土地经营权；另一种流转前土地经营权已经存在，流转后仍是土地经营权，属于传统的继受取得。

二、建设用地使用权制度及其释评

民法典在建设用地使用权方面有两大变化：其一，于第三百五十九条第一款把物权法第一百四十九条第一款关于"住宅建设用地使用权期间届满的，自动续期"的规定，修改为"住宅建设用地使用权期限届满的，自动续期。续期费用的缴纳或者减免，依照法律、行政法规的规定办理"。其二，其第三百六十一条与物权法第一百五十一条在表达语句方面类似，但其精神实质却大不相同。其原因在于，物权法第一百五十一条指向的土地管理法是2004年修正的土地管理法，而民法典第三百六十一条指向的土地管理法是2019年修正的土地管理法，两者在集体经营性建设用地使用权的流转性方面发生了实质上的变化，特别是2019年修正的土地管理法第六十三条等规定确立了集体经营性建设用地使用权的转让、互换、出资、赠与或者抵押的规则。有专家、学者担心有人假道2019年土地管理法第四十五条第一款第五项的规定，偏离第六十三条的立法计划和立法目的。防止此种偏离的方法和措施之一是，坚持对2019年土地管理法第四十五条的规定予以整体解释。其实，无论是就该条的文义和体系还是就其规范意旨而言，“成片开发建设需要用地”的征收都必须是“为了公共利益的需要”，而非为了商业的需要。此外，还要注意另外一种倾向：放松对宅基地使用权申请的审核、批准，使本不应取得宅基地使用权的农户却获批该权，而后，该农户所在的集体经济组织或镇政府乃至县政府调整用地指标和土地用途，把宅基地使用权改变性质为集体经营性建设用地。

三、居住权制度及其释评

住宅的居住人，例如，无自己宅院的长辈居住于晚辈的住宅，离异的配偶一方于其暂无居所时居住于另一方的住房，在异地学习或工作的年轻人借住在亲属所有的住宅里，等等，这些“栖身者”对一项尽可能稳定的法律地位的需求，其合理性自无须多言。符合此类规格的居住权出现于民法典之中，顺理成章。在解释民法典第三百六十八条前段关于“居住权无偿设立，但是当事人另有约定的除外”的规定时，可否认为其不排除投资性居住权的约定？对此，应作肯定的回答，因为社会生活实际需要法律承认投资性居住权；生活性居住权与投资性居住权并非“有你无我”的关系，投资性居住权理论不具有抵触法理的品格。所谓生活性居住权与投资性居住权并非“有你无我”的关系，是指两种居住权制度各有其适用的领域，而非重叠于一个适用空间；两者各自演化出一套规则。这样，两者就不会相互干扰或混淆。所谓投资性居住权理论不具有抵触法理的品格，是指投资性居住权理论完全可以融入物权种类的理论中，视野延伸，它与民法学说乃至法理学也不存在抵触之处。

四、抵押权制度及其释评

民法典第四百零一条所谓“只能依法就抵押财产优先受偿”有五层含

意：其一，它体现了物权法和合同法各负其职的分工，流押条款的效力问题交由民事法律行为制度调整，适用民法典第一百四十三条至第一百五十七条的规定，抵押权制度仅管自己份内之事，更从容些，效果也更佳。其二，所谓流押条款为以物抵债协议的一种，在其不害及抵押人的其他债权人时，法律自无干预的必要，不必明文禁止之。该以物抵债协议适当履行（包括抵押财产为动产时完成交付，抵押财产为不动产时办理完毕登记手续）后，抵押权人取得该抵押财产的所有权。其三，抵押人的其他债权人关于清偿的请求若不涉及抵押财产、抵押人也没有进入破产程序的，抵押权人可基于该以物抵债协议及其适当履行取得抵押财产的所有权。其四，抵押人的其他债权人关于清偿的请求已经涉及抵押财产时，抵押人虽未进入破产程序，抵押权人也不得请求抵押人实际履行以物抵债协议，只可援用民法典第四百一十条的规定，实行抵押权，就抵押财产的变价使担保债权优先获得清偿。其五，在抵押人已经进入破产程序的情况下，抵押权人也无权请求抵押人实际履行以物抵债协议，必须适用企业破产法的有关规定，包括其第一百零九条关于"对破产人的特定财产享有担保权的权利人，对该特定财产享有优先受偿的权利"的规定。抵押权与质权并存于同一个动产之上时，两种权利的效力顺序如何确定？物权法对此未设明文，民法典第四百一十五条则明确规定："同一财产既设立抵押权又设立质权的，拍卖、变卖该财产所得的价款按照登记、交付的时间先后确定清偿顺序。"解读其意，可知其含有如下具体规则：（1）作为动产的某物既是抵押物又是质物，动产抵押权尚未登记的，无论出质的时间是先于还是迟于抵押合同的生效，在效力方面，质权都优先于动产抵押权；（2）作为动产的某物既是抵押物又是质物，动产抵押权的登记先于某物出质的，在效力方面，动产抵押权优先于质权；（3）作为动产的某物既是抵押物又是质物，某物出质先于动产抵押权办理登记的，在效力方面，质权优先于动产抵押权；（4）作为动产的某物既是抵押物又是质物，出质与动产抵押权的登记同时完成，在质权和动产抵押权的实行时，宜类推适用民法典第四百一十四条第一款第三项关于"按照债权比例清偿"的规定。

民法典视野下所有权保留交易的法律构成

高圣平*

内容摘要 所有权保留交易中，在买受人履行支付价款或者其他义务之前，出卖人向买受人交付标的物的行为并不具有转移标的物所有权的法律意义。在形式主义和功能主义相结合的立法态度之下，出卖人所保留的所有权被功能化为担保物权，但也保留了所有权的部分元素。买受人不履行支付价款或者其他义务时，出卖人享有标的物的取回权，并可在回赎期后再次出卖标的物，就变价款优先受偿。在出现所有权保留和其他权利相竞存的情形之下，以登记（取得对抗效力）的时间先后顺序来判断彼此之间的优先顺位；在基于所有权保留买卖合同交付标的物后十日内，所有权保留办理登记的，出卖人对标的物保留的所有权优先于标的物上的其他担保物权人受偿，但留置权人除外。

关键词 所有权保留 所有权担保 取回权 登记对抗 超优先顺位

一、问题的提出

根植于传统大陆法的物权公示观念，在一定程度上限制了动产之上非移转占有型担保制度的发展。在登记技术不发达的时代，动产物权变动的公示几乎等同于交付（占有），动产担保物权也就限定在了以占有为公示方法的动产质权。19 世纪的民法典编纂过程中，各国自然拒绝承认没有公示技术支撑的非移转占有型动产担保制度。借助于所有权的强势效力，交易实践中不断出现以所有权为担保工具的金融创新产品，其中之一即所有权保留交易。

---

* 作者单位：中国人民大学。

在所有权保留交易中，买受人依买卖合同先占有、使用标的物，但在双方当事人约定的特定条件（通常是价款的部分或全部清偿）成就之前，出卖人仍然保留标的物的所有权，待条件成就后，再将所有权转移给买受人。在这里，出卖人以其保留的所有权获得充分的保护，买受人在价款未获（足额）清偿的情况下获得对物的用益，其实质是出卖人以其保留的所有权为其价款债权或其他权利的实现提供担保，从而以制度设计的内在合理性为契机，一经运用，即发挥了巨大的信用供给功能，并为现代大陆法系国家和英美法系国家所明文规定。

所有权保留交易在19世纪末期非移转占有型担保法制的发展中起着十分重要的作用，迄今已成为一种典型的、被广泛采用的所有权担保方式；其制度演进自然无法与动产担保交易截然分开。对此，各国立法和司法实践中呈现出两种不同的解决方案。第一种方案以功能主义为基础。基于出卖人所保留的所有权在功能上仅具有担保作用的事实，所有权保留交易被定位于动产担保交易，从而出卖人所保留的所有权成了动产担保物权的一种形态，除了赋予其超优先顺位，还对其适用动产担保物权的一般规则。借助于登记制度的引入，标的物上的权利负担得以为第三人所知悉，避开了关于权利隐蔽性的诘难。第二种方案坚持交易的形式主义，当事人对交易安排的表象是出卖人保留标的物的所有权，仅移转标的物的占有至买受人。由此形成了所有权保留交易与动产担保交易不同的特质：其一，在债务人违约时，出卖人可主张所有权的物上追及效力，而买受人有权就标的物超过价款的部分主张返还；其二，所有权保留不具有从属性；其三，呈现出双重所有权结构，原则上当事人双方对财产享有的利益均可单独转让，从而形成附条件的所有权；其四，出卖人所保留的所有权在破产程序中的效力依赖于条件（或者衡平法上的期待权）是否成就，并在破产宣告时取得对抗破产债务人的效力。但基于动产交付公示法理，合法取得动产占有的善意买受人保护规则在大陆法系国家得到广泛承认，出卖人所享有的动产所有权的效力也就大大弱化了。

随着社会变迁，金融担保实践发展出各种新的动产担保交易形态，所有权担保方式也不再局限于所有权保留。这些动产担保交易模式规则各异，极易造成权利冲突。为了减少信贷成本，需要建构一套同等适用于金融机构和其他贷款人、制造商和供应商以及国内外信用提供者的高效的动产担保交易制度。国际统一私法协会、联合国国际贸易法委员会和世界银行集团等国际组织建议，各国在动产担保法制改革中应采行交易类型化的功能主义立法方法：不管交易的形式如何，只要在市场上发挥相同的担保功能，就应适用相同的法律。

我国法上对所有权保留交易原规定于合同法第一百三十四条，置重于交易的形式，出卖人的权利实现依其保留的所有权得到强势的保护。《最高人民法院关于审理买卖合同纠纷案件适用法律问题的解释》（以下简称《买卖合同司法解释》）第三十四条至第三十七条就所有权保留制度作了更具操作性的解释和规定，就出卖人基于其所有权行使标的物取回权作了一定限制，同时，规定了出卖人取回标的物之后的清算义务，在一定程度上平衡了当事人之间的权利和义务。

在我国民法典编纂过程中，若直接采行功能主义的立法方法，将遇到无法克服的体系障碍。在物权体系之下，担保物权作为在他人之物上的权利负担，被赋予定限物权的性质；所有权作为自物权，也就不能定位于担保物权。如此，在所有权保留交易中，出卖人所保留的所有权虽然在功能上起着担保价款清偿的作用，但因无法定性为担保物权而无法融入民法典物权编担保物权体系之中。而统一动产担保的交易规则，减少因交易模式各异而衍生的权利冲突问题又刻不容缓。最终，民法典采取了形式主义和功能主义相结合的立法方法。所有权保留交易以买卖标的物为表现形式，规定于合同编买卖合同章，并未被重构为担保物权。但为克服出卖人权利的隐蔽性，规定“出卖人对标的物保留的所有权，未经登记，不得对抗善意第三人”。同时，民法典第三百八十八条规定：“……担保合同包括抵押合同、质押合同和其他具有担保功能的合同……”这里明确了所有权保留交易的担保功能。这一制度革新究竟会带来解释论上的哪些变化，不无检讨的必要。

二、民法典上所有权保留交易的制度内容

所有权保留交易是伴随着信用经济的兴起而产生和发展的一项非典型担保制度。民法典第六百四十一条第一款明文规定：“当事人可以在买卖合同中约定买受人未履行支付价款或者其他义务的，标的物的所有权属于出卖人。”所有权保留交易制度据此得以确立。结合民法典第六百四十一条至第六百四十三条以及《买卖合同司法解释》的规定，大致可以看出我国所有权保留交易制度的基本内容。

第一，虽然民法典并没有将所有权保留交易的客体限定为动产，但依《买卖合同司法解释》第三十四条的规定，所有权保留交易不能以不动产为标的物。其主要理由在于，我国法上既定的不动产物权变动模式已经较好地平衡了出卖人和买受人的利益，无须借助于所有权保留交易。在价款未足额清偿之前，不办理所有权的转移登记，出卖人仍享有所有权；买受人可以借助于预告登记来保护其取得所有权的期待利益。同时，出卖人也可以在移转不动产所有权给买受人时在其上设定抵押权，足以达到所有权保留制度的效果。此外，所有权保留交易通常经由当事人合意而达成所有权移转的时间，而不动产所有权的移转尚需借由登记产生效力，若允许在登记之外另行约定所有权移转的时间，将极大地损害不动产登记簿的公信力。

第二，出卖人所保留的所有权，未经登记，不得对抗善意第三人。出卖人对标的物所有权的取得，并不依赖于所有权保留买卖合同的成立与生效，而是基于其他法律事实。这与动产抵押权依当事人之间抵押合同的生效而设立截然不同。但出卖人所保留的所有权被功能化为担保物权之后，采行与动产抵押权相同的物权变动模式——登记对抗主义。由此即说明，出卖人所保留的所有权已经不是民法典物权编所有权分编中的“所有权”，并不具有所有权分编规定的所有权的完整权能。相反，出卖人所保留的所有权仅具有担保功能，其权利内容同于担保物权，即就标的物变价并优先受偿。如此，出卖人所保留的所有权在性质上属于担保物权，即使未经登记，也可对抗无担保债权人。未经登记的所有权，不得对抗善意的受让人、租赁权人，不得对抗其他担保权人、查封或扣押债权人、参与分配债权人、破产债权人或破产管理人。所有权保留登记与不动产登记迥异，将在统一的动产和权利担保登记系统中展开，该登记系统采行人的编成主义，以声明登记制为基础，登记和查询均在线上自主完成。如此，所有权保留登记就以买受人（债务人）为标准，登记标的物上的权利负担。

第三，买受人在清偿全部价款或完成其他特定条件之前，享有占有、使用标的物并从中获益的权利；买受人在清偿全部价款或完成其他特定条件之后，即可取得标的物的所有权。在买受人未按照约定支付价款且经催告后在合理期限内仍未支付、未按照约定完成特定条件以及将标的物出卖、出质或者作出其他不当处分的情形之下，出卖人可基于所有权向买受人主张取回标的物（第六百四十二条第一款）。出卖人取回标的物的目的在于保全价款债权，而不在于对标的物的使用、收益。出卖人取回标的物后，买受人在回赎期限内消除出卖人取回标的物的事由的，可以请求回赎标的物。买受人在回赎期限内没有回赎标的物，出卖人可以以合理价格将标的物出卖给第三人，出卖所得价款扣除买受人未支付的价款以及必要费用后仍有剩余的，应当返还买受人；不足部分由买受人清偿（第六百四十三条）。出卖人可以与买受人协商取回标的物；协商不成的，可以参照适用担保物权的实现程序（第六百四十二条第二款）。在解释上，出卖人不能自力取回标的物的，还可借助于法院的强制执行程序而取回，取回之后可以自行变价，也可以直接申请法院启动实现担保物权案件特别程序，拍卖、变卖标的物并以变价款优先受偿。在救济程序上，也不排除出卖人申请启动普通民事诉讼程序，并基于胜诉裁判申请强制执行。学界对于出卖人行使取回权是否以解除所有权保留买卖合同为前提，争议较大。从民法典第六百四十三条关于买受人回赎权的规定来看，出卖人行使取回权并不以解除合同为前提，反而是所有权保留买卖合同并未解除的明证。

值得注意的是，《买卖合同司法解释》第三十六条第一款规定："买受人已经支付标的物总价款的百分之七十五以上，出卖人主张取回标的物的，人民法院不予支持。"其理由在于，在买受人已经支付标的物价款达到价款总额的百分之七十五时，出卖人的利益已在较大程度上得以实现。此际，若允许出卖人取回再变价，加以买受人回赎，程序比较复杂、运行成本相对较高，在一定程度上损害买受人的期待利益。笔者认为，民法典在植入《买卖合同司法解释》关于出卖人取回权及其相关规则时，对出卖人取回权的限制并未采行这一除外规则。在解释论上有两个备选方案：其一，《买卖合同司法解释》第三十六条第一款仍有适用余地。此时虽然出卖人不得行使取回权，但其就未受清偿的价款仍可参照担保物权实现程序的规定，对标的物进行变价并优先受偿。其二，《买卖合同司法解释》第三十六条第一款并无适用余地。此际，出卖人仍得行使取回权。若出卖人已经取回标的物，应允许买受人回赎，买受人未回赎的，出卖人应就标的物进行变价，并就变价款优先受偿；若出卖人未能取回标的物，其可基于胜诉裁判或许可裁定，对标的物进行变价，并就变价款优先受偿。如此看来，两者之间并无实质差异。实践中，未经买受人积极配合，出卖人尚难以取回标的物，两者之间的差异就更加轻微。

三、所有权保留交易的形式主义

在形式主义和功能主义相结合的立法模式之下，所有权保留交易中的当事人存在出卖人保留所有权的表象，讨论出卖人的所有权自何时移转给买受人仍具有意义。在动产抵押交易中，主债务因清偿或其他原因消灭后，标的物上的动产抵押权消灭，抵押人对标的物的所有权回复至圆满状态。但在所有权保留交易中，买受人清偿全部价款或成就其他特定条件后，标的物的所有权自出卖人移转给买受人。如此看来，出卖人所保留的所有权尽管已经功能化为担保物权，但在解释上并不能完全等同于动产抵押权。

关于出卖人保留之所有权的性质，从所有权移转的角度观察，学界有以下两种观点。其一，附生效条件移转说，主张出卖人所保留的所有权是一种附生效条件的所有权移转，标的物虽已先移转给买受人占有、使用，但其所有权是否移转或消灭，取决于当事人约定的条件成就与否。其二，部分所有权移转说，主张出卖人将标的物交付给买受人的同时，所有权的一部随之移转给买受人，由此形成出卖人与买受人共有一物的所有权形态，这种部分性的所有权随着各期价款的给付逐渐移转给买受人。日本学者更是以“削梨”的比喻来生动形象地解释这一理论，认为所有权犹如削梨一般，随价款的支付而逐渐由出卖人一方移转给买受人一方。上述分析在一定程度上、一定限度内具有合理性。其中，以附生效条件移转说为通说，部分所有权移转说因与所有权的整体性有违而成少数说。

民法典第二百二十四条规定：“动产物权的设立和转让，自交付时发生效力，但是法律另有规定的除外。”这里的“法律另有规定”主要是指：其一，民法典第二百二十六条、第二百二十七条以及第二百二十八条规定的简易交付、指示交付以及占有改定等三种替代交付方式；其二，民法典物权编第二章第三节“其他规定”中非基于法律行为所引起的物权变动规则；其三，民法典物权编担保物权分编中关于动产抵押权和留置权的规定。基于此，学界有观点认为，民法典第二百二十四条排除了当事人就物权变动的时点作出相反约定。在所有权保留交易中，标的物的所有权自买受人履行支付价款或其他义务时发生转移，这恰恰就是当事人就物权变动的时点另有约定。民法典第二百二十四条的规定似乎排除了所有权保留制度存在的可能性。

有学者对此提出不同意见。民法典第二百二十四条的立法原意是防止当事人任意约定动产物权变动的公示方式，在发生物权变动时，当事人不能通过合同随意免除交付的义务，也不能擅自约定交付的方式和交付的效力。但在所有权保留交易中，当事人之间并非约定了特殊的物权变动效力或改变了动产物权变动的公示方式，而仅在民法典第二百二十四条之下，对动产物权变动生效的时间作了特别约定。这种约定已为民法典第六百四十一条所允许。如此，民法典第六百四十一条构成第二百二十四条中“法律另有规定的除外”的情形，并不能据此认为所有权保留制度已无适用空间。

民法典主要采行债权形式主义的物权变动模式，所有权保留交易双方就所有权移转所附生效条件仅仅影响物权变动，对双方的买卖合同的效力并不产生影响。从所有权保留交易当事人“交付”行为的真实意图出发，在所有权保留买卖合同生效之时，出卖人将标的物“交付”买受人，并非民法典第二百二十四条规定的移转标的物所有权意义上的“交付”，并不导致标的物所有权的移转。基于买卖合同向买受人进行的标的物的现实交付，并非在履行转移标的物所有权的义务，而是服务于买受人对于标的物直接占有、提前使用的需要。标的物所有权在双方当事人约定的特定条件满足时，方发生转移。由此看来，买受人在履行支付价款或者其他义务时，即依简易交付规则而取得标的物的所有权。

值得注意的是，在比较法上，依功能主义的观念，抵押权人或出卖人均有取回权且可自力取回，在自力取回不能的情形之下，可以公力取回并自行变价。但在我国民法典之下，动产抵押权的实现排除自力救济，在其可得实现之时，仅得就抵押物进行变价并优先受偿。此际，抵押权人自力或公力取回并自行变价，自无适用空间。民法典仅在所有权保留和融资租赁这两种所有权担保交易中，允许出卖人、出租人行使取回权。由此，可以认为，在所有权保留交易中，出卖人行使取回权的权利基础仍然是形式意义上的所有权。也即，出卖人行使取回权是基于所有权人的地位而重新恢复其对标的物的占有，取回权在性质上属于物上请求权。

四、所有权保留交易的功能主义

（一）所有权保留交易的担保权构造

在比较法上，就所有权保留交易采取的权利构造模式不同，出卖人享有的权利内容也存在较大的差异。在所有权构造之下，出卖人作为所有权人的地位得到极大的尊重，即使在买受人被强制执行或陷入破产清算程序等极端的情形下，也是如此。出卖人自可以其所有权对抗就标的物对买受人的强制执行，在买受人破产清算程序中，出卖人可基于其所有权行使破产取回权。在担保权构造之下，出卖人仅得主张对标的物进行变价，并以变价款优先受偿。在允许自力救济的国家，出卖人可以取回买受人占有的标的物，自行变价并优先受偿，将超过未受清偿的价款及其从债务的部分返还买受人。买受人违约时的取回机制，是自力救济最为清晰的表达。

从民法典买卖合同章中所有权保留交易规则的内容来看，明显采取了担保权构造。其一，第六百四十一条第二款采行登记对抗主义，与所有权构造之下的动产物权变动模式迥异；其二，第六百四十二条第二款采纳担保物权的实现程序，改变了所有权构造之下的所有权保护方式；其三，第六百四十三条第二款纳入清算法理，也与所有权构造之下的物上请求权不同。

关于出卖人保留所有权的性质，从债的担保角度观察，学界有以下几种观点。第一，特殊质押关系说，主张出卖人所保留的所有权在性质上与质权相同，买受人因标的物的交付而取得所有权，出卖人所取得的是不占有标的物且附有流质契约的质权，并以此担保未获清偿的价款债权。第二，担保物权说，主张出卖人以延迟移转标的物的所有权为手段，担保其全部价款的清偿，此时出卖人所保留的所有权就成为其实现价款债权的担保物权。所有权保留实质上是担保物权的保留，而担保物权是设定在标的物上以担保价款或义务履行的权益。出卖人保留标的物的所有权，就是在其出卖的标的物上设定担保物权。第三，担保性财产托管说，认为所有权保留实质上是一种担保性财产托管的适用方式，此时出卖人只享有在一定条件下请求买受人返还标的物的权利，标的物所有权的其他权能由买受人行使。上述学说中，以担保物权说为通说。它从所有权保留制度的目的出发，在承认出卖人享有所有权的基础上，认为所有权保留是担保价款债权清偿的担保手段，并以标的物本身作为担保物，当买受人违约时，出卖人可以凭借所保留的所有权行使取回权，并可再行变卖，从变卖所得价款中优先受偿，以实现担保目的。

与典型担保物权制度相比，所有权保留不是在他人之物上为债权人的权利实现所提供的担保，而是在自己之物上为自己权利的实现所提供的担保。因此，与典型担保的定限物权之构成不同的是，所有权保留是权利本身移转之构成。出卖人（债权人）享有标的物的所有权，超过了为担保目的所应取得的权利，此即所谓“手段超过目的”。于是，也有观点认为，以所有权作担保时至少要受到一些限制。

民法典第三百八十八条在一定程度上化解了这一矛盾。该条将所有权保留买卖合同纳入担保合同的范畴，明显采纳了上述担保物权说，为担保物权相关规则的类推适用提供了解释前提。动产担保交易的经典交易原型是存在两个合同——主合同与产生动产抵押权的动产抵押合同，且两者之间存在主从关系。但所有权保留买卖合同仅是一个合同，并非存在主从关系的两个合同，这是否意味着民法典第三百八十八条第一款中插入“担保合同包括抵押合同、质押合同和其他具有担保功能的合同”的表述不够妥当？在解释上，“担保合同从属于主债权债务合同”与“担保物权从属于主债权”，两者应属同义，但后者更为严谨。因此，民法典中规定“担保合同是主债权债务合同的从合同”，也就表明担保物权从属于主债权。就所有权保留交易而言，出卖人的价款债权是主债权，而出卖人所保留的所有权已被功能化为担保物权，标的物的所有权从属于价款债权。出卖人对标的物所有权的范围和强度，就不得超过价款债权。如此，所谓“手段超过目的”即被克服。

（二）竞存权利之间优先顺位规则的准用

所有权保留交易的标的物之上出现权利竞存的情形不在少数。例如，就出卖人保留所有权的标的物，出卖人或买受人为第三人设定抵押权，由此出现所有权保留与抵押权的竞存；买受人将标的物交与他人维修，由此出现所有权保留与留置权的竞存；等等。对此，民法典中并未明确规定相应的优先顺位规则。

第一，所有权保留与出卖人为第三人设定的抵押权竞存的情形。民法典第四百一十四条第二款规定：“其他可以登记的担保物权，清偿顺序参照适用前款规定。”仅就本款的文义而言，出卖人所保留的所有权虽然具有担保功能且被赋予登记能力，但并不属于民法典上的担保物权，能否准用第四百一十四条第一款的规定存在疑问。但是，结合民法典第四百零三条中动产抵押权登记对抗规则以及第六百四十一条第二款中所有权保留的登记对抗规则，可知民法典已将所有权保留交易与动产抵押交易在设立、公示规则上作了统一，即“未经登记，不得对抗善意第三人”，从而为动产担保交易其他规则的一体化提供了解释前提。根据民法典第三百八十八条第一款的规定，担保物权已经被功能化，凡是具有担保功能的物权形态，均可定性为功能化的担保物权。如此，出卖人所保留的所有权即属功能化的担保物权，并据此进入第四百一十四条第二款的涵摄范围，民法典第四百一十四条第一款中权利竞存时的优先顺位规则就有了准用空间。由此，出卖人所保留的所有权与其为第三人设定的抵押权，均已登记的，按照登记的时间先后确定清偿顺序；已经登记的先于未登记的受偿；均未登记的，按照债权比例清偿。这一规则改变了所有权基于其绝对性而优于抵押权的结论。若出卖人保留所有权在先，所有权的绝对性决定了它足以对抗所有第三人；第三人的抵押权设定在后，即使已经登记，也只能对抗在其后设定的具有对抗力的物权。为何在先的未登记所有权保留要劣后于其后设立但已登记的抵押权？这只能从出卖人所保留的所有权的性质去寻找答案。正如前述，所有权保留交易中出卖人所保留的所有权仅具有担保作用，在解释上自然不能赋予其完全的所有权权能和效力。所有权保留交易是以合同对物权所作的安排，占有标的物本身缺乏公示性，所有权保留约定在效力范围上也就仅具有相对的法律效力，出卖人并不能以其保留的所有权对抗第三人，除非经由登记。

在准用民法典第四百一十四条第一款之时，根据民法典第六百四十一条第二款“未经登记，不得对抗善意第三人”的规定，是否意味着即使所有权保留未经登记，也可对抗恶意第三人（动产抵押权人），亦即，在先的所有权保留优先于其后设立但先予登记的恶意抵押权人？对此，有学者表示认同。动产担保权的本质在于优先效力和对第三人的排他效力，依据民法典的规定，没有登记的所有权保留仍然具有优先效力和排他效力，只不过不能对抗善意第三人而已。依反面解释，所有权保留虽未登记，但对于恶意第三人已经具备物权的全部效力，包括优先效力与排他效力。因此，“在已成立但尚未登记的担保权人与其后的他人权利冲突时，一律以该第三人是否善意为标准，确定其与该第三人之间的优先保护顺序。若该第三人是善意的，则由于其权利不能对抗该第三人，故第三人之权利应当优先；相反，若该第三人在取得其权利时是恶意的，则无论该第三人是否实施了登记等行为，在先之担保权人都可以对抗他”。这一观点在结合民法典第六百四十一条第二款和第四百一十四条进行体系解释时，将无法自圆其说。第四百一十四条在确定竞存权利之间的优先顺位时，不考虑后设立动产担保权的权利人的主观心理态度，以此增加交易的确定性。在解释上，第四百一十四条构成第六百四十一条第二款的特别规定，自应优先适用。由此可见，在确定所有权保留和其他权利相竞存时的优先顺位时，不考虑权利人的善意或恶意问题。

第二，出卖人所保留的所有权与买受人为第三人设定的抵押权竞存的情形。对此，存在两种不同的解释路径。

若认为买受人并无在法律上处分标的物的权利，则第三人是否可依善意取得制度取得动产抵押权，就成了考量权利竞存时优先顺位的前置性问题。只有在认定第三人的抵押权已有效设立的情况下，才有进一步讨论所有权保留和抵押权竞存时优先顺位的必要。在所有权保留交易中，标的物由买受人直接占有，虽然标的物的所有权属于出卖人，但买受人占有标的物的事实却不能向交易第三人公示出卖人才是标的物的所有权人。这种权利的外观表象与标的物的实际权属状态不符，极易诱发当事人与第三人之间的权利冲突，也给第三人善意取得物权提供了前提。

民法典第三百一十一条第三款规定："当事人善意取得其他物权的，参照适用前两款规定。"这里的"其他物权"自当包括动产抵押权。该条第一款规定的要件包括"受让人受让该不动产或者动产时是善意"，"以合理的价格转让"，"转让的不动产或者动产依照法律规定应当登记的已经登记，不需要登记的已经交付给受让人"。既属"参照适用"，即表明这些要件不能完全适用于动产抵押权的善意取得。其一，抵押权人在设定抵押权时不知道买受人无权处分。在所有权保留买卖中，买受人在履行支付价款或其他义务之前，仅得占有、使用标的物，并可从中取得收益，但并无处分标的物的权利。至此，买受人为第三人设定抵押权构成无权处分。其二，在所有权保留未予登记的情形之下，就普通动产而言，第三人只能根据其占有事实来判断其归属，占有的移转即推定为适法权利的移转。抵押权人接受买受人提供的其并不享有处分权的标的物设定抵押权时，仅能依标的物的占有而推断买受人是否有处分权。只要抵押权人不知道买受人没有处分权，其善意均可得确认。其三，抵押权人无须为设定抵押支付"合理的价格"，担保本身的无偿性决定了抵押权与所有权的善意取得要件在这一点上的不同。"以合理的价格转让"是基于有偿转让的所有权的善意取得要件，但无法适用于以无偿为特征的抵押权设定。在解释上，抵押物的价值与被担保的主债权之间没有对当关系，基于当事人的约定，抵押物的价值可以高于被担保的主债权，也可以低于被担保的主债权。因此，不宜以抵押物的价值与被担保的主债权之间的关系，来认定是否“以合理的价格转让”。其四，关于动产抵押权的善意取得是否以登记为要件，依第三百一十一条第一款第三项的文义，只有“法律规定应当登记的”才需登记，但就动产抵押权的设定而言，民法典上采取登记对抗主义，并未规定“应当登记”。依该项后段“不需要登记的已经交付给受让人”，不登记就得交付，但动产抵押权又不能交付标的物，故仅剩登记一途。

在动产抵押权已经被善意取得的情形之下，由于所有权保留未予登记，准用民法典第四百一十四条第一款第二项，动产抵押权优先。若所有权保留已经登记，则第三人无法善意取得动产抵押权，两者之间并不发生竞存关系。

在解释论上还可以认为，出卖人所保留的所有权仅为功能化的担保物权，买受人已经取得标的物上有担保物权负担的所有权，买受人为第三人设定的抵押权也就不属于无权处分。此时，准用民法典第四百一十四条第一款，依各权利取得对抗效力的时间，判断彼此的优先顺位。这一解释路径符合功能主义之下所有权保留交易的基本法观念。笔者更倾向于这一解释论。

在解释上，未登记的所有权保留虽然没有对抗善意第三人的效力，但其物权性并不缺失，具体表现在三个方面。其一，未登记的所有权保留可以对抗无担保债权人，自可优先于无担保债权人而受偿；若未登记的所有权保留仅具有债权效力，则所有债权人之间清偿顺序平等，不存在未登记的所有权保留优先于无担保债权人的问题。其二，未登记的所有权保留可以对抗恶意的买受人，后者不得主张不受所有权保留约束的所有权；若未登记的所有权保留仅具有债权效力，则买受人的恶意并不能成为其取得无所有权保留负担的所有权的理由。其三，未登记的所有权保留还可以在当事人之间发生效力；若未登记的所有权保留仅具有债权效力，则出卖人将丧失对标的物的优先受偿权利，不得主张就该标的物进行优先受偿。但无论如何，未登记的所有权保留所具有的对抗效力，并不能与已登记的动产抵押权相抗衡，即使该登记权利人设立权利时的主观状态为恶意。换言之，在确定同一标的物上竞存的动产担保权之间的优先顺位时，如果还需考虑后设立动产担保权人的主观心理状态，一是增加当事人举证和法院查证的困难，二是危及优先顺位规则的确定性。动产担保权之间的优先顺位规则以简明性和确定性为其法律政策选择目标。客观化的判断标准（如登记或交付的时间）更有利于担保权人以较低的成本和较高的确定性明确其自身的顺位。

第三，对于所有权保留与留置权竞存的情形，在所有权保留交易被功能化之后，出卖人所保留的所有权与动产抵押权相类似，自可类推适用民法典第四百五十六条的规定，“同一动产上已经设立抵押权或者质权，该动产又被留置的，留置权人优先受偿”。

（三）购买价金超优先顺位规则的类推适用

民法典第四百一十六条规定：“动产抵押担保的主债权是抵押物的价款，标的物交付后十日内办理抵押登记的，该抵押权人优先于抵押物买受人的其他担保物权人受偿，但是留置权人除外。”此即购买价金担保权超优先顺位规则，其立法意旨在于，针对交易实践中普遍存在的借款人借款购买货物，同时将该货物抵押给贷款人作为价款的担保的情形，赋予该抵押权优先效力，以保护融资人的权利，促进融资；其正当性在于，在承认未来财产之上的动产抵押权依登记时间而确定其优先顺位的情形之下，为防止所有的新增财产自动“流入”已设定的动产抵押权，促进为债务人购置新的动产提供新的信贷支持，拓宽再融资渠道，有必要承认购买价金担保权的超优先顺位。仅就该条所处的体系位置而言，这一超优先顺位规则似乎仅适用于为购置新的动产提供贷款的债权人对标的物享有的抵押权。

在将所有权保留交易功能化为动产担保交易之后，出卖人作为权利人的法律地位由所有权人沦为担保物权人，其本由所有权所确立的强势地位大为降低。在比较法上，出卖人或债权人依购买价金融资交易而对标的物取得的动产担保权，并不以动产抵押权为限，所有权保留交易和融资租赁交易中的所有权亦属之。所有权保留交易中，若买受人在履行支付价款或者其他义务之前，出卖人保留对标的物的所有权，出卖人为买受人购置该标的物提供了信用支持，此时，出卖人的权利同样有特殊保护的必要，同样具有超优先顺位。这一解释方案赋予所有购买价金融资提供人以同样的法律地位，尽可能同等对待所有为购买价金提供融资的交易，与统一动产担保交易规则的政策目标相契合。如此，所有权保留交易自可类推适用民法典第四百一十六条的规定。在基于所有权保留买卖合同交付标的物后十日内，所有权保留办理登记的，出卖人对标的物保留的所有权优先于标的物上的其他担保物权人受偿，但留置权人除外。此际，出卖人基于功能化的担保物权所受保护，已与基于形式意义的所有权大致相当。如此，就实现了改行登记对抗主义之后出卖人依传统的所有权保留交易本应得到的相同保护，降低了所有权保留交易的制度变迁成本。在解释上，所有权保留未在标的物交付后十日内办理登记的，即不具有超优先顺位，但仍适用优先顺位的一般规则（民法典第四百一十四条）解决其与相竞存权利之间的冲突问题。

五、结语

所有权保留是以所有权为担保工具的交易形态，与融资租赁、让与担保等共同构成所谓的“所有权担保”。在我国民法典颁布之前，基于物权法定主义的制度体系维系了所有权本身内容和效力的完整性，却忽略了所有权在这几类交易中的真正经济目的，尚未矫正“手段超过目的”所导致的当事人权利义务失衡。民法典的新增条款认可了此类交易中所有权的担保功能，并从动产担保交易制度的体系化上回答了如何处理所有权保留中的权利冲突问题，也为以往交易实践中的疑难问题提供了解释前提。但民法典在采行功能化的担保物权观念的同时，仍然坚持交易类型化上的形式主义。所有权保留交易既属买卖合同的一个亚类型，在民法典合同编典型合同分编中明确当事人之间的债权债务关系；所有权保留交易也属功能化的动产担保交易的一种形态，在民法典物权编担保物权分编中赋予其担保作用的规范意义。民法典的这一立法态度无疑增加了相关规则解释上的困难。所有权保留交易的主要重点，并不在于其为买卖合同，而在于其担保权构造。民法典中所有权保留交易的这一制度变迁是否达到立法目的，还有待实践的进一步检验。

债权转让中的受让人地位保障

——民法典规则的体系整合

朱　虎*

一、受让人取得权利的时点和范围

（一）受让人取得债权的时点

就债权转让合同受让人取得债权的时点，通说观点认为，债权转让效果因转让合同生效而发生，受让人未通知债务人的，仅是债权转让对债务人不发生效力。这种观点妥当权衡了受让人地位保障与债务人利益保护，增强了债权流通性，在价值上更为合理。民法典第五百四十六条第一款删除了合同法“应当通知债务人”的表述，进一步明确，未通知债务人的，受让人仍能取得债权，仅是该转让对债务人不发生效力。

为加强受让人地位保障，在诉讼、执行等程序中，也应以受让人取得债权为出发点作出相应程序性安排。

（二）受让人取得权利的范围

1. 与债权有关的从权利

为保障转让债权利益的实现，民法典第五百四十七条第一款规定，受让人取得与债权有关的从权利。此处指广义上的从权利。通说区分债权关联性权利与合同关联性权利，前者仅影响到具体债权的内容，后者会导致合同关系的全部内容随之发生改变。前者无涉让与人利益，且有利于受让

* 作者单位：中国政法大学。

人利益实现，因此，除另有约定外，应随同债权一并移转；而后者影响到让与人的整体地位，因此并不因债权转让而由受让人当然取得。

判断合同关联性权利尤其是形成权是否随同转让的关键是谁对此享有更大的利益。首先要考虑的是让与人与受让人的关系。其次要考虑让与人对债务人所负对待给付的负担。因被债务人欺诈或胁迫形成的债权在无特别约定时，以及让与人因情势变更、不可抗力等原因对债务人所负对待给付负担过重时，让与人享有解除权。

债务人违约不履行时的解除权分配仍需考虑谁享有更大解除利益。对此区分两种情形。第一种情形是转让前解除权已产生。此时，除非另有约定，双方均不具有合理的解除利益而不享有解除权，但应容许当事人间特别约定受让人行使解除权。第二种情形是解除权在转让后产生。此时，让与人的利益已通过债权转让实现，不具有解除利益。但解除和违约责任的功能不同，受让人对解除仍具有利益，享有解除权。

2. 担保权利

民法典第五百四十七条第一款中的“与债权有关的从权利”当然包括转让债权的从属性担保权利，如抵押权和保证债权，以及其他功能性担保权，如所有权保留、融资租赁和建设工程承包人优先权等。

在保证情形中，依据民法典第五百四十六条第一款、第六百九十六条第一款规定，债权转让未通知保证人的，保证人可拒绝承担保证责任。

在物和权利上的担保权利情形中，如受让人未办理相应转移登记或者未取得质物、权利凭证的占有，能否取得担保权利，理论和实践中存在争议。以不动产抵押权为例，受让人办理转移登记有助于避免风险，但未办理移转登记不妨碍其取得抵押权。这同样适用于其他物和权利上的担保权。民法典第五百四十七条第二款对此进行了明确规定。

动产质权中，债权受让人取得债权时也取得动产质权。但未经出质人同意，让与人不得将质押财产的直接占有转移给受让人。

二、受让人依据转让合同享有的保障规则

（一）转让合同产生的瑕疵担保责任

为保障受让人债权利益实现，当转让债权不存在、价值降低或者第三人主张权利时，让与人依据债权转让合同对受让人负有瑕疵担保责任。依

据民法典第六百四十六条结合出卖人瑕疵担保责任可推导出此结论。除非另有约定，让与人不负有保证债务人履行能力的义务。

瑕疵担保义务在保理业务中极为重要。在无追索权保理（民法典第七百六十七条）中，债务人因无履行能力或无其他正当理由不履行义务而构成违约的，债权人不承担此种瑕疵担保责任。债务人因不可抗力而无法履行债务，或者因合法行使抵销权或依法解除基础交易合同等原因不履行债务时，债权人对此应承担瑕疵担保责任，保理人仍能够向债权人追索。

（二）让与人和债务人的后续行为对受让人的效力

债权转让通知债务人后，未经受让人同意，让与人作出的不利于受让人利益的行为，对受让人不发生效力，仅在让与人和债务人间有效。但这仅为一般规则。如果让与人和债务人行为符合诚信原则且受让人并无合理理由反对，即便未经受让人同意，也应例外使该行为对受让人发生效力。民法典在第七百六十五条对此明确规定。受让人也可放弃此种保护，选择依法解除合同并请求让与人承担违约责任，或主张让与人与债务人共同侵权。

（三）受让人的辅助请求权

受让人取得债权后，享有请求让与人告知主张债权的必要信息和交付债权证明文件的请求权，即受让人的辅助请求权。在我国民法中，可认为该辅助请求权产生于债权转让合同，规范基础是民法典第五百九十八条中的“提取标的物的单证”、第五百九十九条并结合第六百四十六条。

三、受让人与其他第三人关系中的受让人地位保障

（一）优先顺位的确定

受让人所取得的债权利益的最终实现，还取决于就该债权价值享有利益的其他第三人不享有优先顺位。优先顺位，也即债权利益的最终归属顺位。就转让债权而言，所涉及的第三人包括债权重复受让人、债权上其他担保权人、让与人的其他债权人等。

就多重受让人优先顺位而言，以登记作为其确定标准，整体的社会成本最低，对受让人的地位保障最充分。因此，已登记的受让人优先于未登

记的受让人，登记的受让人间按照登记的时间先后确定顺位，与同一财产多重抵押情形类似。但是，多重受让人优先顺位的确定，仅是“参照”适用抵押顺位确定规则。在债权转让均未登记时，可采通知在先的顺位确定方式，最先到达债务人的转让通知中载明的受让人顺位在先。民法典第七百六十八条在保理合同中即依次采取了登记在先和通知在先的规定，是债权转让一般规则的反映，可类推适用于其他债权转让交易中受让人顺位的确定。

债权转让既未登记也未通知情形中，民法典第七百六十八条的规定仅应适用于保理合同，最多仅能参照适用于均为担保性债权受让人间的顺位确定，此时按照担保的债权比例清偿。其他债权转让情形无法参照适用。此时，多个受让人之间，如其中一个受让人对债权予以扣押，对债权采取扣押措施的受让人顺位优先；如让与人破产的，按照比例平等受偿；如均未对债权采取扣押措施且让与人破产的申请未被受理，可按照债权转让合同成立时间的先后确定受让人顺位。

此外，在债权转让和担保交易中不考虑受让人善恶意。受让人和让与人的其他扣押债权人、破产管理人之间的顺位，取决于登记与扣押、受理破产申请的时间先后。债权受让人和债权质权人之间也应采同样规则。上述理解同样适用于所有种类的未来债权的转让。

（二）优先顺位在债务人履行后的延伸

债务人向谁有效清偿和债权利益最终归属给谁，分涉债务人保护和受让人地位保障，是两个不同的问题。民法典第七百六十八条中的“取得应收账款”即表明优先顺位不涉及债务人履行。

但仍存在的问题是，优先受让人对债权的优先顺位能否延伸到债务人已经作出的履行上。比较法上基本都承认此种延伸。民法典第三百九十条将担保财产扩展于担保财产的代位物也体现了此种考量。受让人优先顺位延伸到债务人已作履行上的前提，是该履行可以从让与人或者劣后第三人的资产中合理区分。

四、结论

受让人取得债权的时点是债权转让合同生效时，其同时取得了广义上的从权利，对担保权的取得无需其他公示，并依据受让人是否具有解除利益判断其是否取得解除权。受让人和让与人的关系中，受让人对让与人享有辅助请求权；为保障受让人利益的实现，让与人依债权转让合同对受让人负有瑕疵担保义务，但不包括承诺债务人的履行能力。让与人未经受让人同意作出的导致转让债权价值减损的行为，对受让人不发生效力，但存在合理的例外。在受让人和其他第三人的关系中，应根据功能性担保的统一观念，首先按照登记先后以及登记与扣押、受理破产案件的时间先后，确定债权利益的最终归属顺位，该顺位利益也应合理延伸到因债务人履行形成的收益上。

【地方审判业务交流】

北京市第一中级人民法院
公司类纠纷案件审判白皮书（2010—2019）

前　言

党的十八大以来，以习近平同志为核心的党中央就加强投资者保护、提高公司治理水平、营造良好营商环境作出了一系列重要部署。2013 年《中共中央关于全面深化改革若干重大问题的决定》强调，要健全协调运转、有效制衡的公司法人治理结构。2016 年《中共中央、国务院关于完善产权保护制度依法保护产权的意见》，明确将股权与物权、债权、无形财产权并列作为主要产权类型之一。2017 年《中共中央、国务院关于营造企业家健康成长环境弘扬优秀企业家精神更好发挥企业家作用的意见》指出，要着力营造依法保护企业家合法权益的法治环境，促进具有核心竞争力的企业不断涌现。十九大报告要求，经济体制改革必须以完善产权制度和要素市场化配置为重点，实现产权有效激励、要素自由流动、价格反应灵活、竞争公平有序、企业优胜劣汰。2018 年《最高人民法院关于充分发挥审判职能作用为企业家创新创业营造良好法治环境的通知》作为 1 号文件，规定要深入调研涉企业家案件的审判执行疑难问题，及时总结审判经验，健全裁判规则，统一司法尺度。2020 年 1 月 1 日，国务院《优化营商环境条例》正式出台，旨在对标国际先进水平，为各类市场主体投资兴业营造稳定、公平、透明、可预期的良好环境。2020 年 4 月 28 日，《北京市优化营商环境条例》正式实施，从市场环境、政务服务、监管执法、法治保障四个方面为持续优化首都营商环境、激发市场主体活力奠定了基础。

2020年7月21日，习近平总书记在企业家座谈会上再次指出，要打造法治化营商环境，依法平等保护各种所有制企业产权和自主经营权，完善各类市场主体公平竞争的法治环境。

北京一中院历来高度重视公司类纠纷案件的审判工作，将其作为化解市场矛盾，优化营商环境，践行能动司法的重要抓手。自2010年以来，公司类纠纷案件由该院民三庭集中统一受理，实现了专业化审判。10年间，北京一中院通过不断更新商事裁判理念，创新审判机制，提高审判水平，为规范公司治理、加强产权保护、弘扬企业家精神，提供了有力的司法保障。2020年9月23日，北京一中院发布《公司类纠纷案件审判白皮书（2010—2019）》，以回应社会发展新形势、回应公司治理新要求、回应司法实践新挑战。当然，我们也清醒地意识到，公司类纠纷案件审判面临的困难和挑战依然严峻，新情况、新问题不断涌现，公司各参与方的利益调整和平衡是个长期过程。我们将以此次新闻发布会为契机，进一步积极探索、创新符合公司类纠纷案件审判的体制机制，为推进供给侧结构性改革、营造良好营商环境、维护首都繁荣稳定贡献力量。

一、2010年至2019年公司类纠纷案件基本特点

（一）案件数量总体上升，诉讼标的额较大

从案件总数上来看，2010年到2019年10年间，北京一中院共审结公司类纠纷案件1735件[①]，其中一审案件262件，二审案件1473件，二审案件占比85%。从每年的案件数量趋势变化来看，2015年数量最少，以该年为界线，前后四年案件数量呈近似对称之势。2010年至2013年案件数量逐步趋于平缓，显示出公司治理能力有所提高。2014年起，由于辖区调整，分流了部分案件，2014年、2015年两年案件数量连续下滑，从2016年开始回升，总体呈上升之势。从案件标的额总数上来看，在2010年到2019年10年间，诉讼请求中包括财产给付内容的公司类纠纷案件881件，涉案总金额约为316.09亿元。其中，2013年为历史峰值，高达99.69亿元，2014年锐减为15.76亿元，2015年反弹为84.8亿元，2016年至2019年在12亿元至30亿元之间震荡，年度波动整体呈现剧烈趋势。（见图1）

① 说明：数据依据最高人民法院《民事案件案由规定》（2011修改版）第二级案由“与公司有关的纠纷”项下25个案由统计。

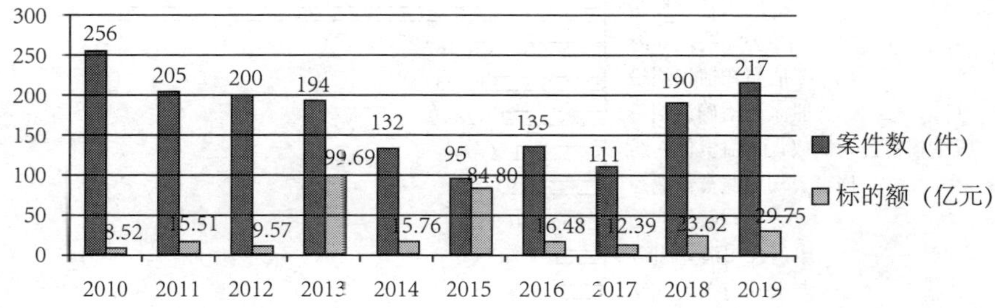

图1　2010 年至 2019 年公司类案件纠纷概况

（二）涉民营企业案件占比较大，公司治理能力有待提升

2010 年至 2019 年间审结的 1735 件公司纠纷案件中，涉案目标公司性质为民营企业[①]的有 1409 件，占比 81.21%。这一高比例，除因市场经济的主要参与者为民营企业这一固有因素外，也反映出民营企业的公司治理能力相对不足，矛盾多发，需要通过司法手段予以化解。

（三）所涉案由类型广泛，三大纠纷类型凸显争议集中点

与公司有关的纠纷项下涉及 25 类三级案由，2010 年至 2019 年审结的 1735 件公司类纠纷案件中，绝大多数案由均有涉及，案件类型广泛。其中，股权转让纠纷案件数量居榜首，达到 645 件，占比 37.18%，几乎为第二大案由公司决议纠纷案件数量的 4 倍。股权转让纠纷、公司决议纠纷、股东知情权纠纷三大案由案件数量总和占比更是达到 55.62%，超过其他各类型案由数量之和。进一步分析，股权转让纠纷中，涉股权估值调整协议（俗称“对赌协议”）案件数量占比从 2010 年的 2% 上升到 2019 年的 15.6%；公司决议纠纷中，诉请决议不成立案件占比从 2016 年的 1% 上升到 2019 年的 4%；股东知情权纠纷中，涉隐名股东案件占比从 2010 年的 7% 上升到 2019 年的 13%，反映出传统纠纷类型中新型交易模式不断涌现。（见图 2）

① 说明：此处的民营企业，以目标公司的股东、实际控制人均不涉及国有资产为准。鉴于统计数据较大，可能存在一定误差。

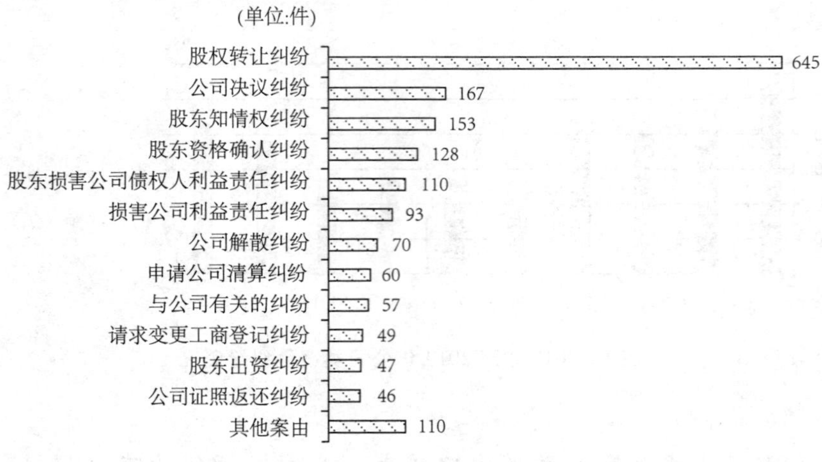

图2　2010年至2019年公司类案件案由分布

（四）关联案件占比将近30%，同主体多诉讼趋势明显

总体而言，北京一中院受理的公司类纠纷案件中，关联案件[①]占总体案件数量比例约为30%。其中，2017年占比32%，2018年占比42%，2019年占比33%，近三年超过三分之一的案件均为关联案件（见图3）。进一步分析，此类案件中，公司治理类纠纷占比达到75%，故关联案件类型多为公司内部人合性纠纷。由于在公司产生信任危机的情况下，公司、股东、董事、监事、高级管理人员往往矛盾尖锐，各方利益相互制约、争夺激烈，易产生多个诉讼并发、连环诉讼频生的情况。

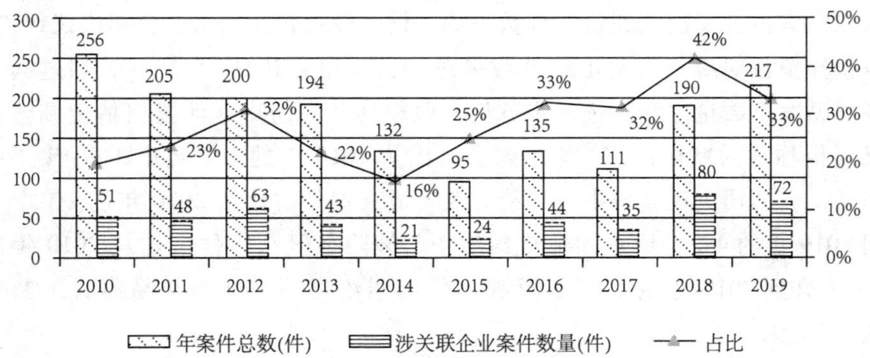

图3　2010年至2019年公司类关联案件情况

① 说明：本文所称关联案件指因至少一方主体相同或相关的案件，或案涉事实相关的案件。

（五）公司内部治理纠纷远超商事侵权纠纷，内部治理矛盾是根本矛盾

公司类纠纷案件既涉及公司、股东、董事、监事、高级管理人员之间的复杂内部治理关系，又涉及公司与股东、外部债权人、债务人之间的商事侵权责任关系等，内外两层法律关系相互交织缠绕，相关主体的利益冲突明显。在北京一中院 10 年间审理的公司类纠纷案件中，单纯涉及公司内部治理纠纷案件①共计 581 件，侵权类案件②共计 188 件（见图 4）。分析形成上述案件数量差距的原因不难看出，公司内部治理是根本矛盾，公司内部治理矛盾无法解决，公司运转失灵，必然导致公司对外经营活动无法有序开展，容易引发各类侵权纠纷。

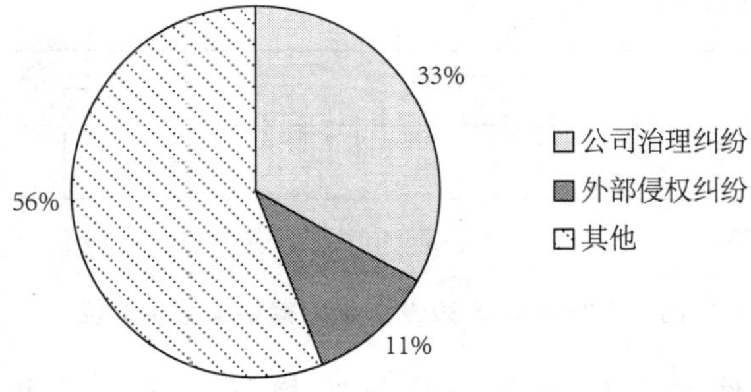

图 4　2010 年至 2019 年公司治理纠纷与商事侵权纠纷案件统计

（六）商业模式创新、融资方式变革，新类型案件不断涌现

近年来，随着科技、经济不断发展，传统的单纯资金入股的融资模式已发生重大变革，股权融资方式逐步兴起，加之法律、司法解释对于新融资模式相关法律问题的规制与时俱进，新类型案件也应运而生，例如债转股引发的股权转让纠纷案件、涉股权让与担保类案件、股权信托类案件、股权激励与股权质押案件等。其中，以涉及对赌协议的纠纷案件尤为典

---

① 说明：统计口径主要包括公司决议纠纷、股东知情权纠纷、股东资格确认纠纷、请求变更工商登记纠纷、公司解散纠纷、股东出资纠纷、公司盈余分配纠纷、公司证照返还纠纷、申请公司清算纠纷、股东名册记载纠纷等。

② 说明：统计口径主要包括损害公司利益责任纠纷、股东损害公司债权人利益责任纠纷、清算责任纠纷、公司关联交易损害责任纠纷等。

型。北京一中院2013年受理第一起涉对赌协议的案件后，2016年受理1件，2017年受理3件，2018年受理10件，2019年受理11件，案件的数量呈现上升趋势，涉案标的额总计高达19亿余元（见图5）。涉对赌协议案件带来了新型交易模式探索、复杂法律关系梳理、多部门法律交叉适用等新问题。随着企业融资市场的不断扩大，必将导致大量新类型公司类纠纷案件涌入法院。

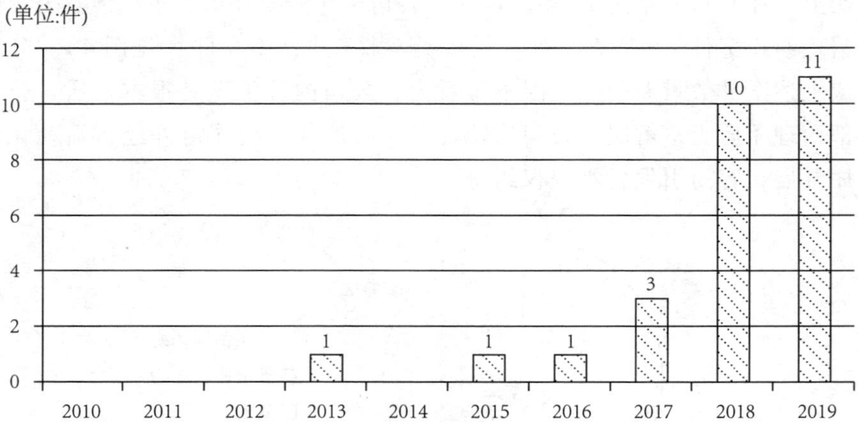

图5　2010年至2019年涉对赌协议案件概况

（七）案件类型增加与公司纠纷相关法律完善相同步，法律指引效果凸显

公司类纠纷案件的数量、类型不仅与经济发展有关，与法律法规的不断完善也密不可分。《最高人民法院关于适用〈中华人民共和国公司法〉若干问题的规定（二）》（以下简称《公司法司法解释（二）》、《最高人民法院关于适用〈中华人民共和国公司法〉若干问题的规定（三）》（以下简称《公司法司法解释（三）》实施后，对于债权人追究股东清算、出资等责任的法律依据进一步明确，债权人提起此类诉讼有法可依，案件数量明显增加：2012年，股东损害公司债权人利益责任纠纷案件52件，之后案件数量稳步攀升，2018年达到178件。2013年公司法修订后公司注册资本采取“认缴制”、2016年《最高人民法院关于民事执行中变更、追加当事人若干问题的规定》（以下简称《变更、追加当事人规定》）正式颁布，公司债权人在强制执行程序中可以申请追加股东为被执行人，因此，自2017年开始，公司债权人申请追加公司股东为被执行人的执行异议类案件

开始出现，并呈现“井喷式”增长趋势（见图6）。此外，涉对赌协议案件、涉清算责任纠纷等案件的数量，也因相关指导性案例、会议纪要等内容的公布而发生显著变化，公司类纠纷案件受法律规范指引效果明显。

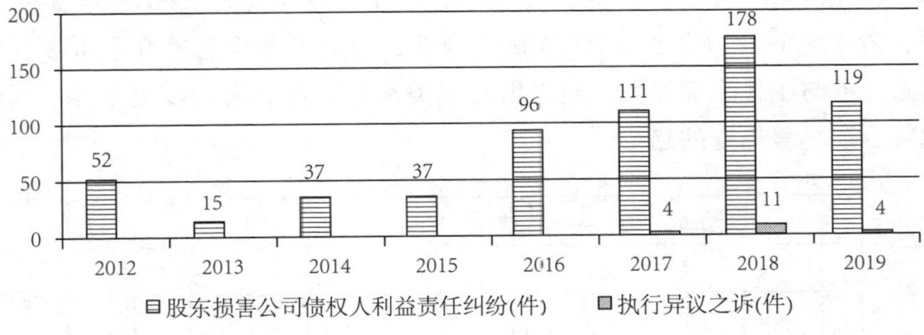

图6　2010年至2019年公司类案件中两类案件数量统计

(八) 审理时间与案件数量成反比，进一步巩固“执行合同”指标长板优势

近年来，北京一中院受理的公司类纠纷案件数量大幅增加，且涉公告、管辖的一审案件占比从2010年的2%上升到2019年的45%，但案件平均审理天数不增反降，从2010年的69天降至2019年的49天，二分之一审限内结案率从2010年的29%，提高到2019年的59%，充分反映了北京一中院的司法效率，彰显了司法为民理念，有效保障了当事人的诉讼利益，在“执行合同”指标稳居世界第五的背景下，进一步巩固该指标的长板优势（见图7）。

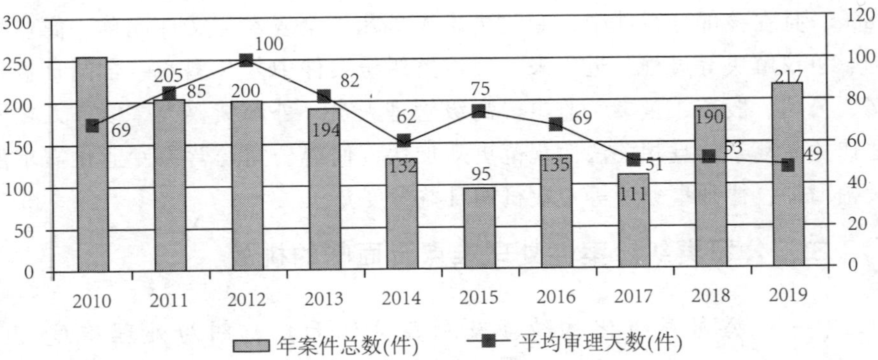

图7　2010年至2019年公司类案件平均审理天数

（九）调撤率逐年降低，化解纠纷难度进一步增大

北京一中院审结的公司类纠纷案件中，2010年至2016年调撤率平均26%，化解近三分之一案件；近三年，调撤率逐年走低，2019年调撤30件，占比为14%（见图8）。调撤率降低，与当前涉诉金额高、市场交易复杂、参与主体多样相关，显现出公司类纠纷案件有进一步复杂化、纠纷化解难度显著提升的趋势。

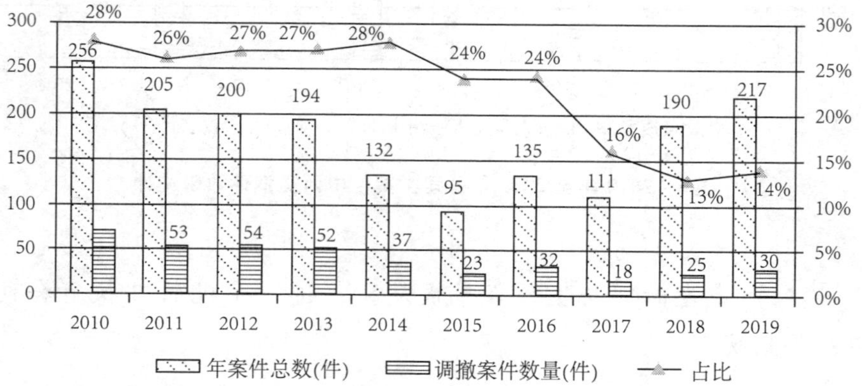

图8　2010年至2019年公司类案件调撤结案情况

（十）委托律师代理诉讼为常态，公司治理专业化程度显现

北京一中院受理的全部一、二审公司类纠纷案件中，92%的案件当事人选择委托律师代理诉讼，其中，双方均委托律师参加诉讼的比例达到81%，说明律师在公司类纠纷案件中具有较高的参与度。进一步分析，北京一中院受理的公司类纠纷一审案件中委托律师代理的案件占比达到98%，且在该部分案件中，专业法律人员几乎全程参与文件起草、商业谈判、争议解决等过程。近年来，公司类纠纷案件中复合型商事合同日益增多，公司、股东、董事、监事、高级管理人员、外部债权人、债务人之间法律关系复杂，且相关法律规范更新加快，使得公司运营中专业化需求度大幅增加，律师事务所等专业机构日益深度介入。

二、公司类纠纷案件处理难点及面临的挑战

（一）公司层级化构造涉及利益主体面广，纠纷处理难度大

公司作为法律拟制的主体，其行使民事权利，履行民事义务，需要借

助一定的内部组织机构。我国公司法明确规定了公司的股东会作为公司权力机构，有权决定公司的合并、分立、解散、清算等重大事项；董事会作为执行机构，贯彻股东会决议，决定公司的经营管理；监事会作为监督机构，是公司内部的“吹哨人”。此外，公司还有法定代表人，有权作为组织的负责人对外代表公司；有职业经理人，受董事会聘请负责公司日常经营；有员工，维持公司的运转。不同于自然人主体之间矛盾纠纷的直接性、纯粹性，公司组织化、层级化的构造，意味着公司类纠纷案件的处理涉及利益主体广泛，不仅有股东、董事、监事、高级管理人员，还涉及公司的员工和外部交易伙伴，众多利益交织，在个案审判中容易牵一发而动全身，处理难度显著增加。（见图9）

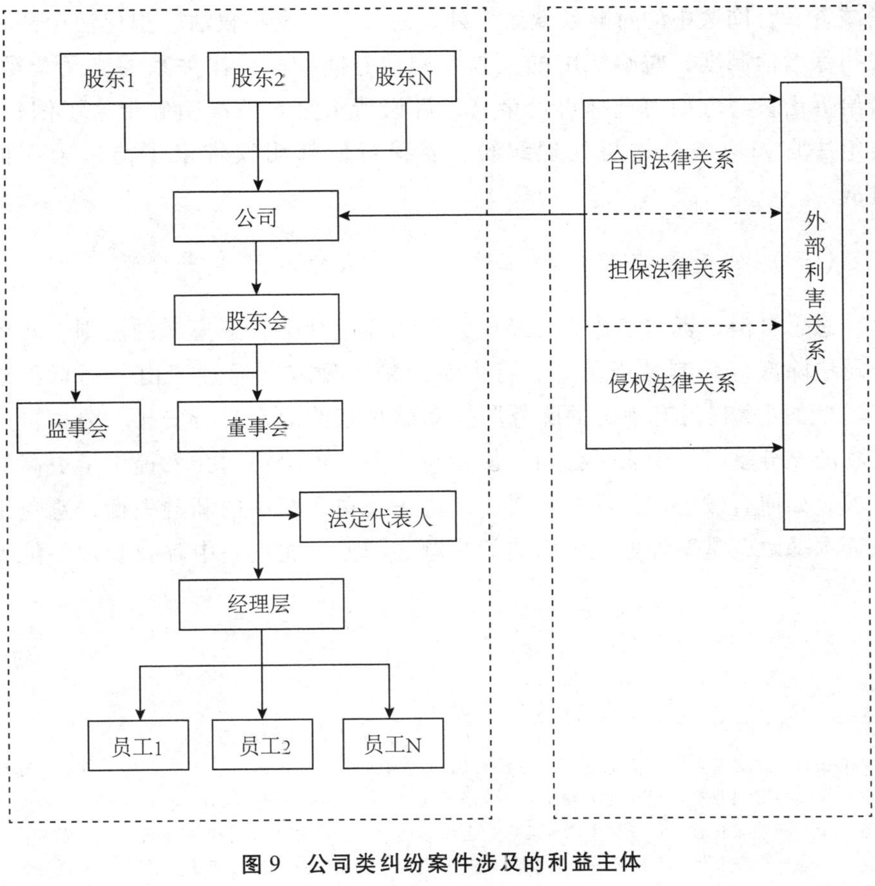

图9　公司类纠纷案件涉及的利益主体

（二）涉诉案件法律关系杂糅、多层面法律问题交织，法律适用难

我国目前涉及公司类纠纷案件的法律规范主要见于公司法及其五个司法解释，但鉴于公司涉及利益主体广泛，公司、股东、董事、监事、高级管理人员、外部交易方之间相互影响制衡，由此带来了公司法律关系、合同法律关系、担保法律关系、侵权法律关系的交叉、杂糅，法律适用复杂，具体案件处理中存在大量与物权法、担保法、婚姻法、破产法等各部门法的交叉问题。2015年以来，北京一中院受理了不少因触发股权估值调整条款（俗称“对赌条款”）后外部引入的战略投资者股东要求退出的案件，典型的如“小马奔腾案”[①]。在类似案件中，除了涉及公司法中的公司增减资、合同法中的对赌条款效力外，还经常涉及物权法、担保法中的相关担保增信制度，婚姻法中的夫妻共同债务问题。法律关系的交叉杂糅，既给诉讼参与方如何选择诉讼策略、诉讼请求是否精准明确带来了困扰，也给法官如何条分缕析处理纠纷、妥善行使释明权带来了前所未有的挑战。

（三）公司意思自治特征明显，司法介入尺度平衡难

意思自治、资本多数决已经成为现代商业社会普遍遵守的法则。我国公司法除部分强制性规范外，将大量内部治理权利通过“由公司章程规定”“公司章程另有规定的除外”等条款授权给股东自行安排。公司自治权利的充分享有，带来了公司的创新与活力，也给司法介入提出了更高的要求。如何有效把握司法介入尺度，矫正公司运营中的利益失衡，避免出现资本暴政，是案件处理中面临的难题。例如，北京一中院曾受理一批因

① 北京市第一中级人民法院（2016）京01民初481号。基本案情：小马奔腾公司的原实际控制人李某与建银投资公司签订对赌协议，约定如小马奔腾公司未能在2013年12月31日前实现合格上市，则建银投资公司有权要求李某等一次性回购。后小马奔腾公司未能如期上市，李某因故去世，建银投资公司起诉李某配偶金某要求承担回购义务。北京一中院经审查认为，涉案债务属于夫妻共同生产经营所负债务，应认定为夫妻共同债务，判决支持了原告的诉讼请求。金某不服提起上诉，二审维持原判。

员工离职被要求强制退股引发的纠纷。[①] 法院一方面要解决公司章程或协议安排中有关强制离职股东转让股权的效力认定问题，尊重公司内部意思自治，彰显私法自由之精神；另一方面也要考量离职职工的股权、财产权益保护问题，审慎介入公司运行，妥善平衡公司与离职职工权益。

（四）公司治理具有流程化特点，连环交叉诉讼频发

公司兼具人合性和资合性的法人组织形式，内部涉及股东、法定代表人、董事、监事、高级管理人员的权利分配，外部涉及与债权人的交易往来，利益相关方广泛，很多问题牵一发而动全身，并非在个案中能够解决。尤其是当公司内部治理出现问题，股东之间出现冲突，往往带来一系列诉讼。加之诉讼涉及的问题广泛、复杂，容易形成公司类纠纷案件中常见的“连环诉讼”。例如，当公司内部治理机制失灵，股东之间出现矛盾，相互之间无法协作配合，知情权诉讼往往最先出现，成为中小股东了解公司情况、搜集证据的手段。知情权得到满足后，对公司经营不满的股东可能会进一步提起公司决议效力纠纷、损害股东利益责任纠纷、公司解散纠纷等一系列诉讼。各种诉讼相互纠缠、杂糅，一方面造成公司内耗严重，影响公司健康稳定，另一方面也大量消耗司法资源，且案件之间环环相扣，给司法裁判带来挑战。

（五）实体法与程序法交织，举证责任分配难

我国奉行“民商合一”的立法体例，公司类纠纷案件的举证责任分配亦遵循民事诉讼“谁主张，谁举证”的一般原理。但具体到案件适用中，公司内外各参与方的信息获取能力不一，尤其对于涉及公司的内部信息资料，诉讼各方更是存在天然的信息不对称性。因此，在不少公司类纠纷案件中，举证责任分配无法简单套用一般普通民事案件的分配标准，更需要裁判者结合基本法理规定、证据掌握情况、信息获取成本等因素综合判断，随之也带来了举证责任分配的难题。例如《公司法司法解释（三）》

① 北京市第一中级人民法院（2016）京01民终2094号。基本案情：中科公司制定的持股办法规定，员工股东离职后，经股东大会三分之二股权通过，可以解除其股东资格，公司以当年股值回购其所持股份。齐某曾系中科公司股东，后离职，双方就股东身份产生争议。中科公司起诉要求确认齐某自离职之日起不再享有中科公司股东资格。北京一中院经审理认为，股权持股办法对公司所有股东具有约束力，故齐某不再享有股东身份。但同时指出，齐某的财产性权利仍然存在，股权的价值并未丧失，齐某有权要求取得公平的股权转让价款。

第十八条规定受让人“知道或者应当知道”转让股东存在瑕疵出资的，应当一并对债权人承担连带责任。对于谁应当承担“受让人知道或者应当知道”的举证责任，一度曾有不同的理解，并可能导致案件结果的不同走向。因此，公司类纠纷案件在举证责任分配上具有特殊性和复杂性，需要法学理论与司法实践的共同研究探讨。

（六）涉诉方利益冲突尖锐，矛盾不可调和性突出

公司类纠纷案件往往涉及公司的生死存亡以及一系列主体的切身利益，调解工作有利于缓和各方矛盾，定分止争。但公司类纠纷案件调撤率较低的现实，体现出各当事人矛盾冲突尖锐，不可调和性突出。除去裁判者的调解能力外，原因主要有三个：一是冲突各方作为商主体，具有较高的风险承受能力，同时由于法律专业人士的广泛参与，各方对结果预期比较明确，带来了调解的难度；二是司法裁决在矛盾化解的过程中处于末端位置，冲突各方前期未能协商化解，说明彼此失去了信任，鉴于涉及金额较大或关系复杂，各方希望尽快分清是非、解决矛盾；三是部分公司类纠纷案件的固有特点，导致案件不适宜进行调解工作，如在申请公司清算纠纷、股东资格确认纠纷等。

（七）案件成因与经济政策高度关联，时代特色考验司法智慧

公司类纠纷案件与国家政策及宏观经济形势息息相关，具有鲜明的时代特色，考验司法智慧。如公司注册资本由实缴制改为认缴制后，带来大量公司资不抵债情况下“股东认缴资本是否加速到期”的问题；证监会对企业首次公开募股（IPO）发审从严，带来各方对赌失败，财务投资者要求控股股东或公司回购退出的问题；《公司法司法解释（二）》实施后，带来大量职业债权人追究僵尸企业股东清算责任的问题；供给侧结构性改革及疏解整治促提升等区域政策带来公司合并、解散、清算的问题。因此，在某种程度上，公司类纠纷案件可以称为经济社会发展的晴雨表。与经济政策的高度关联性、时代特色性，决定了公司类纠纷案件的处理需要裁判者与时俱进，紧跟社会发展趋势，既要服务保障社会发展大局，又要自觉维护交易秩序和安全，增强各方投资创业信心。

（八）公司纠纷与行政监管密切相关，提升营商环境需司法与行政协同推进

公司作为法人机构，除内部自我管理外，外部还要受到行政机关的公权力监督。行政权对公司的规范主要体现在公司设立、变更、吊销、注销管理，特定交易的监管等。如《公司登记管理条例》规定，公司经公司登记机关依法登记，领取企业法人营业执照，方取得企业法人资格。近年来，工商管理领域的简政放权措施，在有效降低市场准入门槛、优化营商环境等方面取得良好成效，但事前监管“松绑”不可避免带来一些新问题，投射到司法实践中，就表现为公司登记类民事诉讼和行政诉讼案件多发。如何妥善处理上述问题，既涉及行政诉讼中对市场监管机关行政行为之审查，又涉及在民商事纠纷中对商事法律关系的精准把握，属于行政法与民商事法律之间的交叉地带，本质上体现了优化营商环境需要国家现代化治理能力同步提升。

（九）新型案件不断涌现，法律适用需多角度审视

传统公司类纠纷案件的争议问题相对集中，即围绕“股权”这一命题展开，但随着社会经济的发展，公司的纠纷类型向股权激励、股权权能限制、股权代持等新类型案件转变，带来案件审理的新挑战。尤其是随着PE/VC[①] 等投资机构的风靡，在给创业公司带来巨额资本及发展机遇的同时，也带来了对赌条款的效力、一票否决权的行使等一系列需要妥善解决的问题。此外，2016 年 12 月 1 日起施行的《变更、追加当事人规定》，其中第十七条到第二十一条，确立了因瑕疵出资、抽逃出资、公司人格混同、清算义务人清算责任等导致的执行异议之诉的新类型。由于传统公司类纠纷案件与此类执行异议之诉案件在制度设计、启动方式、前置程序、管辖法院、判项表述等方面均存在差异，如何充分认识两种诉讼模式的本质及关系，需要司法实践不断积累探索。

① 私募股权投资（Private Equity）简称 PE，是指通过私募基金对非上市公司进行的权益性投资。风险投资（Venture Capital）简称 VC 或风投，主要是指向初创企业提供资金支持并取得该公司股份的一种融资方式。

（十）市场经济日新月异，人才培养面临新挑战

我国公司法于1993年制定，此后为不断适应经济社会发展需要于1999年、2004年、2005年、2013年多次修正。最高人民法院亦先后出台了5个公司法司法解释，为人民法院审理公司类纠纷案件提供了裁判依据。随着法律规范供给的数量越来越多、速度越来越快，给裁判者的知识更新能力提出了新要求。在市场经济日新月异、投融资交易日益活跃的情况下，公司类纠纷案件数量居高不下，争议内容日益复杂，涉及“对赌协议”“股权代持”“明股实债”“离岸架构”等因素的纠纷日益增多，裁判者掌握公司经营、财务、税务等专业知识成为必需。此外，民商事审判进一步加速融合，如何打造一支更加专业化的商事审判队伍，仍需要不断探索。

三、对公司类纠纷案件审判机制的积极探索

为加强对公司类纠纷案件的公正、高效审理，保障市场各参与方的合法权益，塑造和引导规范有序的公司治理结构，加强投资者保护，有效实现各类主体的权益救济，北京一中院针对公司类纠纷案件的具体情况，不断创新完善工作机制，努力创造平等有序、充满活力的法治化营商环境。

（一）凸显商事审判理念，助力优化营商环境

一是充分尊重商主体的意思自治，审慎进行司法干预，突出市场在资源配置中的决定性作用：一方面，尊重公司内部自治，由公司在法律框架内自主确定其内部结构、经营管理规范、公司章程、内部激励约束等；另一方面，尊重商事合同、协议安排、尊重商事交易惯例，不以司法判断取代商业判断。二是充分尊重商主体的营利性本质，维护交易效率，保护交易安全。严格遵守商事外观主义，加强各商主体对公司股东、公司资本、公司法定代表人等公示信息的信赖保护，维护市场各要素流转的动态安全，降低交易成本，提高交易效率。三是依法矫正市场运行缺陷，营造诚实守信的良好市场氛围。通过司法裁判的指引，纠正商主体运行偏差，通过不断加强中小投资者保护，加强对公司关联交易的合法性审查，加强股东知情权保障，加强公司资本维持原则的运用，维护市场各参与方的利益，确保公司等商主体在法定轨道有序、稳健运行。

（二）依法全面平等保护，保障市场健康发展

在坚持平等保护、全面保护、依法保护基本原则的指导下，北京一中院力求以优质高效的商事审判指引市场行为，落实各种所有制经济权利平等、机会平等、规则平等，对国有企业与民营企业、实体企业与金融企业、外资企业与内资企业、大企业与小企业等各类市场主体，在诉讼地位、诉讼权利、法律适用上均一视同仁，健全平等保护的法治环境。同时，充分发挥司法职能作用，针对企业在经营发展中可能遇到的市场、融资、转型等方面的法律风险，通过利用裁判文书上网、庭审直播、典型案例重点宣传等司法公开方式，为企业提供司法指引，营造更加稳定、公开、透明、可预期的法治化营商环境，助力企业改革创新、转型升级、健康发展。

（三）完善案件规范化审理机制，全面提升审判质效

在充分发挥审判职能，为优化首都营商环境提供司法保障的要求下，北京一中院围绕世界银行营商环境报告评估指标，以其中与法院密切相关的“执行合同”“办理破产”等指标为着力点，按照公司纠纷案件的不同类型，梳理类案规范化审判指引，制定了《北京市法院股权转让纠纷办案规范》，以规范化审判强化企业的契约意识、规则意识，引导公司完善内部治理结构，促进市场主体健康发展。针对不同案件类型和办案难易程度，结合多元纠纷化解机制及案件繁简分流机制，实行类案专审，推动繁案精审，优化司法资源配置。利用专业法官会议制度，对典型性、新颖性和复杂疑难的案件进行深入探讨，为法官审理案件准确适用法律提供指导和参考，督促、引导、辅助办案法官全面把握裁判规则和标准。同时，贯彻落实延长审限和延期开庭规定，进一步规范公司类纠纷案件的审判流程，提高审判效率。

（四）创新诉讼全流程化解机制，以调解促稳定分止争

北京一中院始终贯彻“纠纷全流程化解”原则，不断加强立案前端、审执中端和执行破产末端的“能动调解”力度，全流程、全方位、全覆盖推进矛盾纠纷化解，注重修复公司运行冲突和僵局，优化首都法治化营商环境。对于股东知情权纠纷、股权转让纠纷、公司解散纠纷等，在查明事

实的基础上优先调解、重点调解，努力促成各参与方和解，维护公司稳定。同时，加强与专业调解组织合作联动，积极推动纠纷多元化解，建立特邀调解员等第三方参与的矛盾调处机制，依法支持和指导人民调解组织化解矛盾纠纷。北京一中院与“北京融商一带一路法律与商事服务中心”签订合作协议，其成功调解的第一案即为股权转让纠纷，涉案金额5000余万元。此外，对以调解结案案件，在协议履行关键节点及时回访，了解调解协议的履行情况，并将其作为评价调解工作质效的重要因素，多渠道督促各方及时履行，提前化解执行难问题。

（五）发挥财产保全效用，促进矛盾纠纷提早化解

北京一中院坚持“保调对接、以保促调、以保促审、以保促执”，通过及时有效的保全措施，控制诉争当事人部分财产，从而打消一些当事人企图通过玩弄诉讼技巧以拖延诉讼的幻想，为案件审判和执行顺利开展创造有利的条件，也促使当事人通过调解的方式尽早解决纠纷，从而减少诉累，节约司法资源。与此同时，加大保全审查力度，兼顾保全申请的合法性和合理性，防止申请人滥用保全，审慎采取财产保全措施，灵活选择财产保全方式，避免因财产保全措施使用不当而增加企业负担，影响正常经营活动，最大限度地维护双方当事人的合法权益。建立立案、审判、执行部门协同配合工作机制，研发网上财产保全系统，实现当事人“最多来一次，一次就办成”的服务目标；完善“财产保全+保险”机制，专设“保全立案”窗口，成立专业化保全团队，加大对保全程序及财产保全责任保险担保机制的告知和释明力度，保全效率大幅提升。2018年以来，北京一中院作出财产保全案件约400余件，保全标的额超过300亿元。有效加强了民营企业、中小微企业的权益保护，取得了良好的法律效果和社会效果。

（六）创新案件跟踪回访机制，加强衍生案件治理

典型的公司类纠纷关联案件为围绕同一公司所产生的连环纠纷。从股东资格确认纠纷开始，到股东知情权、公司决议效力纠纷，再到公司解散纠纷，股东之间、股东与公司之间的“内斗”，不仅使公司无法集中精力开展正常经营，还可能侵害职工及债权人的合法权益，引发社会群体性矛盾。北京一中院始终关注推动公司类纠纷案件的源头治理问题，2019年开

始创新实行案件跟踪回访机制：一方面，通过向当事人做好诉中释明、判后答疑、介绍类案裁判规则等多元方式让当事人更容易理解案件的判决依据，降低当事人对上诉、再审等结果的不合理预期，减少诉讼程序延伸或诉内案件衍生；另一方面，对潜在可能产生关联诉讼风险的公司类纠纷案件着重标记，通过定期回访等方式，了解纠纷化解情况，并记录汇总，调研比对是否产生后续诉讼，探索类案风险问题及源头化解对策建议。

（七）建立多方协同联动机制，推动诉源治理持续深化

为持续深化诉源治理，北京一中院将司法服务进一步向纠纷源头防控延伸，与工商、税务、公安、检察等部门建立联动机制，形成有效衔接，对于公司类纠纷案件审判中出现的虚假工商登记、涉嫌违法犯罪、民刑交叉等问题，发出司法建议12份，开展联合调研8次，并通过对司法大数据的分析研判，及时互通信息，为行政部门科学决策提供参考，从而规范行政行为，切实维护市场交易秩序，引导市场主体诚信经营，充分发挥司法在社会治理中的参与、推动、规范和保障作用。另外，积极拓展与行业协会、商会、律师协会、基层法律服务工作者协会等社会组织的沟通协作，将公司类纠纷案件审判中出现的问题及时通报、共同研讨，完善诉讼与非诉程序的有效衔接，形成司法、行政与社会优势互补、资源共享、多方合作的纠纷防范和化解机制，努力实现将矛盾消解于未然，将风险化解于无形。

（八）构建法律统一适用机制，推动裁判尺度统一

北京一中院通过制定《关于落实司法责任制，加强法律统一适用的指导意见》《关于规范院长、庭长审判监督管理职责的实施意见》《专业法官会议工作规则》《审委会工作规则》《审判业务规范性文件归口管理办法》，共同构成"五位一体"的法律统一适用体系，系统构建法律统一适用问题发现识别、评议讨论、规范约束、监督管理、配套保障五大机制25项具体举措，把裁判尺度统一问题贯彻于商事审判的全过程，依托两级法院上下联动，从审判理念统一、基础规范指引、疑难问题研究等不同层面着力，通过法官日常办案、院庭长监督管理、双向评查、上下级法院沟通等多种方式发现问题，以个案答复、指导案例、法官会议纪要、审委会决议、案例审判指引等形式不断推动公司类纠纷案件裁判尺度的统一。

（九）依托智慧法院建设，提升审判效率和诉讼体验

为便利当事人远程参与诉讼活动，北京一中院高效运用智慧法院平台，全流程打造“云立案”“云调解”“云开庭”“云执行”，积极引导当事人通过网络参加“云诉讼”。在新冠肺炎疫情防控期间，有效避免人员聚集引发疫情扩散风险，切实保障防疫期间当事人的合法权益，更好地满足人民群众的多元司法需求。同时，探索庭审记录方式改革，借助智能语音识别引擎技术，自动生成庭审笔录，提高庭审效率；依托智汇云信息化办案平台，实现裁判文书部分内容由智能文书系统自动辅助生成；探索充分利用诉讼材料电子送达方式，“让数据多跑路，让群众少跑腿”，进一步压缩送达时间，缩短案件审理周期；试行电子卷宗随案生成系统，实现全流程无纸化诉讼，不断提升诉讼便捷化水平。依托智慧法院建设成果，不断更新办案方式，提升审判效率，优化诉讼体验，为企业提供更好的法治营商环境。

（十）创新服务型审判延伸机制，充分回应社会需求

北京一中院民三庭成立“护资营商”审判团队，以司法需求为导向，聚焦专业化审判需要，培养具有丰富的公司类纠纷案件审判经验的法官队伍，并充分发挥“全国青年文明号”“首都学雷锋志愿示范岗”的服务职能，立足岗位特点，为企业提供有针对性地法律服务，不断延伸审判职能。针对公司类纠纷典型案件开设网络公开课，发布企业维权典型案例，并结合社会热点，多渠道开展各类普法宣传活动。与行政部门、监管部门等建立常态化协作机制，开展送法进企业活动，有针对性地定制普法服务；与市工商联共同举办“北京市民营企业普法大讲堂”，针对公司治理相关问题及法律风险进行专题授课；受北京市国资委邀请，以“企业法律风险与防范”为题，为“2019年市管企业高级法律管理人员履职能力培训班”进行专题授课；对民营企业受新冠肺炎疫情影响可能产生的法律风险问题进行专题调研，发布《新冠肺炎疫情下民营企业法律风险防范及建议》，坚持充分发挥司法保障功能，帮助企业渡过难关；开通全国法院首个“哔哩哔哩”网站官方账号，持续开展普法宣传。

四、对公司各参与方的提示与建议

（一）对投资者/股东的提示与建议

1. 高度重视公司章程，完善公司内部治理

公司法渗透着公法因素，但大致仍属于私法范畴，调整的关系也多属于平等民事主体，包括公司、股东、董事、监事、高级管理人员、外部债权人等之间的法律关系，强调公司和股东自治。公司章程，作为公司内部充分体现公司自治精神的法律文件，被誉为公司内部的“宪法”，对公司、股东、董事、监事、高级管理人员等具有普遍的约束力。一份合法、务实、科学、严谨的公司章程，可以有效地搭建起公司内部治理体系，形成股东会、董事会、监事会、管理层各司其职、权责分明、相互制衡的现代公司治理结构，有效解决争议，促进公司健康发展。北京一中院处理的大量纠纷产生的根源之一就在于公司章程缺位，导致内部治理不足。因此，股东要正确认识公司章程地位，不照搬照抄模版，应从公司实际情况出发，细化公司股权比例、表决设计、利益分配、各机构职责、退出模式等规定，做到服务于公司日常管理和发展，服务于有效预防和化解纠纷。

2. 理性安排注册资本，谨慎注册“一元/亿元”公司

2013 年公司法修订后大幅降低了公司准入门槛，投资者在理论上不仅可以设置超低出资金额的公司，如“一元”公司，也可以在公司章程中设立超长认缴期限的“亿元”公司。但必须指出的是，注册资本是公司存续与发展的基础，也是公司对外经营的信用保障。过低的注册资本会导致交易对手方对公司实力缺乏信心，导致公司在市场竞争中处于不利地位，影响公司的健康稳定发展。与之相反，不少股东为彰显实力，注册资本认缴资本金额设置过高，企图通过设置超长的认缴期限来实现“小马拉大车”，带来潜在巨大风险。北京一中院处理过多起债权人要求股东出资加速到期案件，如果在债务发生后，债务人公司股东恶意修改公司章程，延长出资期限的，要承担加速到期的责任。如果债务发生之前，债务人已经在工商管理部门公示了认缴出资的期限，则公司股东一般不承担加速到期的责任。但依据企业破产法规定，公司进入破产程序后，股东的出资义务加速到期。因此，股东要理性对待资本认缴制，科学设定注册资本及认缴期限，避免因一时冲动而影响公司发展或背负巨额债务。

3. 依法履行出资义务，防范出资责任风险

股东依法、足额、及时出资，对公司健康稳定运营具有重要意义。股东未依法履行出资义务将直接影响公司、其他股东、公司外部债权人的利益。依据公司法及相关法律、司法解释的规定，股东未依法全面履行出资义务的，需要承担相应违约责任或赔偿责任。对于注册资本实缴制的公司，如股东违反公司法的规定未依法履行出资义务的，还可能构成虚假出资罪、抽逃出资罪，可处以有期徒刑或者拘役，并处或者单处罚金。因此，公司应根据自身情况合理安排注册资本，股东要高度重视出资义务，杜绝借助中介机构过桥资金缴付实缴出资，对于认缴出资应按章程规定期限实际缴纳，如改变公司注册资本，须依法定程序变更公司章程，如减资，亦须依法履行通知、公告程序，防范民事、刑事责任风险。

4. 尊重各个股东权益，正确行使股东权利

股东之间的利益冲突，是公司法中最引人注目的问题之一。公司作为兼具人合性和资合性的组织体，股东之间产生磨合是常有之事。公司遵循“资本多数决”原则，与控股股东、大股东、多数派股东相比，非控股股东、小股东、少数派股东相对处于弱势地位。北京一中院处理的不少案件中，大股东限制、排斥小股东对公司经营的了解、参与、决策、分红权利，如有的大股东本身兼任公司法定代表人或高管，在公司内部搞“一言堂”，以商业秘密为由阻却小股东了解公司经营状况，自身领取高额工资，却长时间不向股东分配利润，造成股东之间矛盾无法调和，进而引发一系列股东知情权纠纷、公司决议纠纷，甚至是公司解散纠纷，严重影响公司的内部稳定和健康经营，也必然间接损害了包括大股东在内的所有股东的利益。因此，投资人之间、各股东之间要彼此充分尊重，严格遵守公司法及公司章程各项规定，本着诚实守信的原则合理行使权利，依法履行义务，善意倾听不同意见，求同存异，防范股东内耗困局，共同维护公司内部和谐稳定。

5. 依法履行退出义务，减少“僵尸企业”风险

公司作为法人，通过出生（即设立）进入市场进行经营活动，也必然有因死亡（即清算注销）而退出市场。实践中，公司在资不抵债、吊销营业执照、责令关闭后“人去楼空”并不鲜见，股东等清算义务人怠于履行清算注销义务，导致“僵尸企业”大量存在。根据公司法规定，公司出现吊销营业执照、协议解散等事由后，应当在十五日内成立清算组进行清

算，有限责任公司的清算组由股东组成，股份有限公司的清算组由董事或者股东大会确定的人员组成。清算组负有妥善处理公司债权债务，确保公司有序退出市场之义务。清算组成员因故意或者重大过失给公司或者债权人造成损失的，应当承担赔偿责任。北京一中院受理的大量清算责任纠纷、股东损害公司债权人利益责任纠纷，均是因清算义务人未及时组织公司清算注销或不当清算注销所致。因此，股东等清算义务人应当高度重视公司的市场退出工作，及时履行清算义务，依法合规进行公司注销，避免因清算注销不当而对公司债务承担连带责任。

（二）对董事、监事、高级管理人员的提示与建议

6. 积极履行忠实/勤勉义务，健全内部管理制度

公司所有权与经营权的分离，是现代公司治理的显著特点。股东通过委派更加专业的董事、监事、高级管理人员执行股东决策，充分实现了优势互补，有效推动了企业发展壮大。为理顺所有者与经营者之间的关系，避免矛盾冲突，我国公司法通过专章对公司董事、监事、高级管理人员的资格和义务进行了规定，明确了董事、监事、高级管理人员的忠实义务和勤勉义务。北京一中院处理的涉及董事、监事、高级管理人员的诉讼主要集中在违反章程规定对外担保、谋取属于公司的商业机会、违反竞业禁止、法定代表人/董事离职、公司证照返还等情形。因此，为预防和避免纠纷，董事、监事、高级管理人员作为公司的日常经营者，应当推动建立完善公司内部规章制度，完善企业财务制度、流程管理制度、档案制度、证照印章使用制度等，妥善履行忠实义务和勤勉义务，与投资者/股东同呼吸、共命运，促进公司不断发展壮大。

（三）对公司参与各方的提示与建议

7. 规范股权流转交易，合法合规防控风险

随着市场主体之间的产权交易日益活跃，股权的流转已成为众多企业募集资本、优化资源配置的重要方式之一。为防范股权流转过程中可能出现的风险，有限责任公司的股东在对外进行股权转让时，作为转让方，应当遵守诚实信用原则，真实、全面、完整地披露自身的出资信息以及目标公司的经营及财产状况，严格按照法律法规和公司章程的规定，先征询公司其他股东的意见，保障其他股东的知情权及优先购买权，并应确保股权

权属清晰、流转畅通；受让方应对转让方的持股数额、出资情况、股权工商登记信息，以及目标公司的章程、资产、负债等情况进行充分调查，对拟交易的股权进行价值评估，并要求转让方提供其他股东同意股权转让及放弃优先购买权的相应证据并留存，严格审查股权转让方出资证明书、股东名册、工商登记等证明文件。股权转让合同履行完毕后，双方应及时办理相应的股权工商变更登记。

8. 健全担保决策机制，谨慎授权严格审查

担保制度对于促进资金融通、保证债权实现具有重大意义，公司为他人提供担保的行为日趋活跃，法院受理的相关案件数量和标的额也在迅猛增长。一旦被担保的债务人无法按约定偿还债务，担保企业则须承担相应的偿还责任，对自身的正常经营将产生极大影响。若担保行为存在瑕疵，债权人则可能面临无从追偿的困境。为避免此类风险，公司应完善公司章程，健全对外担保机制，具体明确股东会、董事会、法定代表人、经理等关于对外提供担保的决策权限、决策流程；公司对外提供担保时，应严格履行决策程序，谨慎授权，认真审查担保合同的内容；作为担保合同相对人时，应要求担保方提供公司章程、决议文件等相关资料，着重审查其做出担保决定的决议机构、决策程序及担保限额等是否符合法律法规及该公司章程等规定，确保交易安全。

9. 强化风险防范意识，重视法务合规工作

市场经济就是法治经济。强化风险防范与合规经营已成为企业发展的普遍共识，也是公司基业长青的基本保障。公司参与各方都要高度重视法务合规工作，根据公司自身情况组建内部法务机构，设置法务专员，积极聘请律师等专业人士担任法律顾问，加强对员工的必要法律知识培训，将公司的内部治理、业务发展及法律合规紧密结合起来，充分发挥法务合规在风险控制上的识别、提示、预警作用，通过合规经营协助企业降低风险和成本，实现企业健康、稳定、可持续发展，从而带动形成公平有序的市场氛围，为企业发展营造更好的市场环境。作为公司法务、律师等法律共同体成员，协助、代表公司参加诉讼活动，在注重维护公司权益的同时，亦应重视配合法院工作，形成良性互动，共同促进纠纷妥善化解。

10. 合理选择维权方式，依法维护自身权益

企业经营难免会产生纠纷，尤其是新冠肺炎疫情发生以来，对企业的生产经营均产生了不同程度的影响，当发生纠纷时，各方可以首先通过平

等协商方式，自行调解和解，化干戈为玉帛。其次可以提起仲裁或诉讼。如果事先签订了仲裁协议，应依据协议将争议提交由仲裁委员会进行裁决。在没有约定仲裁或仲裁无效的情况下，可以依法向法院提起诉讼。北京一中院负责管辖海淀、石景山、昌平、门头沟、延庆五区内的相关一审及上诉、抗诉案件。在诉讼过程中，也可以通过纠纷全流程化解机制，达成调解和解。北京一中院与市工商联、北京多元调解发展促进会、“一带一路”国际商事调解中心等多家政府部门和专业调解机构合作，不断探索多元调解方式，创新完善诉非衔接机制，加强对民营企业、中小微企业的权益保护。

结　语

为者常成，行者常至。未来，北京一中院将继续以营造良好营商环境为宗旨，不断加强企业产权保护，推动提高公司治理水平，夯实公司发展基石，服务经济社会发展大局；持续推进公司类纠纷案件审判专业化建设，加强对公司类纠纷案件新情况新问题的调查研究，紧跟社会发展趋势，探索当前背景下新型纠纷解决途径，为推动首都经济健康发展、优化营商法治环境提供更加优质的服务、更加有力的保障！

附录：公司类纠纷案件典型案例

案例一　员工基于股权激励计划无偿受让公司股权的，不应认定为赠与

基本案情：兰某与方某签订股份转让协议，约定兰某自愿并无偿将其在甲公司1%股份转让给方某。后兰某通知方某因股份转让协议为赠与协议，其将撤销该协议。现方某起诉至法院，主张其受让股份是基于股权奖励的无偿受让，并非赠与，兰某无权撤销，请求确认方某与兰某签订的股份转让协议有效，且因兰某擅自将股份转让第三人，其应赔偿方某相应损失。法院经审理认为：双方签订合同注明“转让”，同时对生效时间、违约责任作出了明确约定，并无任何“赠与”的表述，而且方某在与甲公司存在关联关系的乙公司任职，其主张基于股权奖励无偿受让股权具有事实基础，最终法院认定股份转让协议性质应为股权转让，并非赠与。

典型意义：公司法对股权转让是否需存在对价及对价的具体形式并未

做出限制性规定。股权转让合同中的对价既可以是金钱，也可以是其他实物、服务或知识产权等。对于合同中约定无偿转让的，也应结合股权转让双方的协议文本、交易意图、交易背景等因素综合认定合同性质，不应直接认定为赠与合同。实践中普遍存在公司通过股权激励计划，由员工免费获得本公司或关联公司股权的情况，应认为该计划的实质是通过给予员工除工资薪酬以外的报酬来换取员工服务，因此，不应认定为赠与。

案例二　未违反法律法规强制性规定的对赌协议，依法认定其效力

基本案情：甲公司与周某、目标公司签署增资协议，约定：甲公司向目标公司增资1500万元，并约定若目标公司2016年净利润低于1500万元，则甲公司有权要求周某以现金方式向甲公司退还投资款及相应违约金，目标公司提供连带保证责任。因目标公司未达到上述业绩要求，甲公司起诉要求周某承担赔偿责任，目标公司承担保证责任。法院经审理认为，甲公司与周某、目标公司签署的合同是当事人真实意思表示，合法有效，双方均应严格履行，目标公司未达到业绩承诺，周某应按约定履行补偿义务，因目标公司的保证亦已经公司股东会同意，故亦予以支持。

典型意义：实践中俗称的“对赌协议”，又称估值调整协议，是指投资方与融资方在达成股权性融资协议时，为解决交易双方对目标公司未来发展的不确定性、信息不对称以及代理成本而设计的包含了股权回购、金钱补偿等对未来目标公司的估值进行调整的协议。对赌协议不仅应符合合同法的相关规定，还应遵循公司法的相关规定。在不违反法律法规强制性规定的情况下，应依法认定对赌协议的法律效力。

案例三　有限责任公司股东对外转让股权的，应保障其他股东的优先购买权

基本案情：A公司为有限责任公司，股东为B公司和甲某。2015年，B公司与C公司签订股权转让协议，约定B公司将其在A公司持有的80%股权转让给C公司，签署协议当天，C公司向B公司支付了股权转让费，但未办理股权变更登记。甲某知晓该事项后三十日内向法院起诉，认为B公司未保障其优先购买权，请求主张按照同等条件购买该转让股权。法院经审理认为，有限责任公司的股东向股东以外的人转让股权，未就其股权转让事项征求其他股东意见，损害了其他股东的优先购买权，其他股东主张按照同等条件购买该转让股权，予以支持。

典型意义：有限责任公司的股东向公司股东以外的其他主体转让股权

的，应履行将转让事项通知并征求其他股东同意等义务。未就其股权转让事项征求其他股东意见，或者以欺诈、恶意串通等手段，损害其他股东优先购买权，其他股东主张按照同等条件购买该转让股权的，人民法院予以支持，但其他股东自知道或者应当知道行使优先购买权的同等条件之日起三十日内没有主张，或者自股权变更登记之日起超过一年的除外。因对于优先购买权的规定并非效力性规定，若其他股东仅提出确认股权转让合同及股权变动效力等请求，未同时主张按照同等条件购买转让股权的，法院不予支持。股东以外的股权受让人，因股东行使优先购买权而不能实现合同目的的，可以依法请求转让股东承担相应民事责任。

案例四　采用股权让与方式进行担保的，依法认定合法有效

基本案情：甲公司为依法设立的有限责任公司，胡某为甲公司的股东。甲公司与乙信托公司之间存在3笔债权债务关系，涉及本金约3亿元。签署上述借款协议的同时，胡某与乙信托公司签订股权转让协议，约定胡某同意将其持有的甲公司80%股权（880万元货币出资）转让给乙信托公司，该协议对于股权转让的价格没有约定。同年，甲公司办理工商变更登记手续，乙信托公司被登记为甲公司股东。办理股权变更登记后，甲公司固定资产及人员仍由胡某进行日常管理。现胡某起诉请求确认胡某具有甲公司的股东资格，法院经审理认为，本案系以股权转让为名的股权让与担保，让与担保本身并不存在违反法律、行政法规的强制性规定的情形，依法应当认定有效，故法院认定乙信托公司并非实际股东，胡某仍为甲公司的实际股东并行使相应的股东权利。

典型意义：2019年《全国法院民商事审判工作会议纪要》第71条第1款规定："债务人或者第三人与债权人订立合同，约定将财产形式上转让至债权人名下，债务人到期清偿债务，债权人将该财产返还给债务人或第三人，债务人到期没有清偿债务，债权人可以对财产拍卖、变卖、折价偿还债权的，人民法院应当认定合同有效。合同如果约定债务人到期没有清偿债务，财产归债权人所有的，人民法院应当认定该部分约定无效，但不影响合同其他部分的效力。"应认为，债务人通过将股权转让至债权人名下为债务提供担保的，成立股权让与担保法律关系，合法有效。但由于股权权能的分离，在债权人与公司关系上，债权人仅享有财产性权利，不享有身份性权利；在债务人与公司关系上，债务人仅享有身份性权利，不享有财产性权利；在双方与公司外第三方关系上，需要根据第三方的具体请求指向，在债权人和债务人之间进行权利义务合理分配。

案例五　公司对外提供担保的，应经公司股东会或董事会决议同意

基本案情：A公司为有限责任公司，甲公司系A公司的股东。甲公司与乙公司签署《借款协议》，约定甲公司向乙公司借款1亿元。A公司与乙公司签署《担保合同》，承诺为甲公司的上述债务承担无限连带责任，《担保合同》上加盖有A公司公章，A公司法定代表人肖某亦签字确认。后甲公司未按时足额清偿债务，乙公司起诉要求甲公司承担清偿责任，A公司承担连带保证责任。A公司主张《担保合同》未经股东会或董事会决议，应认定无效。法院经审理认为，A公司系为其股东甲公司提供的关联担保，根据现有证据，乙公司在订立合同时未对A公司的股东会决议进行审查，乙公司存在过错，并非善意，因此，《担保合同》无效。关于各方的责任分担，可按照担保法及担保法司法解释关于担保无效的规定处理。

典型意义：公司法第十六条对公司法定代表人的代表权进行了限制，并对关联担保和非关联担保的决议机关作出了区别规定。担保行为不是法定代表人能单独决定的事项，必须以公司股东会、董事会等的决议作为授权的基础。为公司股东或实际控制人提供关联担保，必须由股东（大）会决议；为公司股东或实际控制人以外的人提供非关联担保，则由公司章程规定是由董事会决议还是股东（大）会决议。法定代表人未经授权擅自为他人提供担保的，构成越权代表。根据合同法第五十条的规定，订立合同时债权人是善意的，则担保合同有效，反之，则无效。担保合同有效，债权人请求公司承担担保责任的，人民法院依法予以支持；担保合同无效，债权人请求公司承担担保责任的，人民法院不予支持，但可以按照担保法及有关司法解释关于担保无效的规定处理。

案例六　夫妻一方因公司经营所负债务，债权人能够证明该债务用于夫妻共同生活、共同生产经营或者基于夫妻双方共同意思表示的，认定为夫妻共同债务

基本案情：王某与李某2001年登记结婚，甲公司系有限责任公司，王某曾为甲公司占股80%的股东，并担任甲公司的监事。2013年，王某将上述全部股权转让于李某，但仍保留监事的职务。2016年，A公司与李某及甲公司的其他股东签订《投资协议》，约定A公司向甲公司增资5000万元，增资后A公司持有甲公司15%的股权；同时协议中还约定，甲公司应在2017年实现合格上市，否则，李某应承担A公司所持股权的回购义务。《投资协议》签订后，甲公司完成了股权变更登记手续。2017年，甲公司未成功上市。2018年，A公司起诉李某承担股权回购义务，李某妻子王某承担共同偿还责任。法院经审理认为，《投资协议》合法有效，因股权回购义务条件已经成就，李某应承担股权回购义务；又因在案证据可以表明甲公司系王某与李某共同经营，故股权回购义务应属于夫妻共同债务。

典型意义：公司经营过程中，公司股东或高级管理人员可能因为公司经营对外负担债务，对于该债务是否属于夫妻共同债务，应适用夫妻债务纠纷司法解释的具体规定。首先，应判断该债务是否是夫妻的共同意思表示，若夫妻共同签字或事后对该债务进行了追认，应认定为夫妻共同债务。其次，应判断该债务是否用于夫妻共同生活和共同生产经营，若债权人能够证明公司经营已经纳入家庭意志范畴，经营收益用于家庭生活或者公司即为夫妻共同经营的，也可以认定为夫妻共同债务。

案例七　知情权系股东固有权利，依法予以保护

基本案情：白某系甲公司股东，2014年，白某曾以请求公司收购股份纠纷为由起诉甲公司和其他股东，后白某撤回起诉。2015年7月，白某向甲公司邮寄申请书，要求行使股东知情权，查阅会计账簿，该份邮件被签收，但甲公司对白某的请求未予回应。同年，白某向法院提起诉讼，要求甲公司完整提供公司自成立以来至2014年2月的财务账簿（会计账目）、财务会计报告供白某和白某委托的注册会计师查阅。甲公司则主张白某只是挂名股东，白某起诉目的是解散公司，具有不正当目的。经审理，法院认为，白某系甲公司工商登记的股东，在无其他证据否定其股东身份的情况下，对其股东身份予以确认；关于不正当目的，应认为，股东请求公司收购股份和解散公司系法律赋予股东的权利，白某行使法定权利不能视为其行使股东知情权的不正当目的。

典型意义：公司法第三十三条规定："股东有权查阅、复制公司章程、股东会会议记录、董事会会议决议、监事会会议决议和财务会计报告。股东可以要求查阅公司会计账簿。股东要求查阅公司会计账簿的，应当向公司提出书面请求，说明目的。公司有合理根据认为股东查阅会计账簿有不正当目的，可能损害公司合法利益的，可以拒绝提供查阅，并应当自股东提出书面请求之日起十五日内书面答复股东并说明理由。公司拒绝提供查阅的，股东可以请求人民法院要求公司提供查阅。"股东知情权纠纷属于多发的公司诉讼类型，其中主要争议点包括股东身份条件认定、前置程序行使、原始凭证查阅、不正当目的认定、查阅行权方式等问题。知情权是股东的一项基础性、工具性权利，也是股东了解公司经营及财务状况并据此主张进一步权利的基础，对于股东知情权的正当行使，应依法予以保护。

案例八　未按照法律或者公司章程规定的议事方式和表决程序作出的公司决议不成立

基本案情：甲公司为有限责任公司，其章程规定，召开股东会会议，应当于会议召开十五日以前通知全体股东，股东会会议由股东按照出资比例行使表决权。甲公司原股东为朱某、韩某、魏某，现登记股东为朱某、王某、魏某，其中韩某与朱某系夫妻关系。工商档案中，甲公司第四届第2次股东会决议显示：同意原股东韩某退出股东会，并将其持有的股份12万元转让给朱某，签字处分别有全体股东手写签名字样。韩某以股东会决议上其签字非其本人签署为由，主张该股东会决议不成立。甲公司认可未实际召开股东会，且股东会决议非韩某本人签字，但主张决议签署得到韩某的同意和授权，应属合法有效。因甲公司未实际召开股东会，且韩某在事后不予认可，该股东会决议不能成立。

典型意义：公司决议作为公司的意思表示，其本质是通过会议的形式根据多数决的规则作出决议，因此，只有公司决议的程序公正和内容合法才能发生法律效力。公司决议主要存在着无效、可撤销、不成立三类瑕疵，具体法律规定见公司法第二十二条及《公司法司法解释（四）》第一条至第五条的规定。无效的适用情形为，公司股东会或者股东大会、董事会的决议内容违反法律、行政法规；可撤销的适用情形为，股东会或者股东大会、董事会的会议召集程序、表决方式违反法律、行政法规或者公司章程，或者决议内容违反公司章程的。不成立的适用情形为：（1）公司未召开会议的，但依据公司法第三十七条第二款或者公司章程规定可以不召开股东会而直接作出决定，并由全体股东在决定文件上签名、盖章的除外；（2）会议未对决议事项进行表决的；（3）出席会议的人数或者股东所持表决权不符合公司法或者公司章程规定的；（4）会议的表决结果未得到公司法或者公司章程规定的通过比例的；（5）导致决议不成立的其他情形。

案例九　董事、监事、高级管理人员违反竞业禁止义务的，应将违反该义务所得的收入归公司所有

基本案情： A公司成立于2003年，主要经营范围为数据磁带、磁带机、条形码的销售、磁带检测、磁带销毁消磁，王某担任经理职务，负责国外大客户的交往及国内磁带销售和检测业务。B公司成立于2013年，王某及其妻子系股东，法定代表人为王某母亲。在B公司成立后，王某利用其担任A公司经理的职务便利，以用其邮箱向其负责的客户发送了公司业务变更的说明，公开向其负责的客户告知部分业务转至B公司等多种手段，将A公司部分业务转入B公司。法院判决认为，王某应向A公司返还谋取A公司商业机会所得收入及利息。

典型意义： 公司法第一百四十八条规定：董事、高级管理人员未经股东会或者股东大会同意，不得利用职务便利为自己或者他人谋取属于公司的商业机会，自营或者为他人经营与所任职公司同类的业务；其违反前款规定所得的收入应当归公司所有。从该条可知，竞业禁止义务的行为主体为董事、高级管理人员，其承担竞业禁止义务的期间，应从任职之时开始，在离职之时结束；行为表现方式为利用职务便利，篡夺本应属于公司的商业机会；行为后果是将违反竞业禁止义务所得的收入归公司所有。另应注意，因公民具有劳动的权利和选择职业的权利，因此，在没有法律依据和协议约定的前提下，不得限制董事、高级管理人员离职后经营同类业务。

案例十　一人公司股东不能证明公司财产与个人财产相互独立的，应对公司债务承担连带责任

基本案情： 甲为A公司法定代表人，A公司为甲的个人独资公司。乙与A公司签订借款合同，A公司向乙借款200万元，乙将该款项汇至甲个人账户。A公司未按时偿还款项，甲起诉A公司偿还债务，并主张甲承担连带责任。法院经审理认为：甲未能证明其与A公司财产相互独立，且借款合同的债务人为A公司，款项却打入甲的个人账户，因此甲与A公司存在财产混同，甲应承担连带责任。

典型意义： 公司法第六十三条规定："一人有限责任公司的股东不能证明公司财产独立于股东自己的财产的，应当对公司债务承担连带责任。"公司法对于一人公司与股东财产独立的证明责任设定了更高要求，认定一人公司股东是否就公司债务承担连带责任时，不再单纯考虑股东是否存在滥用公司法人独立地位和股东有限责任的情形，在一人公司股东不能举证证明公司财产独立于股东个人财产的情况下，即应对公司债务承担连带责任。

案例十一　股东抽逃出资的，应在抽逃出资范围内对公司债务向债权人承担补充赔偿责任

基本案情：A公司2005年成立，注册资本15亿元，其中股东之一为B公司，出资金额为50250万元。2005年1月至7月期间，B公司共计向A公司验资账户转入50250万元。同年，A公司账户陆续向B公司转出共计50150万元。C公司享有A公司的到期债权，经法院执行未得到足额清偿，遂以抽逃出资为由申请追加A公司的股东B公司为被执行人，法院裁定同意追加B公司为被执行人。B公司不服该裁定，提起案外人执行异议之诉。法院经审理认为，银行转账凭证等证据显示，B公司作为股东在向A公司验资账户转入出资款后，又随即将其中的50150万元转回B公司账户中。据此，B公司仅实际向A公司出资100万元，其上述行为应当认定为抽逃出资，应在其未出资到位款项范围内，对A公司对C公司应履行而未履行的债务承担清偿责任。

典型意义：公司法第三十五条规定："公司成立后，股东不得抽逃出资。"公司资本是公司得以维系的核心，股东抽逃出资是对公司资本的侵权，将危及到公司的资本维持和对外偿债能力，抽逃出资的股东应承担相应的法律责任。股东抽逃出资的情形包括：（1）将出资款项转入公司账户验资后又转出；（2）通过虚构债权债务关系将其出资转出；（3）制作虚假财务会计报表虚增利润进行分配；（4）利用关联交易将出资转出；（5）其他未经法定程序将出资抽回的行为。股东抽逃出资的，其应向公司返还出资本息；还应在抽逃出资本息范围内对公司债务不能清偿的部分向债权人承担补充赔偿责任；协助抽逃出资的其他股东、董事、高级管理人员或者实际控制人应对此承担连带责任。在执行程序中，作为被执行人的企业法人，财产不足以清偿生效法律文书确定的债务，申请执行人有权申请变更、追加抽逃出资的股东、出资人为被执行人，在抽逃出资的范围内承担责任。

案例十二　股东怠于履行清算义务导致公司无法清算的，依法应向公司债权人承担连带清偿责任

基本案情：A公司为有限责任公司，股东为甲、乙、丙三人，三人分别担任公司的高管，参与公司的经营管理。2016 年，A 公司被吊销营业执照，并要求在清算后注销登记，甲、乙、丙三人并未在法定期限内成立清算组进行清算。B 公司系公司债权人，经法院生效判决确认债权，在执行过程中并未获得足额清偿。2017 年，B 公司起诉甲、乙、丙三人，认为甲、乙、丙作为公司股东，怠于履行清算义务，导致公司清算不能，故应当对 A 公司的债务承担连带清偿责任。法院经审理认为，因甲、乙、丙未及时组成清算组进行清算，怠于履行义务，导致 A 公司主要财产、账册、重要文件等灭失，无法进行清算，其应对公司全部债务承担连带清偿责任。

典型意义：《公司法司法解释（二）》第十八条规定：有限责任公司的股东、股份有限公司的董事和控股股东因怠于履行义务，导致公司主要财产、账册、重要文件等灭失，无法进行清算，债权人主张其对公司债务承担连带清偿责任的，人民法院应依法予以支持。股东在公司出现解散事由后未依法履行清算义务，属于滥用股东法人独立地位和股东有限责任，严重损害公司债权人利益的行为，应承担相应的赔偿责任。有限责任公司股东承担连带赔偿责任应满足以下两点：一是“怠于履行义务”。股东在法定清算事由出现后，在能够履行清算义务的情况下，故意拖延、拒绝履行清算义务，或者因过失导致无法进行清算。但股东已经举证证明为履行清算义务采取了积极措施，或小股东举证证明其既不是公司董事会或监事会成员，也没有选派人员担任该机关成员，且从未参与公司经营管理的，不构成“怠于履行义务”。二是具有因果关系，“怠于履行义务”的消极不作为与“公司主要财产、账册、重要文件等灭失，无法进行清算”的结果之间存在因果关系。公司债权人以本条第二款规定为依据，请求有限责任公司的股东对公司债务承担连带清偿责任的，诉讼时效期间自其知道或应当知道“公司主要财产、账册、重要文件灭失，无法进行清算”之日起计算。

案例十三　清算义务人未依规履行清算义务的，需对公司债权人承担相应责任

基本案情：经法院 2007 年生效判决认定，B 公司对 A 公司享有债权，2008 年，经过执行程序，B 公司未获得足额清偿。2007 年，A 公司召开股东会决议，决定公司停止经营活动、进行清算，公司清算组由甲、乙、丙三位股东组成。2008 年 4 月，A 公司对截至 2006 年 12 月 31 日公司账目的应收账款情况等发表声明；会计师事务所同月出具A公司清算报告，结论为A公司债权债务已清理完毕，并且已经在报纸上发布注销公告。同月，A公司作出股东会决议，同意公司注销，同意清算审计报告结果。2008年5月，A公司注销。2010年，B公司得知A公司注销，遂以清算责任纠纷为由提起诉讼，要求A公司股东向B公司承担连带赔偿责任。法院经审理认为，A公司清算义务人对公司欠付B公司债务数额明知，但仅以报纸公告方式进行通知，其并未依公司法关于债权人申报债权的规定，履行在清算组成立之日起十日内通知债权人的义务，致使B公司无法申报债权而未获清偿。A公司股东主观存在过错，其不当履行清算义务，应赔偿由此给债权人造成的损失。

典型意义：根据公司法第一百八十三条的规定，除因公司合并或者分立需要解散公司外，公司发生因经营期限届满、股东决议解散、公司被吊销营业执照、责令关闭或者被撤销等解散事由的，应当在解散事由出现之日起十五日内成立清算组，开始清算；有限责任公司的清算组由股东组成，股份有限公司的清算组由董事或者股东大会确定的人员组成。第一百八十五条第一款规定："清算组应当自成立之日起十日内通知债权人，并于六十日内在报纸上公告。债权人应当自接到通知书之日起三十日内，未接到通知书的自公告之日起四十五日内，向清算组申报其债权。"第一百八十九条第三款规定："清算组成员因故意或者重大过失给公司或者债权人造成损失的，应当承担赔偿责任。"在公司出现解散事由后，对公司进行清算，使公司有序退出，是有限责任公司股东的法定义务，作为公司法规定的清算义务人，股东如未按照公司法的规定履行清算义务，需对公司债权人承担相应的责任。

案例十四　公司解散需穷尽内部救济

基本案情：2009年A公司成立，股东为甲、乙、丙、丁四位自然人，股权占比分别为20%、40%、20%和20%，乙任执行董事，甲任经理，丙任监事。A公司章程约定："股东会会议由执行董事召集和主持，执行董事不能履行或者不履行召集股东会会议职责的，由监事召集和主持，监事不召集和主持的，代表十分之一以上表决权的股东可以自行召集和主持。"2015年，甲起诉请求解散公司，主张公司经营管理发生严重困难，乙因年龄已高不能履行公司执行董事的职能，公司管理混乱，已连续四年不召开股东会，无法就公司的经营管理进行决策，无法形成有效的股东会决议，公司股东意见存在分歧、互不配合，出现僵局，股东会机制已经失灵，甲与其他股东多次协商未果。法院经审理认为，公司陷入僵局时，股东首先应当进行内部救济，法院只有在公司和股东发生纠纷，“通过其他途径不能解决”时，才可以采取强制手段解散公司。本案中甲未就公司解散事宜向A公司及执行董事、监事提议或按照公司章程的规定自行召开股东会，应当认定尚未穷尽公司内部救济途径；且在案证据亦不足以认定A公司的经营管理发生严重困难，故判决驳回甲的诉讼请求。

典型意义：公司法第一百八十二条规定：“公司经营管理发生严重困难，继续存续会使股东利益受到重大损失，通过其他途径不能解决的，持有公司全部股东表决权百分之十以上的股东，可以请求人民法院解散公司。”股东提起解散诉讼之前，需请求董事会、监事会采取必要措施，只有当公司明确拒绝股东请求或者对股东请求置之不理时，股东才能向法院提起解散公司之诉。

2015年至2019年上海法院证券虚假陈述责任纠纷案件审判情况通报

上海金融法院

证券市场虚假陈述，是指信息披露义务人违反证券法律规定，在证券发行或者交易过程中，对重大事件作出违背事实真相的虚假记载、误导性陈述，或者在披露信息时发生重大遗漏、不正当披露信息的行为。根据《中华人民共和国证券法》（以下简称证券法）及《最高人民法院关于审理证券市场因虚假陈述引发的民事赔偿案件的若干规定》（以下简称《虚假陈述司法解释》），证券虚假陈述行为致证券市场投资人遭受损失的，相关主体应承担民事赔偿责任。与传统民商事案件相比，证券市场上的虚假陈述案件，具有当事人众多、案件复杂、内容专业等典型特点。现将2015年至2019年度上海法院证券虚假陈述责任纠纷案件的审判工作情况通报如下。

一、证券虚假陈述责任纠纷案件特点

（一）涉及投资者人数众多

2015年至2019年，全市法院共受理证券虚假陈述责任纠纷一审案件原告共涉及9879名投资者，数量呈逐年增长态势。其中2015年436名，2016年1062名，2017年2381名，2018年2966名，2019年3030名（见图1）。被告共涉及方正科技、普天邮通（终止上市）、*ST毅达、*ST游久、界龙实业、*ST中安、锐奇股份、大智慧、ST岩石（匹凸匹）、飞乐音响、绿庭投资、ST创兴、康达新材、华鑫股份（上海仪电）、上海三毛、神开股份、安硕信息、上海家化、顺灏股份（绿新材料）、上海物贸、新绿食品等21家上市公司，涵盖上交所主板、深交所主板及新三板市场等。

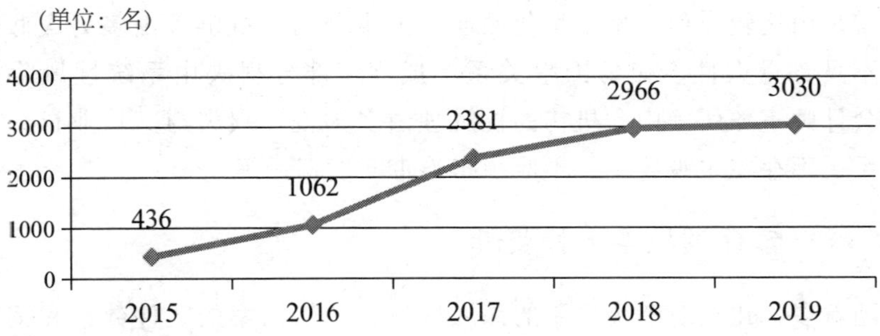

图 1　2015 年至 2019 年上海法院证券虚假陈述责任纠纷涉及投资者数量

(二) 标的总额呈增长态势

2015 年至 2019 年，全市法院共受理证券虚假陈述责任纠纷一审案件起诉标的总额达人民币（以下币种同）22.56 亿元，其中 2015 年为 0.33 亿元，2016 年为 2.24 亿元，2017 年为 6.41 亿元，2018 年为 5.28 亿元，2019 年为 8.3 亿元，标的总额呈增长态势（见图 2）。21 家上市公司平均涉诉标的额为 1.08 亿元。投资者人均起诉标的额为 22.84 万元，呈现小额、分散的特点。

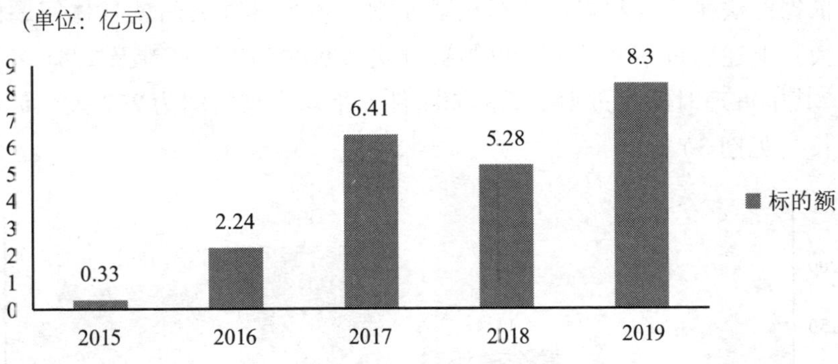

图 2　2015 年至 2019 年上海法院证券虚假陈述责任纠纷一审案件标的额

(三) 诉讼争点相对集中

该类案件诉请类型单一，均为投资者因上市公司虚假陈述行为导致其损失而提起诉讼，诉请赔偿投资差额损失、佣金及印花税等。其中，案件涉及的虚假陈述行为以虚增利润居多，占比为 38.09%。诉讼中，各被告的抗辩理由比较类似，呈定型化倾向。上市公司的抗辩理由多为虚假陈述行为不具有重大性、交易因果关系不成立、部分损失由系统性风险造成等；会计师事务所等中介机构的抗辩理由多为投资损失与其执业行为无因果关系、不存在主观故意、不应承担连带赔偿责任等。

（四）案件调撤率大幅提升

随着多元化纠纷解决机制的深入推进，调解结案的案件数量和案件占比均有所提升。近三年上海法院该类案件调撤率分别为2017年55.14%（涉及404名投资者），2018年44.38%（涉及182名投资者），2019年88.51%（涉及2103名投资者）。其中，截至2020年4月20日，全国首例适用示范判决机制的方正科技系列案件调撤率为98.49%，合计1311名投资者通过多元纠纷化解机制解决纠纷，调撤金额达1.62亿元。

（五）判决结案审理时间较长

证券市场专业程度高，虚假陈述案件的事实查明和具体法律适用，往往涉及法律、金融、会计等多学科知识的综合运用，案件审理难度较大。各原告投资情况不同且数量众多，需要逐一确定赔偿责任。同时，当前审判所依据的法律法规和司法解释相对原则，各当事人之间就具体问题的争议较大。上述已审结案件中，以判决方式结案的570件（涉及2781名投资者），其中审理时间超过180天的404件，平均审理时间为267天，诉讼周期较长（见图3）。

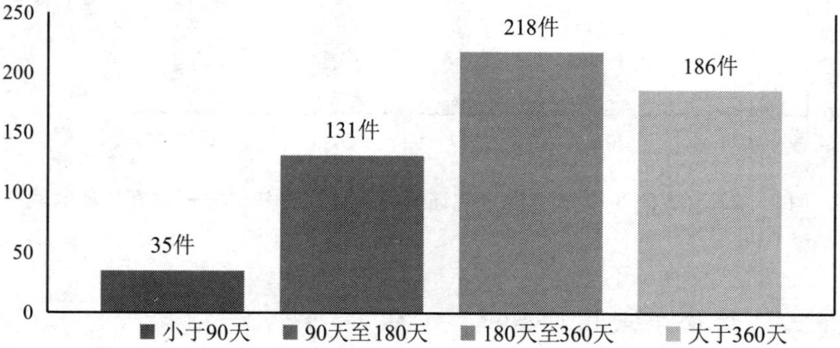

图3　2015年至2019年上海法院证券虚假陈述责任纠纷一审案件判决结案审理时间

（六）被告担责比例较高

以被告涉同一上市公司作为分组，在上海法院审理的21组虚假陈述案件中，除尚未有生效裁决的5组案件外，16组案件中法院判令被告承担赔偿责任的有14组，占比达87.5%。该情况反映出在有行政处罚作为诉讼前置程序的情况下，投资者对虚假陈述行为的举证责任大大减轻，胜诉比例较高。

二、证券虚假陈述责任纠纷案件趋势研判

（一）损失计算的精细化程度不断提升

损失计算是虚假陈述案件的审理难点之一，同时也是制约审判效率的主要瓶颈。每一投资者持股区间不同，且交易记录往往不只一笔买入卖出，计算工作量极大。此外还涉及证券系统性风险等因素的认定与扣除等专业性较强的问题，需要具备专门知识的第三方机构辅助法院进行损失核定。上海法院在方正科技系列案件中首次引入了第三方专业支持，由中证中小投资者服务中心作为专业机构就投资差额的损失计算及系统性风险的扣除出具损失核定意见。其中，在系统性风险的扣除上创新采用同步指数对比法，即根据每个投资者的持股期间和交易记录，将同期个股跌幅均值与大盘、行业指数的跌幅同步对比，用相对比例方法较为精准地核定出了每个投资者受市场风险影响的比例程度，更加契合投资者真实损失情况。当前，上海法院该类案件的损失核定工作均委托第三方专业机构完成，大大提升了损失计算的精细化程度。

（二）中介机构、上市公司控股股东等涉诉比例不断提高

从增强被告整体赔付能力的角度考虑，部分投资者选择将中介机构以及上市公司控股股东等其他责任主体列为共同被告，要求其承担连带赔偿责任。在上海法院受理的虚假陈述案件中，上市公司控股股东、董监高等个人被告涉诉的为10组，会计师事务所、证券公司等中介机构涉诉的案件为4组，个别案件中还出现投资者仅起诉中介机构的情况。证券法修订后，对上市公司控股股东、实际控制人的归责原则由之前的“过错原则”修改为“过错推定原则”，进一步减轻了投资者的举证负担。可以预见，投资

者在上市公司之外同时起诉中介机构以及上市公司控股股东、实际控制人、董监高将成为常态化。

（三）支持投资者诉讼力度日益加大

当前，投资者保护机构在虚假陈述案件中承担了支持诉讼、纠纷调解、损失计算等多项职能。2017年5月，上海市第一中级人民法院审结了全国首例证券支持诉讼案。该案中，中证中小投资者服务中心作为投资者保护机构就匹凸匹金融信息服务（上海）股份有限公司的虚假陈述行为，接受多名投资者的委托参加诉讼，这是《中华人民共和国民事诉讼法》（以下简称民事诉讼法）规定的支持起诉制度在证券市场领域的首次实践，取得了较好的社会效果。证券法修订后，第九十五条第三款规定“投资者保护机构受五十名以上投资者委托，可以作为代表人参加诉讼”，即通过法律直接赋予投资者保护机构“代表人”的独立诉讼地位。相比较依赖投资者自身维权意愿的支持诉讼模式而言，该代表人诉讼的方式将给予投资者保护机构更大的空间，证券投资者诉讼将获得更大支持。

（四）民事诉讼对违法行为的震慑功能得到补强

传统的证券侵权诉讼遵循“不告不理”原则，对违法者民事责任的追究始终建立在投资者向法院提起诉讼的前提之上。证券法修订后，在投资者保护机构参与的特别代表人诉讼机制中采用了“默示加入、明示退出”的方式，使得投资者能以“默示加入”的方式参加诉讼并获得胜诉收益，维权成本显著降低。同时，由于诉讼范围默认覆盖所有受到损害的投资者，诉讼人数和诉请总金额均将大幅增加，民事诉讼对违法行为的威慑功能得到加强。

三、证券虚假陈述责任纠纷案件审判机制探索

证券虚假陈述案件数量呈现短期激增、长期稳增的态势，以往民事诉讼“一案一立”“一案一审”“一案一结”的立案、审理和结案方式明显不能适应此类案件的司法实践需求。对此，上海法院通过将案件合并审理、在示范判决基础上委托调解、探索代表人诉讼机制等审判机制改革，案件审理的集约化、便利化逐步提高。

（一）常态实行共同诉讼

《虚假陈述司法解释》第十三条规定，多个原告因同一虚假陈述事实对相同被告同时提起两个以上共同诉讼的，人民法院可以将其合并为一个共同诉讼。根据上述规定，上海法院通过将同一律师代理的案件进行合并，并采用集中排期开庭、统一批量裁判的审理模式，省略了部分重复的诉讼程序，在一定程度上减少了群体诉讼的规模和复杂性。

（二）率先探索示范判决

最高人民法院、中国证券监督管理委员会在《关于全面推进证券期货纠纷多元化解机制建设的意见》提出要建立示范判决机制。据此，上海金融法院于 2019 年 1 月出台了《关于证券纠纷示范判决机制的规定》，对示范案件的选定、审理、专业支持、判决效力、审判管理作出了具体规定。

该机制的核心是利用典型案件既判力的示范效应为投资者提供稳定的诉讼预期，加大对群体性纠纷中其他类案的调解力度，从而实现适法统一，提升审判效率，节约司法资源，降低诉讼成本，促进矛盾化解。2019 年 8 月，经上海金融法院一审、上海市高级人民法院二审维持，全国首例证券群体性纠纷示范判决生效，为健全证券纠纷多元化解机制积累了实践经验。

（三）积极推进代表人诉讼

民事诉讼法针对当事人人数众多的群体性纠纷专门规定了代表人诉讼制度，但实践中并未充分发挥作用。近年来，上海法院在处理证券群体性纠纷方面积累了大量的审判经验。最高人民法院多次提出，要用好、用足现行代表人诉讼制度。证券法明确规定“明示退出、默示加入”的方式，进一步开创了代表人诉讼的新形式。

在这一背景下，上海金融法院于 2020 年 3 月率先出台《关于证券纠纷代表人诉讼的规定》，为后续案件的规范审理提供了规则指引。这是全国法院首个关于代表人诉讼制度实施的具体规定，全面覆盖了依据民事诉讼法第五十三条、第五十四条规定提起的当事人人数确定和不确定的“加入制”普通代表人诉讼和依据证券法第九十五条第三款提起的“退出制”特别代表人诉讼，系统规定了各类代表人诉讼的规范化流程，明确回应了各类代表人诉讼中的难点问题，大力依托信息技术创新代表人诉讼机制，为进一步推动完善符合我国国情的证券民事诉讼制度提供了有益经验。

四、审理证券虚假陈述责任纠纷案件应重视的问题

（一）当事人对案件争议较大

《虚假陈述司法解释》于2003年制定，为法院受理、审理该类案件提供了法律依据，但因相关规定仍然较为原则，审判实践中当事人对案件的法律适用存在较大争议。一是揭露日及更正日的认定上，对案件具体情况中揭露内容的全面性、媒体权威性、揭露的警示强度等方面争议较大。首先，上市公司在定期财务报告中自行对虚增收入相关事项进行调整，但未就调整事项进行特别说明的，是否构成更正等。二是在交易因果关系的审查上，包括阻断交易因果关系的事由认定以及交易因果关系与损失因果关系的区分等，例如投资者非理性投机行为是否可推翻因果关系，是否可以在计算投资损失中予以考虑。三是在损失因果关系的审查上，包括市场系统性风险的认定，系统性风险以外其他因素的认定如经营性风险、概念股影响、重大重组等个股事件等，以及在具体扣除比例的确定方法上，就综合指数的选取、各指数影响比例大小、是否考虑投资者持股区间与风险时间段重叠等问题，均存在一定争议。

（二）新类型疑难法律适用问题频现

证券市场的不断发展，出现新的证券产品和交易模式，伴随产生新的纠纷类型和适法问题。一是随着金融衍生品市场的发展，诱空型虚假陈述的情况逐渐出现。该类型虚假陈述虽不会引导投资者进行买入交易，但是虚假陈述本身势必会改变证券市场供求关系的应然状态，被揭露时亦会造成股价的异常波动，从而造成投资者的损失。但《虚假陈述司法解释》整体基于诱多型虚假陈述制定，未考虑到诱空型虚假陈述的情况，存在法律制度上的空白。二是涉科创板案件存在信息披露的特殊性。相较于主板市场而言，科创企业普遍存在研发投入高、投资周期长、收益不确定等特点，经营风险明显高于传统行业，类型化的、定性或定量的传统范式难以适用于科创企业的信息披露，在该类案件中如何衔接行政处罚与民事诉讼尚存争议。三是中介机构的责任认定问题。在中介机构涉诉常态化的情况

下，关于中介机构的过错如何认定，各中介机构之间勤勉尽责义务边界的界定等均成为新类型的疑难法律适用问题。

（三）市场主体归位尽责意识有待进一步加强

虚假陈述案件数量持续上升、信息披露违规行为屡禁不止，反映出以下问题：一是上市公司治理结构不完善、管理层缺乏诚信意识，对控股股东、实际控制人的控制权缺乏有效监督，为信息披露违规提供了空间。二是证券中介机构未勤勉尽责，对重大舞弊现象未尽到注意义务，审计、评估、尽调等程序流于形式，未能及时发现风险并执行恰当的应对措施。三是监管力量相对不足，行业自律欠缺，违法行为者还存在侥幸心理。

（四）纠纷多元化解的作用有待进一步发挥

从当前审判实践来看，在中小投资者分散维权的情况下，双方当事人诉讼实力悬殊，并无进行和解议价的基础。即使法院或其他机构主持调解，由于该类案件争议空间较大，在法院作出生效判决对相关事实和法律适用明确认定之前，调解工作遇到较大阻力。推行示范判决机制后，该类案件在示范判决作出后的调撤率得到显著提升，但实践中也发现诸多问题。例如，首先，投资者保护机构主持调解的，与其作为原告的支持诉讼人参加诉讼或作为第三方专业机构辅助损失计算的职能存在冲突，调解组织的中立性受到质疑。其次，由于调解相较于诉讼的优势不明显，部分投资者对调解协议达成后实际履行效果存在顾虑，加上被告更倾向于等待判决后再上诉以拖延赔偿时间，进一步导致调解成功率的降低。最后，部分律师出于自身利益的考量，往往希望当事人进行诉讼而非调解以获得更多报酬，对当事人进行调解持放任甚至反对意见，也对调解产生一定影响。

五、相关建议

2020年4月15日，国务院金融稳定发展委员会召开第二十六次会议，专题研究了资本市场投资者保护问题。会议提出，资本市场发展必须坚持市场化、法治化原则，依法诚实经营是最基本的市场纪律。依法保护中小投资者合法权益、维护良好的资本市场环境是人民法院肩负的职责和使命，更离不开监管机关、投资者保护机构、中介机构等主体的共同努力。为此提出五点建议。

（一）健全公司治理结构，有效提升上市公司质量

信息披露是资本市场的生命线，有效的公司治理是保障信息披露质量的前提，也是衡量上市公司质量的重要标志。对当前信息披露不真实、不及时、不准确现象频发反映出的上市公司治理独立性不够、内控缺失等深层次问题，建议健全上市公司治理结构，优化中小投资者有效参与上市公司决策的路径，充分发挥投资者保护机构的作用，进一步加强对控股股东、实际控制人及其关联方的约束，从源头上减少信息披露违规的可能性。

（二）压实中介机构责任，切实发挥“看门人”作用

中介机构尤其是审计机构作为资本市场重要的“看门人”，对提高上市公司信息披露质量，特别是定期报告披露质量至关重要。从审判实践来看，部分上市公司财务漠视法律规则，从事财务造假等严重损害投资者利益的行为与中介机构不专业、不独立有着密切关系。保荐承销、审计评估、法律服务等中介机构应做好本职工作，严格履行核查验证、专业把关等法定职责，督促上市公司规范运作、真实披露。加强行业自律，培育勤勉尽责的行业文化，不断提高执业质量，提升信息披露文件的针对性、客观性和公允性。

（三）加大监管力度，严惩信息披露违规行为

厘清交易所与证券监管部门的职责边界，强化交易所问询、现场调查等一线自律管理职责，形成监管合力。强化精准监管，针对上市公司控股股东资金占用、违规担保、关联交易等高风险点健全监控和防范机制，及时发现、及时制止并从重处罚，提高信息披露违规的成本。加强行政执法与刑事司法的衔接，及时移送涉嫌犯罪的案件与线索，有效遏制重大违法行为。督促中介机构提高执业水平，对执业过程中未能勤勉尽责、甚至与上市公司等串通造假的中介机构，应加大处罚力度，起到对市场的警示作用。完善资本市场诚信监管制度，建立健全失信联合惩戒机制，发挥声誉约束机制对市场主体的引导作用。

（四）加强投资者权益保护，着力提高投资风险意识

当前我国资本市场中小投资者占比95%以上，资金体量小、专业知识

和判断能力较低，跟风投机现象较多。金融机构要依法依规履行投资者适当性制度，切实做好客户风险评级、投资风险披露、合同说明提示等工作，将合适的产品推介给合适的投资者。要充分发挥投资者保护机构作用，通过公益宣传、专业咨询、纠纷调解、诉讼支持等方式，助力投资者权益保障。证券监管机构、交易所及行业协会等要在投资者教育工作上形成立体联动的工作机制，提高投资者教育的辐射面和渗透力，推动投资者教育全面纳入国民教育体系，引导树立价值投资理念，提高风险识别和应对能力。

（五）完善体制机制，积极促进纠纷多元化解

深化证券期货纠纷多元化解机制，加大宣传力度，增进各方对多元化解机制的认识，提升调解的权威性。继续发挥行业协会和投资者保护机构的作用，推动建立全国性的专业调解组织，形成纠纷调解工作多元发展局面。优化“示范判决 + 专业调解 + 司法确认”程序，发展在线调解平台，进一步缩短索赔时间、降低维权成本，推动证券纠纷多元化解机制取得实效。

【实务研讨】

民法典担保制度的金融视角

——体系、理念、规范与应对

李志刚* 张静姝**

金融业以资金的投放与回收为主要交易模式。因投放与回收之间存在的时间差而产生的风险和不确定性，是金融交易必须面对和解决的重要问题。作为风控措施的担保，是减少和克服这种不确定性的重中之重。因此，与担保有关的法律规范，始终受到金融业的高度关注。

从担保法律规范的立法进程看，自1987年开始实施的民法通则伊始，历经1995年颁行担保法、最高人民法院2000年出台《最高人民法院关于适用〈中华人民共和国担保法〉若干问题的解释》（以下简称《担保法司法解释》），到2007年物权法的颁行，我国担保法律制度体系日趋完善。对担保法律制度的熟练运用，成为推动我国金融业健康有序发展的重要保障。但十三届全国人大第三次会议2020年5月28日通过的《中华人民共和国民法典》（以下简称民法典），对既有的担保法律制度进行了全新的整合、改造和修订，这意味着金融业者也将面临对担保法律制度的知识更新，有必要在精准把握民法典担保法律制度的基础上，予以积极应对。为此，本文以金融机构债权人的视角，围绕担保问题，从民法典制定的时代背景、民法典担保制度的体系重构、立法理念、新变化的应对等方面，作简要分析。

---

* 作者单位：中国法学会商法学研究会。

** 作者单位：哈尔滨铁路运输中级法院。

一、金融担保的新发展与新问题

传统民法语境下，最主要的担保形式是保证和抵押，担保品主要为不动产。随着社会经济的发展，动产和权利越来越多地被纳入担保品范围。近几十年来，中小企业的兴起与新经济的发展，对融资产生了更旺盛的需求。在扩大投资收益与维护投资安全的双重诉求之下，担保财产和担保交易模式也产生了一些新趋势。

一是担保财产的扩张。不仅静态的财产可以作为担保品，而且动态的财产也成为担保品，典型的如供应链融资；不仅现有的财产和权利可以作为担保品，而且尚未存在的财产和权利也可以作为担保品，比如未来应收账款融资。甚至可以说，所有有财产价值、可流通的物或者权利，都可能被纳入担保品的范围。

二是担保形式的创新。不仅传统的保证、抵押、质押等法定担保方式得到普遍使用，而且差额补足、股权让与担保等新类型担保方式也越来越多地被运用到金融交易当中。虽然传统担保理论认为担保合同具有从属性，但商事交易中的独立担保，也越来越多地出现。

三是权利冲突的加剧。物尽其用，在法律上体现为物的权利的堆叠。这种堆叠，既包括同一权利类型的堆叠，如登记顺序不同的多个抵押权，也可能存在多个性质不同的权利。比如，一个房屋之上，可能同时并存所有权、抵押权、租赁权、租金质权以及建筑工程款的优先权；一个动产之上，则可能同时存在所有权、抵押权、质押权、浮动抵押权、融资租赁承租人的使用权与出租人的所有权；一个应收账款债权之上，可能同时存在应收账款质押、登记的应收账款受让人（保理人）、未登记已通知债务人的应收账款受让人。权利堆叠有利于对财产价值的多重利用，但多个权利主体在债务不能清偿时出现的权利竞争不可避免。

对金融机构债权人而言，担保交易实践的新发展，可谓危与机并存。所谓“机”，是指新趋势带来新的融资需求，新的发展提供了新的担保手段；所谓“危”，则是指同一担保财产之上，可能随时出现各种已知与未知的权利争夺者，加剧了实现权利的不确定性。化危为机，需要立法的制度设计。定分止争是法律的基本功能。金融担保交易的新发展，迫切需要担保法律制度的回应，有效缓解和防控金融交易的新风险。在我国进入社会主义市场经济新时代的历史背景下，作为经济社会生活的百科全书的民法典的起草和出台，为金融担保交易的法律制度完善，提供了良好的契机。与此同时，由于与金融担保有关的获得贷款及担保权利实现等因素一直是世界银行《营商环境报告》“合法权利保护力度指数”的重要指标，加之我国对营商环境排名的日趋重视，通过优化民法典的担保立法，也成为改善营商环境的法治举措。

二、民法典担保制度的体系重构

如果说民法典之前的担保法律制度，是在1987年的民法通则、1995年的担保法和2007年的物权法上层层叠加、逐步完善的话，那么，民法典最后一条即第一千二百六十条规定的“诸法（包括担保法、合同法、物权法在内的九部现行民事法）皆废”，则意味着民法典的担保制度设计是既有担保制度规范体系解构后的全新重构。在民法典的语境下，金融担保的“找法”过程，不能刻舟求剑，需要更好地熟悉和理解民法典对担保制度的体系性安排。

从担保制度的规范体系看，民法典将担保法集中规定的保证、抵押、质押、留置和定金五种担保方式打散，重新安排到了民法典的物权编、合同编。其中，保证被放在了合同编典型合同分编的保证合同章；抵押、质押、留置被分别放在了物权编担保物权分编的抵押权章、质权章和留置权章；而定金，则被作为违约责任承担的一种形式，放到了合同编通则分编的违约责任章。原有的一体化担保法立法模式成为历史。按照不同担保类型，在民法典的全新体系中重新解读具体的担保法律规范，才能更好地理解立法本意。

三、民法典担保制度的理念选择

民法典担保制度不仅在立法形式上进行了体系重构，在立法理念的选择上，也体现出诸多特质，并将对金融担保实践产生重要影响。这些理念选择集中表现为三个方面。

一是在私法自治与国家强制的关系上，选择了有保留的自治。比如，在担保合同的从属性上，担保法第五条允许当事人就担保合同的从属性作出约定，而民法典第三百八十八条、第六百八十二条均强调，无论是物权担保合同还是保证合同，都是从合同；只有法律另有规定的，其从合同的效力才可能独立于主合同。又如，担保法第四十条、第六十六条及物权法

第一百八十六条、第二百一十一条均规定了流质条款无效规则，即抵押权或质权人在债务履行期届满前，不得与抵押人或质押人约定债务人不履行到期债务时抵押或质押财产归债权人所有。但在金融交易实践中，此种约定通过以物抵债、回购等合同约定的方式，广泛存在。由此，形成了立法上的确定无效与金融交易中的意思自治的紧张关系。民法典第四百零一条、第四百二十八条则将不得约定归债权人所有修改为只能依法就抵押或质押财产优先受偿，在保障担保物权有效的同时，通过设定法定的清算义务，防止结果的不公，缓和了绝对无效与完全自治之间的紧张关系。

二是在交易效率与融资安全的关系上，选择了效率优先。担保财产对于债权安全的保障与担保财产的自由流转，二者之间必然存在矛盾。在抵押财产的转让问题上，担保法第四十九条规定的是需通知抵押权人并告知受让人财产抵押的情况，物权法第一百九十一条则规定，未经抵押权人同意不得转让，除非抵押权人同意转让或者受让人代为清偿债务消灭抵押权。对于金融债权而言，这种立法保障是充分的。但民法典第四百零六条明确规定，抵押人可以转让抵押财产，除非当事人另有约定。虽然该条同时明确，抵押人转让时要通知抵押权人，但只有抵押权人证明转让可能损害抵押权才可请求提前清偿或者提存。虽然法条表述为"抵押权不受影响"，但事实上，抵押权人的维权难度将显著增大。在动产抵押领域，民法典第四百零四条将物权法第一百八十九条规定的浮动抵押不得对抗正常经营活动中已经支付合理价款并取得抵押财产的买受人，扩张到所有动产抵押，等于将抵押权人的权利劣后于动产交易中的买受人。这些制度设计，客观上是有利于作为担保品的财产的流转的，但对主要以抵押权人的身份出现的金融机构而言，必然产生较大冲击和不利影响，值得重点关注。值得庆幸的是，在租赁权与抵押权的关系处理上，民法典对抵押权人的保护有进步。物权法第一百九十条规定了先出租后抵押时，抵押不破租赁的规则，但实践中抵押人与出租人倒签租赁合同据以侵害抵押权人利益的情况，屡见不鲜。而民法典第四百零五条规定，要以已经出租且转移占有为前提，由此在保障物尽其用和权利有序顺位的前提下，大大降低了出租人和承租人倒签租赁合同以损害债权人利益的风险，值得赞赏。

三是在权利冲突和利益衡量上，选择了侧重保护担保人。比如，担保法第十九条规定，对保证方式没有约定或者约定不明，按连带责任保证处理。而民法典第六百八十六条则规定，对保证方式没有约定或者约定不明，按一般保证处理。因为一般保证有先诉抗辩权，所以，民法典规定的此种情况下的保证人的责任负担大大减轻。在保证期间长短的问题上，担保法及其司法解释规定，未约定保证期间的，为自主债务履行期届满之日起六个月，约定不明的为两年。而民法典将此两种情形统一规定为六个月。保证人的负担均比担保法的规定要轻。前述流质条款中的清算义务、允许带押转让，也体现出了对担保人利益保护的倾斜。由于抵押人多为实体企业或者自然人，而债权人、担保权人多为金融机构，因此，这种立法安排和利益选择，也体现出国家从立法上对实体经济的倾斜与保护，要求金融服务实体经济的宏观导向。

四、民法典担保制度的规范续造

民法典改变和创设了一些新的担保制度，将对金融机构和金融债权产生重要影响，值得重点关注。

一是以担保合同统领新类型担保，为担保合同的合法性提供了规范依据。民法典物权编担保物权分编中的第三百八十八条规定有关“担保合同包括抵押合同、质押合同和其他具有担保功能的合同”，采取了功能主义的定义，将融资租赁、保留所有权买卖、保理合同等新典型、非典型担保交易模式纳入担保合同范围，有效回应了金融担保形式创新的问题，为功能性担保与法定担保物权的权利顺位统一解决，奠定了制度基础。

二是统一了抵押权与质权并存时的清偿顺位。《担保法司法解释》第七十九条规定，同一财产法定登记的抵押权与质权并存时，抵押权优先于质权。民法典第四百一十五条则规定：同一财产既设立抵押权又设立质权的，按照登记、交付的时间先后确定清偿顺序。

三是统一规定了动产权属登记的对抗效力。比如，民法典第四百零三条统合了物权法第一百八十八条、第一百八十九条列举的各类动产，统一规定以动产抵押的，抵押权自抵押合同生效时设立；未经登记，不得对抗善意第三人。同时，通过民法典第六百四十一条、第七百四十五条，将保留所有权买卖、融资租赁中的所有权登记，规定为未登记不得对抗善意第三人，实现了动产权属登记效力的统一与顺位。

四是引入了被称为“超级优先权”的抵押物价款担保优先权。民法典第四百一十六条规定：“动产抵押担保的主债权是抵押物的价款，标的物交付后十日内办理抵押登记的，该抵押权人优先于抵押物买受人的其他担保物权人受偿，但是留置权人除外。”由此设立了优先于除留置权人外的其他担保物权人的超级优先权。这一制度在提升抵押人融资能力、融资增量的同时，也增加了既有担保物权人的权利竞争者，对金融机构而言，也是一个新的挑战。

五、金融担保交易的应对建议

对以存在时滞为主要特征的金融业而言，怎么强调担保的重要性都不为过。在时转世移、以民法典的担保法律制度出现重大调整的背景下，如何精准地理解、精细地适用担保法律规范，对于有效降低投资风险、维护金融交易安全，有着非常重要的现实意义。离民法典2021年1月1日起正式实施还有不到半年的时间。从金融机构（债权人）的角度来看，有必要从以下几个方面予以积极应对。

一是充分利用好意思自治的权利与边界，在法律允许的范围内，依法有效地通过合同约定，保障权利实现。比如，在担保合同的独立性上，只选择和接受法律有明确规定的独立担保，避免接受法律上并未规定与认可的独立担保。在涉及可能被认定为流押条款的合同中，尽可能明确地就担保物的清算与实现作出明确约定，而避免直接约定为标的物权属直接转移。在抵押合同中，事先通过特别约定，限制抵押物的转让，而避免因为事先未作合同约定，导致后续在诉讼中要通过证明转让将严重损害抵押权才能去阻却转让。

二是在尽调过程中充分关注功能主义的担保权利，尽可能减少担保物权属上的堆叠与冲突，避免给后续担保物权的实现带来诸多诉讼与阻遏。民法典虽然为动产权属的统一登记留下了接口，但短期内动产权属统一登记制度在立法上尚付阙如。如金融机构作为权利人，应当坚持“应登尽登”，在已有法定登记机关的登记平台作依法登记；如相应的法律规范尚未明确，但已经由有关国家机关指定的机构开始推行、并为相关行业所广泛认可的动产及权利权属登记平台（如中国人民银行征信中心的融资租赁交易登记平台、应收账款质押及转让登记平台），也应作必要登记，尽可能形成有效权利外观，减轻权属冲突风险。对于拟接受的担保品，则应当通过尽调尽可能发现其既有及潜在的权利负担，避免接受存在权利瑕疵的担保品，影响后续自身权利的实现。

三是密切关注担保人的财产流转与投后管理。金融机构即使有设定在先的担保物权，但因民法典第四百零四条规定的动产担保中的正常经营买受人规则、第四百一十六条规定的超级优先权规则，仍然可能劣后于此二类权利人。为减少担保人财产的减损，金融机构应当注意加强对担保人经营行为的了解与有效管控，并可通过违约责任设定等方式，有效减少其他权利人的产生和竞争。

四是通过清晰界定物权的堆叠与顺位，精准判断担保债权设定的顺位及余额。就不动产而言，民法典第四百一十四条规定："同一财产向两个以上债权人抵押的，拍卖、变卖抵押财产所得的价款依照下列规定清偿：（一）抵押权已经登记的，按照登记的时间先后确定清偿顺序……"删去了物权法第四百一十四条规定的后半句"顺序相同的，按照债权比例受偿"的规定。这是因为，在电子登记的条件下，登记的时点可以精确到每分每秒，即使同一天登记，也几乎不可能为同时同分同秒。针对此种情况的应对措施是，应明确具体的登记结果的顺位，而并非同日登记即可按照比例清偿。对动产而言，所有权登记、抵押权登记、质权登记，在动产统一登记制度及平台建立后，将在一个法定平台中显示登记时间，并据以明确权利顺位。如设定或接受该动产作为担保物，应当据此确定顺位及余额。

金融交易始终相伴着风险。担保的运用，是降低金融交易风险，在不确定性中寻找确定性的重要途径。民法典的出台，是我国的担保法律制度的重大变更，也将对金融担保交易产生重大影响。期待所有的金融机构都能通过对民法典担保制度的精准掌握，实现自身的健康发展和国家的金融安全与稳定。

股权融资抑或名股实债：公司融资合同的股债认定

——以农发公司诉通联公司股权转让纠纷案为例

陈　明*

内容摘要　随着金融与实体经济的深入融合发展，公司融资模式呈现更丰富的非典型样态。在我国成文法股债二分的语境下，公司融资合同的股债认定问题不乏争议，裁判规则也不统一。本文认为，法院在认定融资合同性质时应当以合同约定内容为基础，结合交易背景、目的、模式以及当事人权利义务、合同履行情况综合判断。在某些情况下不必拘泥于股债区分，可直接按照合同约定处理。对合同效力的认定应尊重当事人意思自治，严格按照合同法第五十二条规定，不轻易否定合同效力。

关键词　公司融资　股权转让　名股实债　股债融合

一、问题提出：从一例股权转让纠纷案谈起

通联公司系汉川公司的大股东。2015 年 9 月，农发公司与通联公司签订《投资协议》约定：农发公司以 1.87 亿元对汉川公司进行增资，投资期限 10 年，投资年收益率为 1.2%；投资期限内，如汉川公司关闭、解散、清算或破产，农发公司有权要求通联公司以不低于农发公司实缴出资额的价格收购股权；农发公司在汉川公司享有包括对公司重大事项进行表决在内的股东权利。后农发公司将 1.87 亿元增资款缴付至汉川公司。汉川公司在公司章程记载农发公司为股东并办理了工商登记。2017 年 10 月，汉川公司进入破产程序。2017 年 12 月，农发公司要求通联公司回购股权，

* 作者单位：最高人民法院民事审判第二庭。

通联公司未予回购。农发公司提起诉讼，要求通联公司依约回购农发公司持有的汉川公司全部股权并支付违约金。

一审法院认为：《投资协议》约定的固定收益性质为股权收益。协议内容已超出借款关系范围，故不属于借款合同。遂判决通联公司回购农发公司股权，支付股权回购款及违约金。①

通联公司不服一审判决，提起上诉。二审法院认为：第一，《投资协议》为股权投资协议。（1）农发公司通过增资方式向汉川公司提供资金符合国家政策，不违反公司法及行业监管规定。基金通过增资入股、逐年退出及回购机制对目标公司进行投资符合商业惯例，该交易模式不属于为规避监管所采取"名股实债"的借贷情形。（2）农发公司取得了股东资格并享有表决权，虽不直接参与日常经营，但仍通过审查、通知等方式在一定程度上参与管理，这也是基金作为财务投资者的正常操作，不能以此否定其股东身份。（3）协议中的固定收益、逐年退出及股权回购等条款，是股东之间及股东与目标公司之间就投资收益和风险分担所作的内部约定，不影响交易目的和投资模式。农发公司作为股东对外承担相应责任。（4）协议约定的固定收益仅为年1.2%，远低于一般借款利息，明显不属于通过借贷获取利息收益的情形。第二，《投资协议》有效。（1）该协议实质上是投资人为保护资金安全和降低风险，目标公司和其他股东为促成融资交易，对投资人的投资收益和安全提供保障，以回购方式自愿承担未来可能发生的潜在亏损，是当事人真实意思表示，且不违反法律、行政法规的禁止性规定。（2）协议签订及履行经过了充分完整的程序，当事人对交易目的、条款内容均知悉。（3）汉川公司及全体股东均从交易中获益。综上，二审法院维持了一审该项判项。②

成文法规定的股权与债权明确二分的模式，并不足以满足当事人对投资收益和风险的多样化安排，催生了许多新类型交易模式，给司法实践带来不少难题。譬如上述案例中，基金公司通过增资入股、逐年退出及回购机制等方式对目标公司进行投资，以股权回购、现金补偿、固定收益等条款在股东之间、股东与公司之间就投资收益作出约定，就此产生股权融资和名股实债的争议。其实质是公司融资中的股债认定问题，即公司融资行为是股权融资还是债权融资及其法律后果。该问题在司法实践中存在诸多

① 参见陕西省高级人民法院（2018）陕民初15号民事判决书。

② 参见最高人民法院（2019）最高法民终355号民事判决书。

判决和观点，有必要作出梳理分析。

二、股债之争的背景：股权和债权的界分与融合

公司融资交易中的“股债之争”之所以产生，是因为股权、债权在理论上的界分与在实践中的融合。

（一）股债界分及其法律意义

股权融资和债权融资是公司从资本市场获得资金的两种基本方式，分别以股或债为融资工具，投资人权益分别以股权和债权形式存在。公司债权融资典型方式主要包括公司债、中期票据、超短期融资券、银行贷款及民间借贷等，根据期限长短、利息高低、风险程度不同对应不同的权利义务。公司股权融资典型方式主要包括增资、股权转让、上市公司发行优先股以及域外资本市场存在的黄金股、双层股权结构、多种类类别股等，[①]依照法律和当事人意志对应不同的权利义务。投资人的身份分别是享有债权的债权人和享有股权的股东。股权与债权的区别主要在于：（1）股权是投资人对企业财产所享有的权利（最终分配时以净资产为基础），企业无须就基于股权安排而获得的资金偿还本金和支付利息；债权则是权利人基于资金使用权的让渡而对企业享有的请求返还本金与支付利息的权利。（2）股东比债权人承担更多公司失败的风险，在公司清算时，股东劣后于债权人参与公司财产分配。（3）债权主要是财产权利，原则上无投票权；股权则包含身份性权利，如投票权等。[②]（4）在资产负债表中，债权融资体现为负债，股权融资体现为所有者权益。

股权与债权主要由公司法、合同法、物权法、破产法等规制，具有不同的法律性质和法律后果。股债区分的主要意义在于解决股东与债权人的权利保护问题，如公司就股权采取红利分配、稀释请求权、资产置换可能损及债权优先性，如衡量公司的资产负债比、确定公司破产界限、衡量公司收入进而决定公司财产分配，[③]又如投资人在特定情况下的清偿顺位等。以公司破产清算为例，公司法第一百八十六条第二款规定了公司财产在清

① 参见缪若冰：《融资财务控制权对公司制度的挑战》，载《法学》2017年第11期。

② 参见许德凤：《公司融资语境下股与债的界分》，载《法学研究》2019年第2期。

③ 参见陈克：《公司融资中的股与债——商业理性与合同解释的双重视角》，载微信公众号“法与思”2019年7月19日。

偿公司债务后，方能在股东之间进行分配。投资行为如被认定为股权投资，则投资人作为股东在公司资不抵债时将无法收回投资款，如果被认定为借款，则其可以债权人身份参与分配、获得清偿。因为除有担保的债权之外，债权人无论是股东还是其他人，其债权仅具相对性，无排他效力，故以同等地位并存。[①] 当然，此时亦有股东债权劣后清偿规则的探讨余地，但其在我国尚无制定法依据，在此不再展开。[②]

（二）股债融合的交易实践

与理论上的股债区分相比，股权与债权在现代公司制度中不断互动、趋同，交易实践中普遍存在股债融合现象，集中体现在公司债的股份化与股份的债权化方面。[③] 有融资需求的公司和有投资需求的资本聚集在活跃的资本市场中，在追逐利润、厌恶风险与规避监管的多重驱动下，不断做出复杂多样、突破传统的金融创新。如夹层融资、类别股、分级基金、结构性资管计划、资产收益权产品、可转换票据、协议控制、"名股实债"等，不一而足。这些介于股债之间的融资安排同时在不同程度上具备两者的特性，难以界定。

虽然在大陆法系公司法的法理与逻辑下，股权与债权的区别明显，但二者并非相互割裂的孤立存在，也没有泾渭分明的界限。事实上，股权与债权关系密切、水乳交融，并且可以相互转化和交叉。例如，我国《上市公司证券发行管理办法》第21条至第24条详细规定的"可转换债券"制度体现了债权向股权的转换，《国务院关于开展优先股试点的指导意见》《优先股试点管理办法》及上海和深圳证券交易所业务规则规定的"可赎回优先股"体现了股权向债权的转换。又如，《日本公司法》第2条第1款第22项规定了附带新股预约权的公司债。[④] 在英美法系的语境下，二者更是共性大于差异。有观点认为，股票与债券无非是不同的公司融资方式，其法律性质并无太大差异，区别只是在于风险、收益和成本的不同。[⑤]

---

① 参见王泽鉴：《债法原理》，中国政法大学出版社2001年版，第10页。

② 参见陈克：《论股东债权劣后清偿规则》，载《法律适用》2018年第5期。

③ 参见刘俊海：《现代公司法》，法律出版社2015年版，第286～287页。

④ ［日］近藤光男：《最新日本公司法》，梁爽译，法律出版社2015年版，第389页。

⑤ See Morey W. McDaniel, *Bondholder and Equityholder*, Journal of Corporation Law, Vol. 14, 1988, p. 211. 转引自李安安：《股债融合论：公司法贯通式改革的一个解释框架》，载《环球法律评论》2019年第4期。

在资本市场高度发达的美国，很早便对股权本身进行了改革创新。早在1971年的Stron v. Blackhawl Holding Corp. 案中，法院认为股权中的管理和控制权利，与资产分配、盈余分配的权利可以分离，它们并不必然完整和对称。[①] 通过对股权特性的分离和“组装定制”，可以设计出多种具有不同程度债属性的股，为投资者提供多种选择。

（三）股债融合背景下的股债认定

由上可知，股权和债权在理论上具有联系和共性，在实践中产生了兼具股债特征的融资模式。商事主体在设计交易模式时为了同时享有股权的高收益和债权的低风险而追求模糊股债界限，在纠纷发生时为了减少损失而抛弃对自身不利的股权或债权责任而追求界限分明。对裁判者而言，一方面，法律应当尊重股债杂糅的交易安排，[②] 公司融资合同是商事主体的博弈和选择，因而不必拘泥于股债区分和理论推导，应聚焦当事人在商业语境下的意思和约定，根据合同确定权利义务。另一方面，在我国股债二元的法律框架内，股权和债权分别有其基于公司法、合同法、破产法等调整下的法律后果，当事人亦借助股债性质提出主张或抗辩以实现交易冲突中的利益最大化，再加上对名股实债的行业监管因素，因此在许多个案中往往必须作出股债区分的认定。

与法律上重形式轻实质相比，在重实质轻形式的财会领域已打破了原有的股债二分法，在会计处理上将此类金融工具分类为金融资产、金融负债或权益工具。[③] 事实上，在融资光谱（光谱两端分别是债和股）中存在无数种融资模式，其位置越接近债端，债权属性越强；越接近股端，股权属性越强。我们无法简单通过概念界定两者，也很难抽象出典型模式为之设定单一标准。

---

① 沈朝晖：《公司类别股的立法规则及修法建议——以类别股股东权的法律保护机制为中心》，载《证券法苑》2011年第2期。

② See Paul Davies, Introduction to Company Law, 2nd ed., Oxford University Press, 2010, Chapter 9（Fn. 9）. 转引自许德风：《公司融资语境下股与债的界分》，载《法学研究》2019年第2期。

③ 详见财政部《金融负债与权益工具的区分及相关会计处理规定》第二条：“企业应当按照金融工具准则的规定，根据所发行金融工具的合同条款及其所反映的经济实质而非仅以法律形式，结合金融资产、金融负债和权益工具的定义，在初始确认时将该金融工具或其组成部分分类为金融资产、金融负债或权益工具。”转引自缪若冰：《融资财务控制权对公司制度的挑战》，载《法学》2017年第11期。

三、名股实债：非典型合同的性质

股权融资纠纷中的一种常见交易模式是：投资人通过增资或受让股权将资金投入目标公司并取得公司股权，约定在一定期限内或条件下，由目标公司或目标公司股东回购投资人的股权，或对投资人提供资金补偿。这类融资合同很多时候是非典型合同，将法定的股东出资义务、约定的投资收益回报、回购或对赌条款以及增信措施杂糅在一起，在契约法与组织法的交织地带构筑了一个游离于法律边缘的模糊存在。① 其被认为投资人不承担经营风险、享有固定收益，实践中也确有用于纯借贷交易的情形，故而产生是否属于名股实债的争议。

（一）名股实债的概念

名股实债不是严格的法律概念，名股实债类合同也不是合同法中规定的有名合同，我国目前尚无对其明确定性的法律规定。金融监管领域则对其有过较多诠释，② 其中《证券期货经营机构私募资产管理计划备案管理规范第 4 号——私募资产管理计划投资房地产开发企业、项目》提出："名股实债，是指投资回报不与被投资企业的经营业绩挂钩，不是根据企业的投资收益或亏损进行分配，而是向投资者提供保本保收益承诺，根据约定定期向投资者支付固定收益，并在满足特定条件后由被投资企业赎回股权或者偿还本息的投资方式，常见形式包括回购、第三方收购、对赌、定期分红等。"上述内容更像描述而非定义。虽然名股实债常常表现为上述融资形式，但事实上千变万化的交易实践并不必然都是名股实债。

（二）名股实债的性质认定

"名股实债"的提法基于股债两分、非此即彼的二元论。名股实债类合同作为非典型合同，所谓名股实债的认定是指某种股权融资模式在法律

---

① 李安安：《股债融合论：公司法贯通式改革的一个解释框架》，载《环球法律评论》2019年第4期。

② 银监会2008年将其定义为附加回购条款的股权型投资，2017年《G06 理财业务月度统计表》的定义为："投资方在将资金以股权投资方式停止投资之前，与资金需求方签署一个股权回购协议，双方约定在规定期间内，由资金的使用方答允依照必然的溢价比例，全额将权益投资者持有的股权全部回购的构造性股权融资安排。"参见王晶晶、胡丽萍：《对我国明股实债税务争议的探讨》，载《财会月刊》2018年第19期。

上是否应认定为债权融资的问题。以回购为例，投资人通过增资扩股取得目标公司股权并约定其他股东在一定条件下以一定价格回购股权，属于股权融资还是债权融资？对此有四种观点：第一种观点是股权说，认为投资人取得目标公司股权并已登记为股东，故系股权融资。第二种观点是债权说，认为投资人目的不是取得股权，而是获取固定收益，当事人真实意思为借款，系债权融资。第三种观点是内外区分说，即应区分公司与股东之间的内部关系以及公司与债权人之间的外部关系：对内而言，投资人的目的是获取固定收益，其是公司债权人；对外，即对公司债权人而言，投资人为股东。第四种观点是个案认定说，即应根据当事人交易目的、权利义务等因素分别认定。投资人目的在于取得目标公司股权，且享有公司经营管理权的，是股权投资；投资人目的并非取得股权，而仅是获取固定收益，且不享有公司经营管理权的，是债权投资。①

笔者认为，总体赞同个案认定说，但应当结合内外部关系确定。名股实债本身不是严谨的法律概念，而是对一类交易现象的描述，其并无绝对一致的交易模式，需根据案件具体情况结合当事人目的、权利义务等因素综合认定。同时也应注意内外部关系的区分，在不同的法律关系中，其性质认定有不同的法律意义。

（三）司法实践中的不同判决

在以股权转让及回购为主要框架的交易纠纷中，对于公司融资合同性质的股债认定，存在三种裁判结果。一是认定为股权的判决。在备受关注的新华信托与港城置业破产债权确认纠纷案②中，法院认为该案是港城置业破产清算案中衍生的诉讼，处理结果涉及港城置业所有债权人的利益，故适用外观主义原则，认定新华信托不享有债权，从内外部关系角度否定了借款性质。该判例体现了内外区分说对公司债权人利益的考量。在联大集团与安徽高速案③中，法院认为融资不能仅理解为借款融资，也存在以其他形式融资的可能，股权转让、回购等资本运作形式已成为企业间常见的融资方式。该判例尊重了当事人的商业安排。二是认定为债权的判决。

---

① 参见贺小荣主编：《最高人民法院民事审判第二庭法官会议纪要》，人民法院出版社2018年版，第62～64页。

② 参见浙江省湖州市吴兴区人民法院（2016）浙0502民初1671号民事判决书。

③ 参见最高人民法院（2013）民二终字第33号民事判决书。

在新华信托与强人公司案①中，法院认为应根据合同实际内容而非名称来判断交易性质，合同约定了融资期内的综合融资利率、本金偿还和利息支付等，实属借款。在新华信托与江峰公司案②中，法院根据双方往来文件、意思表示，过低的股权转让对价和办理担保等事实认定双方为债权债务关系。在上述判例中法院坚持了对交易实质的判断。三是未作股债性质区分的判决。有的判决并不拘泥于股债区分，而是以当事人是否应承担支付回购款的责任为争议焦点，并根据合同约定和履行情况作出裁判，如新华信托与时光公司案③、东阳建筑与纯高投资案④。这种处理灵活而务实，若不存在无效情形、不涉及第三人利益，可以不聚焦于合同性质，直接根据合同约定处理。

笔者认为，上述不同的裁判结果充分诠释了个案认定说，体现了公司融资模式的多样性和复杂性。商事主体为满足不同交易需求和应对未来的不确定性所设计出的融资协议，很多情况下是非典型合同。我国合同法系以传统即时买卖为立法模型，是基于信息对称的、无不确定性的纯粹的完美古典合同，系完全理性环境下的均衡合同，⑤因此许多时候面对公司融资协议难免捉襟见肘。法律永远滞后于金融创新，个案认定说意味着对名股实债交易纠纷没有统一的判断标准和适用条款。总体而言，裁判者不必执着于将融资协议归类于某种有名合同，也不必局限在二元论的“名实”思路中，而应坚持关注交易本质，重视合同背后的商业安排，以此判断股债属性。在股债性质不影响效力判断和第三人利益时，可以不作股债判断，直接按照合同约定处理。

四、名股实债的效力认定

名股实债类的交易模式作为当事人意思自治的产物，在融资合同不存在法定无效事由的情况下，应认定为有效。影响此类合同效力的原因主要有以下几个方面。

---

① 参见重庆市高级人民法院（2014）渝高法民初字第00045号民事判决书。

② 参见重庆市高级人民法院（2014）渝高法民初字第00010号民事判决书。

③ 参见最高人民法院（2014）民二终字第261号民事判决书。

④ 参见上海市第二中级人民法院（2017）沪02民终10491号民事判决书。

⑤ 参见［美］博尔顿等：《合同理论》，费方域等译，格致出版社等2008年版，第2～3页。

（一）违反市场准入与特许经营的规定

《最高人民法院关于审理民间借贷案件适用法律若干问题的规定》施行后，企业间为生产经营需要签订的借贷合同不再被认定为无效，故融资合同被认定为借款性质一般不会导致无效。需要注意的是，《最高人民法院关于适用〈中华人民共和国合同法〉若干问题的解释（一）》第十条规定当事人超越经营范围订立合同，违反国家限制经营、特许经营以及法律、行政法规禁止性经营规定的无效。因为金融是特许经营行业，故未取得贷款业务资格的金融机构从事的放贷行为无效。①《全国法院民商事审判工作会议纪要》第53条就有关职业放贷人问题作了规定，明确了未取得放贷资格的职业放贷行为无效。② 根据该规定，单次放贷行为不构成无效，但以放贷为常业的，应认定为无效。

（二）违反金融监管规章

《中国银监会办公厅关于加强信托公司房地产、证券业务监管有关问题的通知》第一条③、《中国保监会关于保险资金设立股权投资计划有关事项的通知》第三条④以及《政府和社会资本合作项目财政管理暂行办法》第三十五条第三款⑤均对名股实债类交易作出了禁止性规定。首先，上述规定目的是限制资金进入特定行业或领域以及对特殊主体的风险控制，不是监管部门对名股实债交易模式的否定。如果信托公司以名股实债方式投资科技公司、制造行业等并不被禁止。如果政府和社会资本合作（PPP）

① 参见贺小荣主编：《最高人民法院民事审判第二庭法官会议纪要》，人民法院出版社2018年版，第69页。

② 《全国法院民商事审判工作会议纪要》第53条规定："未依法取得放贷资格的以民间借贷为业的法人，以及以民间借贷为业的非法人组织或者自然人从事的民间借贷行为，应当依法认定无效。同一出借人在一定期间内多次反复从事有偿民间借贷行为的，一般可以认定为是职业放贷人。"

③ 《中国银监会办公厅关于加强信托公司房地产、证券业务监管有关问题的通知》第一条第一款规定："……严禁以投资附加回购承诺、商品房预售回购等方式间接发放房地产贷款。……"

④ 《中国保监会关于保险资金设立股权投资计划有关事项的通知》第三条规定："股权投资计划……不得采取以下方式承诺保障本金和投资收益：（一）设置明确的预期回报，且每年定期向投资人支付固定投资回报；（二）约定到期、强制性由被投资企业或关联第三方赎回投资本金……"

⑤ 《政府和社会资本合作项目财政管理暂行办法》第三十五条第三款规定："政府与社会资本合资设立项目公司的，……不得在股东协议中约定由政府股东或政府指定的其他机构对社会资本方股东的股权进行回购安排。"

项目中由其他主体承担回购义务，则也不被禁止。其次，即使违反上述规定，也不一定必然导致合同无效。一方面，要坚持对合同效力的判断依据是法律和行政法规，监管规定不能作为否定合同效力的法律依据。另一方面，金融安全是国家安全的重要组成部分，关系公共利益，违反监管规定可能会因为损害公共利益进而依据合同法第五十二条第四项被认定无效。在杨金国与林金坤委托投资协议纠纷案①和伟杰投资与天策实业、君康人寿营业信托纠纷案②中，法院认为违反监管规定的案涉协议在实质上危及金融秩序、社会稳定、非特定投资人利益，直接损害公共利益，因而无效。但《全国法院民商事审判工作会议纪要》第31条特别强调裁判者选择该路径认定合同无效必须极为慎重，并且必须充分阐明理由。③ 因此，对此类违反规章的合同，仍然要区分一般与例外的关系，非常审慎地考量是否需要通过合同无效的方式予以规制，因为规章自有其执法机关和处罚方式。如果必须要通过以合同无效的方式来予以规制，也务必要通过严谨的裁判文书说理，论证个案情形构成违反公序良俗的详细理由，而不能直接以违反金融规章为由，就直接认定无效。

（三）违反公司法上的法定资本制度

融资协议中的回购条款如约定由公司回购股权，可能会因违反公司资本维持原则、损害公司债权人利益而被认定无效。从资本维持角度看，公司法第一百四十二条规定公司不得收购本公司股份，同时规定了例外情形。公司回购股份只要属于例外情形之一的，就是有效的；反之，不属于例外情形的，公司回购才可能因为违反法律的强制性规定而无效。④ 从保护公司债权人利益角度看，在苏州海富公司与甘肃世恒公司增资纠纷案⑤中，法院认为对赌无效的理由是对赌条款“使投资人的收益脱离了公司的

---

① 参见最高人民法院（2017）最高法民申2454号民事判决书。

② 参见最高人民法院（2017）最高法民终529号民事判决书。

③ 《全国法院民商事审判工作会议纪要》第31条规定：“违反规章一般情况下不影响合同效力，但该规章的内容涉及金融安全、市场秩序、国家宏观政策等公序良俗的，应当认定合同无效。人民法院在认定规章是否涉及公序良俗时，要在考察规范对象基础上，兼顾监管强度、交易安全保护以及社会影响等方面进行慎重考量，并在裁判文书中进行充分说理。”

④ 参见贺小荣主编：《最高人民法院民事审判第二庭法官会议纪要》，人民法院出版社2018年版，第71页。

⑤ 参见《最高人民法院公报》2014年第8期，案号（2012）民提字第11号。

经营业绩，损害了公司利益和公司债权人的利益”[①]。虽然该案涉及的是补偿条款而非回购条款，但作为国内常见的对赌方式，无论是补偿还是回购，都面临是否损害公司债权人利益的判断。这种判断在江苏华工公司与扬州机床公司请求公司收购股份纠纷案[②]中被进一步细化，法院认为参考投资者在目标公司所占股权比例和目标公司历年分红情况，股份回购不会导致目标公司资产减损，不会损害目标公司对其他债权人的清偿能力，回购条款有效。可见，公司回购股权并非必然损害债权人利益而无效，需进行个案识别。

就与目标公司“对赌”的协议效力问题，《全国法院民商事审判工作会议纪要》第5条作出了进一步的规定，明确了合同有效的基本态度，并将审查重点从合同条款转移到合同履行环节。[③] 该条规定体现了两个原则：一是严格限缩无效情形，二是公司法的规定在公司法语境下解决，可以通过合同履行问题解决，而不是必然导致合同无效。

五、公司融资合同性质和效力裁判原则

经过对股债融合和名股实债的分析，我们可以提炼出审理公司融资合同纠纷的裁判思路和原则。

（一）尊重意思自治，合同解释优先于法律适用

公司融资合同是典型的商事合同，投融资各方作为平等商事主体，需求多元，交易形态多样，且对交易有丰富的经验，故需要法律特别保护的

---

① 参见罗东川、杨兴业：《对赌协议纠纷的法律规制即裁判规则》，载《人民司法·案例》2014年第10期，转引自李志刚主编：《民商审判前沿：争议、法理与实务——“民商法沙龙”微信群讨论实录》第一辑，人民法院出版社2019年版，第488页。

② 参见江苏省高级人民法院（2016）苏民再62号民事判决书。

③ 《全国法院民商事审判工作会议纪要》第5条规定：“投资方与目标公司订立的‘对赌协议’在不存在法定无效事由的情况下，目标公司仅以存在股权回购或者金钱补偿约定为由，主张‘对赌协议’无效的，人民法院不予支持，但投资方主张实际履行的，人民法院应当审查是否符合公司法关于‘股东不得抽逃出资’及股份回购的强制性规定，判决是否支持其诉讼请求。投资方请求目标公司回购股权的，人民法院应当依据《公司法》第35条关于‘股东不得抽逃出资’或者第142条关于股份回购的强制性规定进行审查。经审查，目标公司未完成减资程序的，人民法院应当驳回其诉讼请求。投资方请求目标公司承担金钱补偿义务的，人民法院应当依据《公司法》第35条关于‘股东不得抽逃出资’和第166条关于利润分配的强制性规定进行审查。经审查，目标公司没有利润或者虽有利润但不足以补偿投资方的，人民法院应当驳回或者部分支持其诉讼请求。今后目标公司有利润时，投资方还可以依据该事实另行提起诉讼。”

程度较低。[①] 应充分认识商事交易的灵活多样性，尊重商事主体的融资安排和利益选择，查明交易本质、正确解释合同。

有观点指出，名股实债类协议具有不完全合同属性，对合同解释的需求强于其他类合同，对此类不完全合同的司法裁判应当遵循合同解释优先于法律适用的原则。[②] 笔者认同这一观点，解释合同是探求当事人真意的过程，属于查明事实，而适用法律则涉及价值判断，价值判断应在查明事实的基础上进行。应避免对融资合同先入为主地产生“名为……实为……”的思维定式，进而适用某类法律进行性质和效力判断。

（二）综合考虑多方面因素

对待公司融资合同需秉持轻形式、重实质的态度，遵循合同本身解释当事人合意。有时合同内容存在模糊、歧义或名实不符，难以认定，当事人在事后又都采取对自己有利的解释，此时更要求裁判者作彻底思考，依当时情境可以理解的意义来掌握当事人在合同中确定的合意。[③] 这需要商事法官将交易过程中的更多因素纳入考虑范围，在合同文本的基础上，结合融资背景、目的、模式以及当事人权利义务、合同履行情况综合判断。包括但不限于以下几个方面：

第一，融资期限与回报。股权投资的期限通常有三到五年甚至更长，或者以上市、破产、达到某种业绩等不确定事项为限；而借款协议往往约定一到两年甚至几个月的固定期限。本文前述农发公司诉通联公司案中，法院考虑到每年1.2%的回报率对借贷利息而言过低。第二，股权转让或增资价格是否符合交易目的和商业习惯。当融资金额过高、过低或与股权价值无直接关系时，表明股权转让或增资很可能并非当事人真实意思。第三，是否存在主债权或存在其他担保。有些名股实债的交易中，如果还存在借款合同，则股权转让或增资扩股行为很可能只是一种担保；有时融资方会向投资方提供一定的担保作为增信措施，签订其他担保合同。当然，在仅有一份股权转让或增资扩股协议时，也有可能是股权让与担保借款，

---

① ［德］卡纳里斯：《德国商法》，杨继译，法律出版社2006年版，第9页。

② 参见陈克：《公司融资中的股与债——商业理性与合同解释的双重视角》，载微信公众号“法与思”2019年7月19日。

③ 参见［德］卡尔·拉伦茨：《法学方法论》，陈爱娥译，商务印书馆2003年版，第178～179页。

不能一概而论。第四，是否办理了工商登记。工商登记对于股权虽非设权效力，但具有公示公信效力，在涉及外部关系的案件中，需考虑登记股东对外承担的责任风险以及相对人的信赖利益。第五，是否实际行使股东权利、参与公司经营。投资方如果能够行使股东权利，参与公司经营管理，如委派董事、高管，进行投票、决策等，一般可认定为股权。但这并非绝对标准，如财务投资者并不参与公司经营管理，优先股股东无表决权，我们却不能因此否定其股东身份，将其对公司的权益视为债权。又如在美国法上涉及股（合伙）与债（借款）认定的典型案例 Martin v. Peyton 中[①]，法院认为，债权人目的仍是促使债务人归还本金与利息，而拥有知情权、检视权乃至限制债务人过度投机的否决权等，亦不足以说明债权人实质性地取得了控制债务人的地位（故不足以使其成为合伙人）。第六，交易主体及行业情况。基金公司、投资公司等专业财务投资者，其回购或补偿条款作为退出机制系常规操作，一般认为是股权投资。类似条款在地产、金融等管制行业，则可能落入监管规定的射程范围被识别为名股实债。融资方的类型和行业、经营状况也可能影响融资方式偏好，有助于探寻当事人真意。

（三）运用整体思维考察交易动机与合同安排

必须全面解读融资交易合同中的信息，防止仅通过局部解释而产生以偏概全的弊端，最终扭曲融资各方的真意。[②] 应把资金投入、履行合同、资金返还三个环节整体考察，判断交易链条中当事人利益是否公平、合法。不能只截取产生争议的资金返还环节，孤立审查该返还责任是否损害公司或其他主体利益。比如最高人民法院在瀚霖案[③]中就运用整体思维，将“受让增资扩股后的股权”“如未上市，则股东回购股权”“目标公司对回购提供担保”三个环节视为一个整体交易模式，进而认定瀚霖公司为股权回购提供担保有效，理由是投资款全部投入公司，该担保行为有利于公司自身经营发展，并未损害公司及股东利益。而不是将公司担保行为单

① See 158 N. E. 77, 79 (N. Y. 1927); Stephen M. Bainbridge, Agency, Partnerships & LLCs, Foundation Press, 2004, p. 104 – 110; J. Dennis Hynes, Lender Liability, 58 Tenn. L. Rev. 635 (1991). 转引自许德风:《公司融资语境下股与债的界分》, 载《法学研究》2019 年第 2 期。

② 参见陈克:《公司融资中的股与债——商业理性与合同解释的双重视角》, 载微信公众号“法与思”2019 年 7 月 19 日。

③ 参见最高人民法院（2016）最高法民再 128 号民事判决书。

独割裂出来，认定其违反公司法第十六条、损害公司及股东利益而无效。

（四）清晰区分内部关系与外部关系

《全国法院民商事审判工作会议纪要》指出，要依法协调好公司债权人、股东、公司等各种利益主体之间的关系，处理好公司外部与内部的关系。一般而言，仅涉及股东内部之间关系的根据合同约定处理即可，涉及公司和债权人利益的则需考虑外部关系的影响。注意不能机械地认为只要存在其他债权人就一定适用外观主义而认定为股权融资，还应考虑是否存在合理信赖权利外观或意思表示外观的交易行为；也不能机械认为公司承担回购或补偿义务就必然损害债权人利益，还应考虑公司履行义务是否减损公司资产、降低偿债能力，资产是否足以清偿其他债务等。

（五）准确把握监管规定对合同效力的影响

在效力认定上，应解决好公司自治与司法介入的关系。严格按照合同法第五十二条的规定依法认定合同无效情形，不轻易否定合同效力。民法总则第一百五十三条所涉法规到底是解释为强制规定还是任意性规范更应审慎判断。①

通过对合同法第五十二条的恪守与解释，司法机关逐渐形成了相对独立稳定的合同效力判断标准，为商事创新提供了保护。近年来，在金融风险积累和强监管趋势背景下，越来越强调司法裁判导向与行政监管目标的协调统一。《最高人民法院关于进一步加强金融审判工作的若干意见》对规避监管套利、新类型担保、国企贷款通道业务、地方政府融资等行为效力作了论述和要求；最高人民法院在其下发的《关于为设立科创板并试点注册制改革提供司法保障的若干意见》中则直接规定可以参照适用相关业务规则。② 在认定合同效力时必须对监管规定予以重视和尊重，同时也要准确把握其与交易自由之间的界限，不可从一个极端走向另一个极端。违反监管规定的行为是否属于合同法第五十二条第四项和民法总则第一百五

① 参见李适时主编：《中华人民共和国民法总则释义》，法律出版社2017年版，第479～482页。

② 《关于为设立科创板并试点注册制改革提供司法保障的若干意见》第四条规定："对于证券交易所经法定程序制定的科创板发行、上市、持续监管等业务规则，只要不具有违反法律法规强制性规定情形，人民法院在审理案件时可以依法参照适用。"

十三条规定的损害社会公共利益、违背公序良俗，仍然是一个值得慎重研究的重要问题。

六、结语

随着金融与实体经济的深入融合发展，公司融资中出现的金融创新、融资模式将呈现更丰富的非典型样态，这是商事活动的必然趋势，对我国的民商事立法、司法都提出了更多、更新的需求。在立法、金融监管层面，应当体现必要的开放性和包容度，回应这种需求。在司法层面，裁判者在处理公司融资合同争议时，应充分尊重当事人的约定，查明交易前后的相关事实，通过合同条款和真实意思确定交易本质，审慎认定合同效力，依法准确界定当事人之间的权利义务关系，促进投资、保障交易安全，为维护国家金融稳定和良性发展保驾护航，为市场经济创新和良好营商环境提供司法支持。

【学术专论】

民法典人格权编中动态系统论的采纳与运用

王利明[*]

内容摘要 动态系统论通过规定法律规范中的不同因素和各因素的强度差异，突破了构成要件系统“全有全无”的不足，成为法律发展的新趋势。人格权编基于人格权保护中的位阶差异、利益冲突频发、保护程度差异、救济方式差异等原因，区分物质性人格权与其他人格权，对后者的民事责任确立采用动态系统论，考量行为人和受害人的职业、影响范围、过错程度、行为目的、行为方式、行为后果等因素，按法定顺序排列其权重。对人格权编中的“合理”“正当”“必要”等的解释，也需要借助动态系统考量。在人格权侵害的责任成立判断中，应根据法定因素及其顺序，通过因素间的互动综合考量，摒弃全有全无的责任成立。在责任形式、赔偿范围确定中，也应运用动态系统论。动态系统论还有增强法官论证义务、推动案例类型化整理的作用。

关键词 民法典 人格权编 人格权 动态系统论

动态系统论最早由奥地利学者维尔伯格（Walter Wilburg）于20世纪40年代提出，经日本学者山本敬三等人的介绍与传播，已经为我国法学界所熟知，并在全世界的范围产生了重要的影响。《欧洲侵权法原则》（PETL）和《欧洲示范民法典草案》（DCFR）均采纳这一学说，使得该学说的影响力进一步提升。在我国民法典的编纂中，人格权编也在总结这些经验的基础上，对动态系统论进行了大胆的吸收与借鉴。人格权编中的多

* 作者单位：中国人民大学。

个条文均体现了动态系统论的思想，这也成为人格权编的重要特色之一。有鉴于此，本文拟以民法典人格权编规定入手，探讨动态系统论的价值，并希望对今后的法律适用有所助益。

一、人格权编采纳动态系统论的重要意义

维尔伯格在比较法的基础上提出了动态系统论的思想，其基本观点是：调整特定领域法律关系的法律规范包含者多构成因素，但在具体的法律关系中，相应规范所需因素的数量和强度有所不同。也就是说，调整各个具体关系的规范因素是一个动态的系统。因此，应当在具体法律关系中通过对动态的因素考量认定责任。“动态系统提供了一个替代方案：通过明确规定法官裁判时应当考量的各种重要因素，立法者可以达到非常具体化的规定目的，能够决定性地限制法官的自由裁量空间，并且也使得法官自由裁量具有可预见性，而同时又有所控制地兼顾了生活事实的多样性。”

动态系统论与传统的构成要件论的最大区别在于，构成要件论秉持“全有全无”的原则，认为构成要件是法律后果的必要且充分条件，当要件全部满足时，结论一定发生；当条件有一个不能满足时，结论就不会发生。就侵权责任构成要件而言，如果将其构成要件确定为过错、损害、行为的违法性、因果关系，只有在这些构成要件全部满足时，责任才能成立。而动态系统论则与此不同，表现在：一是动态系统论强调各因素的作用。动态系统论认为，在判断责任时，应当对所有的构成要件发挥的不同作用进行评价，针对影响因素的不同程度，来综合考量认定责任。这实际上是一种在量上分层的认定方法。二是动态系统论强调各因素排列上的位阶，引导法官考量这些因素是否满足。但在个案中，并不要求每一个因素满足到特定程度，甚至不要求一定具备全部因素，而是要求考量不同的因素，确定这些因素满足到什么程度，根据案件的具体情况对各个因素进行综合考量。因素与效果之间的关系不再是“全有全无”，而是“或多或少”。三是强调各因素之间的“互补”。动态体系论的“动态”特征，是指法律规范或者法律效果由“与因素的数量和强度相对应的协动作用”来确定。这里所说的“协动”是指因素之间具有互补性。在维尔伯格看来，因素不再像要件一样处于固定的状态，而是作为变量处于动态的考量之中。如 A 因素获得了较高程度的满足，那么虽然 B 因素的满足程度较低，但在法官的综合考量下，可能发生因素间的互补。这些因素具有“相互比

较”的个性。正如维尔伯格所指出，“如果一个因素以一种特殊强烈的方式出现，就可充分满足认定存在责任的要求。”由此可见，动态系统论试图通过抽取一些因素或因子，引导法官考虑该因素或因子的权重，在个案中通过判断不同变量的强弱效果，并结合因素之间的互补性，最终得出案件裁判的结论。相较于构成要件系统而言，动态系统论考虑的因素更为宽泛，更具有灵活性与开放性，从而可以适应复杂情况下的公正需要。

虽然理论界对于动态系统论的评价不一而足，有学者也指出了动态系统论的作用不应被高估。且从比较法上来看，民法典中采纳该理论并不多见。但一些示范法则明确采纳了这一理论。例如，德国学者冯·巴尔教授主持起草的《欧洲私法共同参考框架》（DCFR）第2:101条第3款规定：“在判断赋予损害赔偿或预防损害的权利是否公平且合理时，应参考归责基础、损害或有发生之虞的损害的性质和近因、已遭受或即将遭受损害之人的合理期待以及公共政策考虑。”在库奇奥（Koziol）教授主持起草的《欧洲侵权法原则》第2:102条中确立了利益保护所应考虑的多重因素，主要包括：利益的性质、利益的价值、利益的定义是否精确与明显、行为人与受害人的接近程度、责任性质、行为人的利益（尤其是该行为人行动与行使权利的自由）以及公共利益。受保护利益的范围取决于该利益的性质：利益价值越高，定义越精确，越显而易见，保护范围就越广泛。该条显然是受到了动态系统论的影响而确定的制度。在责任范围（第3:201条）的规范设计上，同样采取了动态体系化的模式。由此可见，这两个侵权法的草案都没有提出明确的区分标准，而实际上是采纳动态系统论，赋予法官一定的自由裁量权，综合考虑各种因素以确定是否保护利益。由此可见，动态系统论在立法中的采纳，是法律发展的重要趋势。其背后的原因在于，由于社会生活不断变迁，立法者不能预见到所有情形，因此，不得已需要给予法官自由裁量权。但是为了防止自由裁量权的滥用，有必要对其进行限制。而动态系统论恰恰可以完成对于法官行使自由裁量权的限制。动态系统论承认了司法者的裁量权，从而能够顾及不同案件的不同情况，并适应社会发展；但又通过立法者对考量因素的划定实现对司法者裁量的限制，司法者要在立法者所划定的考量因素范围内进行思考、论证和说明判决理由。这样，法秩序安定性由立法和司法携手，通过司法者在立法者所划定的考量因素基础上进行论证所取得的共识而予以实现。

动态系统论被介绍到我国的时间并不太久，但在司法实践中已经得到运用，最典型的是，《最高人民法院关于确定民事侵权精神损害赔偿责任若干问题的解释》（以下简称《精神损害赔偿司法解释》）第十条并没有采纳构成要件说，而是列举了诸多精神损害赔偿数额判断的因素，引导法官通过考量这些因素，决定是否作出精神损害赔偿及其数额。民法典人格权编的编纂通过总结司法实践经验，在多个条款采纳了动态系统论。之所以在人格权编中采纳动态系统论，主要有以下几个原因。

（一）人格权中各项权利的位阶存在差异

在持动态系统论观点者看来，不同的权利或利益的性质，在法律的保护上存有不同。人格权与物权和债权不同，在物权和债权中，并没有此种位阶的区分，很难说用益物权与担保物权何者应当更优先受到保护。但人格权中各项权利的位阶存在差异。生命、身体或精神上的完整性、人格尊严、人身自由属于最优先的地位，财产权次之，纯粹经济损失和合同债权又处于财产权之后。在各项具体人格权中，各种权利或利益的价值不同，其利益价值越高，受到的保护就越广泛和有力。具体到人格权中，生命、身体、健康等人格利益是处于最优越地位的，尤其是生命权应该被置于首位；而精神性人格利益，如肖像、隐私等相较于物质性人格权而言，位阶则相对较低。例如，在疫情的防控中，基于对生命安全保护的考量，在生命权与隐私权发生冲突时，应当优先保护生命权，生命、身体或精神上的完整性享受最广泛的保护。生命健康等物质性人格利益要优于精神性人格利益，因此，位阶低的利益在保护上要受到更大的限制。这一点已经普遍达成共识。因此，人格权所具有的这一特征，就决定了对处于不同位阶的人格权，在判断其侵权是否成立、是否提供必要救济、提供何种救济等问题上，就要依据其所处的位阶进行综合考量。区分不同位阶进行保护，就是通过动态系统论中的因子或因素的考量实现的。

（二）人格权保护与其他利益冲突频发

人格权不同于财产权，与其他利益常常发生冲突。财产权虽然也可能与其他利益发生冲突，如财产权的行使可能与公共利益、生态环境保护的利益相冲突，但是相较于人格权而言，其可能性较小，即使发生冲突，也不如人格权复杂。例如，在判断隐私权是否应当受到保护时，其常常要与言论自由、公共利益等权利或利益进行平衡；而在名誉权的保护中，也往往要考虑新闻自由与舆论监督的关系。因此，法律需要协调各种可能产生的利益冲突，确保每一种权利都受到相应的保护，而不能因为保护其中一种，就牺牲其他的权利或利益。正如库奇奥所指出的，从比较法上来看，各国都比较重视侵害人格权尤其是精神性人格权情形下的利益平衡。在言论表达自由、媒体自由与人格权发生冲突时，在某些情况下，需要优先保护言论自由，但不能当然认为应当优先保护表达自由和媒体自由，因为媒体自身也应当对社会和他人负有一定的义务和责任。当两种利益冲突时，法院在个案中应当进行全面的利益衡量，以确定应当优先保护哪一种权利。在协调二者之间的关系时，既要尊重个人的人格权，又要维护言论自由。每个人的权利都应当受到保护，但不能因为保护某人的利益，而过分牺牲或损害他人的利益。《欧洲侵权法原则》第2条第6款规定："决定利益保护范围时，应考虑行为人的利益，尤其是该行为人行动与行使权利的自由，以及公共利益。"我国民法典人格权编中，大量涉及对价值冲突的协调。例如，民法典第九百九十九条有效协调了人格权保护与新闻报道、舆论监督的关系；第一千零二十七条第二款协调了保护名誉权与鼓励创作自由的关系；第一百零二十条确定了肖像权保护和合理利用的平衡关系；在隐私保护中，协调了个人隐私保护与维护公共利益之间的冲突；在个人信息保护中，妥当平衡了个人信息的保护与合理利用的关系。这些都决定了法官在考虑责任时，很难采纳构成要件确立责任，而必须要对各个因素进行综合考量。

（三）人格权益的受保护程度不同

人格权编中不仅对人格权利进行了规定，同时也对个人信息等人格利益进行了规定。一方面，对于权利与利益，其受到保护的程度并不相同。例如，在对隐私信息的保护中，隐私权与个人信息保护部分均有规定，但是对于隐私信息的保护优先适用隐私权的保护，而非个人信息的保护。这就是考虑到通过隐私权进行保护，相较于通过个人信息进行保护而言更为有力。同样，对于肖像权与声音利益的保护也并不完全相同，人格权编虽然承认了声音利益，但其保护也与肖像权有所不同。由于人格权的开放性较为明显，不断涌现的新型人格利益可能并不一定会被上升为权利予以保护，这也就决定了其与财产权不同，需要考量这些权利与利益的受保护程度；对于法律并未明确规定的利益通过一般人格权予以保护时，更是需要考虑多种价值之间的权衡关系。换言之，确定一般人格权的具体保护范围时，动态系统的运用空间更大。另一方面，就精神性人格权而言，因权利人的职业等原因（如是否是公众人物），对其人格权的限制也不同，这也成为动态系统论在人格权编被采纳的重要原因。

（四）人格权侵害的不同情形导致救济方式的差异

在财产权遭受侵害的情形下，一般都要采取损害赔偿的救济方式，而此种方式以及完全赔偿原则的采用，就是对财产权进行保护的最佳方法。但人格权遭受侵害的情形并不相同。一方面，在人格权遭受侵害的情形下，常常并没有发生财产损害，而只是发生了精神损害。但是精神损害赔偿很难像财产损害一样，运用清晰明确的标准进行判定或计算。在财产损害计算中可适用“差额说”，通过比较损害发生前后的财产差额，即可确定损害赔偿的数额；但是在精神损害赔偿中，却无法根据这一差额进行判断，而只能由法官综合考量各种因素进行判定。在瑞士法中，在侵害人格利益的情形下，如果没有抗辩理由，则行为将被认定为具有过错；在判断抗辩事由能否成立时，需要考虑将受害人的利益与相对应的私法和公法的利益相比较，如果相关人格利益的保护是不重要的，则行为人的过错就可能会被排除。《精神损害赔偿司法解释》第十条就明确规定了精神损害赔偿计算中需要考量的各种因素。依据这一规定，精神损害赔偿计算要考虑到各种特殊的情形，给法官一定的自由裁量权，从而使法律系统更加富有弹性。而过错程度的考虑是一个重要的因素；另一方面，人格权遭受侵害或有侵害之虞时，在确定是否应当适用消除影响、恢复名誉、赔礼道歉等责任形式时，应当考虑行为人的行为具体方式和造成的影响范围。需要综合考量受害人所受损害的情形，这也有必要采用动态系统论。

社会生活是复杂的，侵权案件也是不断变化和发展的。个案中通过被侵害利益保护力度、行为正当化程度、因果关系贡献度、过错程度等因素的综合平衡，来确定损害赔偿的范围。民法典人格权编采纳动态系统论，既是对我国司法实践经验的总结，也是回应人格权救济方式的特殊性和内在要求所作出的立法选择，对于正确认定侵害人格权的责任具有重要意义。

二、人格权编对动态系统论运用的特点

民法典人格权编对动态系统论的吸收和采纳在多个条文中都有所体

现，但最典型的是民法典第九百九十八条规定："认定行为人承担侵害除生命权、身体权和健康权外的人格权的民事责任，应当考虑行为人和受害人的职业、影响范围、过错程度，以及行为的目的、方式、后果等因素。"这是明确采纳动态系统论的条文，该条在针对侵害人格权的责任时，确立了如下原则。

第一，要区分物质性人格权与其他人格权（标表性人格权和精神性人格权）。物质性人格权是生命权、健康权、身体权等以生命、健康利益为客体的具有最强人身专属性的人格权。物质性人格权是人格权乃至所有民事权利中居于最重要位阶的权利。我国民法典关于人格权的规定首先列举生命、健康、身体等权利，也表明其是具有基础性地位的权利。物质性人格权也可以说是所有民事权利享有的基础和前提，因为任何权利都无法离开生命与身体这一物质载体。生命不存在，各种权利的享有也将不复存在。同时，物质性人格权也是最基本的人格权，所以，法律对于物质性人格权的保护应当被置于首要位置，以加强对物质性人格权的保护。对于侵害物质性人格权的情形，法律往往规定了特殊的救济方式，如侵害生命权的，依据民法典第一千一百七十九条的规定，造成死亡的应当赔偿丧葬费与死亡赔偿金。这些损害赔偿被称为法定的损害赔偿。法官对侵害物质性人格权的情形，应当直接适用法定赔偿金，而一般不再考虑行为人和受害人的职业、影响范围、过错程度等因素。

第二，对于物质性人格权以外的标表性和精神性人格权的侵害，在确立民事责任时，要采用动态系统论的方式进行判定。之所以采取此种方式，一方面，这些人格权在行使中常常和其他价值发生冲突。财产权的行使通常并不涉及与其他价值的冲突；即使冲突，由于财产权相较于人格权处于较低位阶，因而也不会受到优先保护。而人格权的行使，则往往可能与其他权利产生冲突。例如，新闻媒体的报道常常出现与人格权的冲突，究竟应当保护新闻报道自由还是人格权，简单采纳一个进行优先保护都不完全准确，而往往需要具体权衡。可见，人格权在遭受侵害时，判断侵权责任是否成立所要进行的利益考量更为复杂，需要平衡各种冲突的利益。另一方面，对于这些人格权的侵害，法律往往很难规定一般的构成要件。侵害标表性人格权和其他精神性人格权也存在差异，这些侵权形态差异很大，很难通过一般的构成要件进行概括。例如，在利益平衡的过程中，对于过错程度的考量是一个重要的因素。所以要给法官一定的自由裁量权，从而使法律系统更加富有弹性。

第三，确定法官要考量的“因素”。依据民法典第九百九十八条的规定，认定行为人承担侵害除生命权、身体权和健康权外的人格权的民事责任，应当考虑如下因素：一是行为人和受害人的职业。一方面，就行为人而言，其自身职业与责任的认定、影响的范围等都有联系。例如，如果行为人从事的是新闻媒体的工作，因新闻媒体职业而作出新闻报道行为，在认定责任时，就应当协调人格权的保护与新闻报道和舆论监督的价值之间的关系，予以平衡。另一方面，就受害人而言，考虑其职业因素的立法目的并不在于对某些不同职业的人提供有区别的特殊保护，而是旨在平衡职业背后的社会利益与个人利益。从司法实践来看，考虑其职业主要是要解决公众人物的人格权保护问题。例如，出于对于公众人物、公职人员的监督等，适度披露其收入、财产状况等，或对其行为进行适度的评论或批评，其目的在于实现更为广泛的社会利益，因而不应构成侵权。因此，基于这一立法目的，有必要保留职业作为精神性人格权侵害的判断因素。二是影响范围。就行为人而言，判断其承担人格权侵权责任的重点在于确立影响范围，因为不同的侵权后果意味着侵权严重程度的不同，这就必然导致侵权责任也存在程度的差异。影响范围通常与行为人的行为方式联系在一起。例如，当着特定少数人的面诽谤他人与在网上公开诽谤他人相比，显然后者的影响范围更大。在确定行为人的民事责任时，要考虑行为人行为所造成的是全国乃至更大范围的影响，还是仅仅局限在某地区、某学校、某单位等，这对于确定行为人应当承担或者如何承担消除影响、恢复名誉、赔礼道歉的责任至关重要。三是过错程度。在侵害人格权的场合，需要考量行为人主观过错，包括故意、重大过失、一般过失、轻微过失等。四是行为的目的。行为人行为的目的也会对侵害人格权民事责任的认定产生一定的影响。例如，行为人利用他人的人格权是为了正当的舆论监督、新闻报道等公共利益的目的，还是为了个人的娱乐、消遣；是为了反腐需要而正当地进行检举控告，还是为了泄私愤，图报复；是为了商业目的还是非商业目的。这些都是应当考虑的因素。五是行为的方式。行为人在实施某种行为时，采取口头或书面以及其他形式，所造成的损害后果是不同的。例如，针对网上发表新闻报道或评论损害他人名誉权的情形，在某个微信群诽谤他人，与在影响较大的网络平台上诽谤他人，影响范围是不同的。一般而言，书面方式与口头方式所造成的影响后果是不同的。在侵害名誉权纠纷中，是进行新闻报道还是发表个人意见，是自己创作还是转载，是主动爆料还是被动采访，等等，各种方式不同，都会对侵害人格权民事责任的认定产生影响。六是行为的后果。任何侵害他人人格权的行为，所造成的损害后果是不一样的。有的造成受害人的名誉受损，有的造成隐私披露；有的仅仅只是造成财产损失，有的还造成严重精神损害；有的只是造成小范围的影响，有的可能造成全国范围乃至更大范围的影响。这些都是确定侵害人格权民事责任时需要考虑的因素。

第四，对这些"因素"进行有序排列。动态系统论观点的核心在于确定需要考量的因素和因子，而非赋予法官无限的自由裁量。这些因素与因子，只能通过立法加以明确并对这些"因素"进行有序排列，"因素"排列越靠前，则越要重点考虑。例如，民法典第九百九十八条就将"受害人的职业、影响范围、过错程度，以及行为的目的、方式、后果等因素"纳入考量范围，对各个因素进行了列举。与此同时，立法不仅应当列举因素，也需要根据因素或因子重要性进行顺序的排列。也就是说，立法对各个因素不是简单的列举，立法者需要评估各种因素对于责任的判断所产生的不同影响，或者在责任确定中所发挥的不同作用，从而确定其排列顺序，将重要的因素置于较前的位置，以便在法律的适用中明确综合考量的权重。这种顺序的排列将给予法官在进行责任构成以及责任形式的确定方面，提供重要的引导。

除民法典第九百九十八条关于认定行为人侵害人格权的责任的规则以外，人格权编还在其他条款采纳了动态系统论，具体表现在：一是民法典第九百九十九条规定："为公共利益实施新闻报道、舆论监督等行为的，可以合理使用民事主体的姓名、名称、肖像、个人信息等；使用不合理侵害民事主体人格权的，应当依法承担民事责任。"这就确定了新闻报道和舆论监督等行为中合理使用他人人格权益的规则，对新闻报道自由和公民舆论监督与人格权保护之间的冲突进行了平衡。该条要求新闻报道和舆论监督仅在满足合理使用的情形下，才可以免于承担责任，而对于超出合理使用的行为则应该承担责任。对于行为是否超出合理的范围需要通过动态系统论，结合各种因素进行确定。二是民法典第一千条要求行为人承担消除影响、恢复名誉、赔礼道歉等民事责任时，其作出上述行为的方式应当与造成的影响范围相当。这就要求对于引用他人事实内容进行新闻报道、舆论监督造成他人名誉损害的情形，在判断行为人对他人提供内容是否尽到合理审查义务时，要综合考量多种因素进行全面把握，这也是动态系统论的体现。三是民法典第一千零二十六条规定："认定行为人是否尽到前条第二项规定的合理核实义务，应当考虑下列因素：（一）内容来源的可信度；（二）对明显可能引发争议的内容是否进行了必要的调查；（三）内容的时限性；（四）内容与公序良俗的关联性；（五）受害人名誉受贬损的可能性；（六）核实能力和核实成本。"合理审查义务的标准并不是一成不变的，实施新闻报道、舆论监督的行为人，在不同情况下，负有的审查义务不尽相同，需要因时制宜、因地制宜，结合所处的不同环境进行判断，因此法律上不宜泛泛地对核实义务进行一般规定。正是因为如此，该条确立了判定是否尽到合理审查义务的标准。上述条款，有的从立法技术上直接采纳了动态系统论，规定了需要综合考量的因素；有的虽然在立法上没有直接规定综合考量的因素，但是在法律适用中，对于"合理""正当""必要"等的解释，也需要借助动态系统进行法律适用。需要说明的是，上述条文在对各种因素的列举中也均采用了开放式的列举方式，而没有封闭因素的范围，因而保持了一定的开放性。

人格权编引入动态系统论，要求法官在确定责任时对诸多因素存在的范围、程度以及它们在整体权重中的相互关系，作出一种综合的、动态的评估，相对于决定性的责任构成要件而言，更为科学合理。具体而言，一是促进利益衡量与综合保护。动态系统论能够有效权衡各种法益，将各种因素进行考量，实际上也达成了比例原则在个案中的运用。这些规则将各种相互冲突的利益进行了妥当的考虑，可以使得法官从整体而不是简单的某一点出发，通过全面考量，兼顾各种利益的保护，实现平衡。与此同时，其也给重点利益的强化优先保护提供了依据。二是确定了利益保护的位阶。例如，民法典第九百九十八条运用动态系统论，对生命权、身体权和健康权外的人格权侵权认定进行了规定，这就是优先考虑了生命权、身体权、健康权的保护。生命无价，重于泰山。对生命权、身体权、健康权应直接适用构成要件的保护模式，减少法官的自由裁量；而对于众多的精神性人格权，则要求考虑各种因素，其立法目的就是明确对物质性人格权的优先保护。三是引导法官综合考虑一些责任确定和责任范围的因素和因子，避免"全有全无"的简单化处理，使责任的确定更为科学合理。四是兼顾过错制裁与行为自由的维护。例如，民法典第九百九十八条就强调了在侵害人格权的责任成立中，要将过错程度作为考量的因素。在这一点上，该规则与侵害财产权的规则不同，后者往往不需要考虑过错程度。这一规则将过错程度作为考量因素，却并未将过错作为构成要件，因此有效地平衡了行为自由与权利保护。五是符合比例性原则。动态系统论注重平衡各种利益，因而，其本身就吸纳了比例性原则的要求。动态系统论与比例性原则不但不冲突，而且成为比例性原则的具体实现方式。例如，民法典第九百九十八条中对于影响范围、行为目的、方式等的考量都反映了比例性原则的要求。第一千条规定，在行为人承担消除影响、恢复名誉、赔礼道歉等民事责任的责任形式时，应当与行为造成的影响范围相当，同样也是比例性原则的具体运用。

总之，民法典第一次尝试在立法上构建动态系统论，是具有开创性的。这种探索和创新将为我国立法提供新的模式，也为法律的解释提供更大的空间。

三、动态系统论在人格权侵害救济中的作用

如前所述，人格权编引入动态系统论，根本目的还是要引导法官准确认定侵害人格权益的责任以及责任形式、责任范围。为了便于法官灵活准确地作出裁判结论，动态系统论的运用最终必须要面向这一问题的解决。因此，在人格权编引入动态系统论以后，首先需要法官转变以往在确定责任时，根据简单的责任构成要件确定责任的思路。侵权责任构成要件，无论是三要件（过错、损害、因果关系），还是四要件（过错、损害、行为的违法性、因果关系），针对一般侵权行为，特别是侵害财产的行为是可行的、必要的，但针对侵害人格权益的行为的责任确定而言，就显得力所不逮。一个最简单的原因就是，在人格权侵害的情形下，损害的确定更为复杂，适用于财产损害赔偿法的“差额说”以及完全赔偿原则难以适用。这就需要考虑人格权责任确定的新的思路和方法。尤其是在社会生活不断丰富发展、科技水平日新月异的今天，网络侵权层出不穷，行为方式各式各样，这就给这些孤立的构成要件判断带来了不小的难度。虽然法官仍然可以依据自己对法律的解释，判定某一要件是否满足，但这在一些复杂的侵害认定中已经显得捉襟见肘。动态系统论无疑提供了这一问题下的一种解决方法，其可以为这些复杂情形下的责任认定提供全新的思路。

在适用民法典第九百九十八条等条文时，必须重点解决三个问题，才能够使其成为对实践具有切实规范作用的规则。

（一）动态系统论在责任成立判断中的运用

1. 根据法定的因素及其顺序考量

传统对责任成立与否的判断是通过构成要件实现的。在这种模式中，责任成立与否的关键在于要件是否满足。各个要件之间的关系是相对孤立的，如同串联电路一般，任何一个要件的不满足都将导致责任的不成立。而且，在此种模式中，各个要件的考量结果只有“满足”与“不满足”两种。因此，虽然社会实践丰富多样，但是裁判者却只能通过“满足”与“不满足”两种结论予以评价，各种要件的满足程度通常不在裁判者的考量之中。例如，在危险责任中，虽然各种行为的危险系数明显存在区别，但是裁判者在构成要件的体系内，根本无须也无法考虑这些危险的程度。因为裁判者只需认定这种行为是否构成危险责任，即只需回答是或否，而无法根据危险的程度，进行不同的考量。这种模式之下，要件之间的互动与联系被割裂开来。

但运用动态系统论判断责任成立，就需要从以下两方面考量：一方面，需要考量法定的因素。例如，民法典第九百九十八条规定：“认定行为人承担侵害除生命权、身体权和健康权外的人格权的民事责任，应当考虑行为人和受害人的职业、影响范围、过错程度，以及行为的目的、方式、后果等因素。”这些法定的因素就是法官必须考虑的因素，它既需要当事人作出必要的举证，也需要法官作出全面的了解。另一方面，必须按照法定的顺序进行考量。这就是说，这些因素对于责任成立的影响是有不同程度的差异的，法官在作出考量时，应当考虑法律排列的顺序。需要说明的是，法定顺序中的因素属于必须考虑的因素，但所需考虑的并非绝对仅限于这些因素，民法典第九百九十八条规定采用“等”，说明了这些因素的非限定性。例如，行为的违法性也可能是一个应当考虑的因素。

2. 通过因素间的互动综合考量

所谓综合考量，就是要考虑各种因素所实际产生的作用。在动态系统论下，各因素相互之间不再是孤立、割裂的关系，诸因素之间互动互补，呈现出动态的状态。以通过民法典第九百九十八条判断行为人的行为是否侵害名誉权为例，行为人的行为如果是出于舆论监督的目的，就可能降低其构成侵害的可能；而如果其方式和手段较为恶劣，则会显著增加其构成侵害的可能。法官只有在结合受害人的职业、影响范围、过错程度，以及行为的目的、方式、后果等因素进行综合的判断后，才可以得出行为人是否应当承担侵害名誉权的责任的结论。在这些因素之中，多重因素之间还可能具有一定的关联关系，如受害人的职业关系到行为的影响范围，行为人的行为方式也与行为人的过错程度存在明显的联系。这些因素虽然可能存在正相关或负相关的关系，但并不意味着分别对其判断就没有价值。

首先，要考虑各个因素都有独立存在的价值。例如，行为手段虽然与过错程度紧密联系，但是行为手段本身也具有单独判断的价值，因为行为手段的背后还关系到公序良俗、公共利益等问题，是过错程度无法涵盖的。虽然这些因素之间通常可能存在关联关系，但是也可能出现其他可能。例如，受害人虽然为公众人物，但由于行为人并非在大众媒体上散播消息，因而影响较小。

其次，实现因素之间的互补。动态系统论中强调了各种因素与因子的互补。但是，这些互补的关系在立法上无法直接规定，而只能交由司法实践进行操作。动态体系论之所以被称为“动态”，就在于因素之间的互补性。在维尔伯格看来，各种因素对责任影响的强度是不一样的，但法官在考量这些因素时，不是简单地考量是否满足某一因素，而是兼顾各种因素。有的因素虽然强度低，但如果其他因素强度高，则仍然可以导致责任的成立。也就是要综合考量。维尔伯格试图从诸因素的协动作用这种观点来构建评价的框架，由此为回应实际生活的必要打开了可能性大门；同时又确保了一定的原则性。

最后，要注重比例原则的运用。此种方式也称为“个案衡量”，也就是说，在个案中要运用比例性原则调和相冲突的权利和价值。例如，法律允许基于公共利益等目的对于一些精神性人格权合理使用，但此种使用应当限制在合理的范围内。也就是说，凡是能够最小化使用的，应当进行最小化使用。凡是能够在一定范围内使用的，就不必扩大其使用范围。凡是能够使用后及时向权利人通知的，就应当及时通知权利人。如果在使用后能够及时删除或者有必要删除的，则应当在合理期限内及时删除。在使用他人的人格利益时，要尽量避免对他人过大的损害。如果行为人恶意过度使用他人人格权，即便是为了实施新闻报道、舆论监督等行为，也可能构成侵权。一个侵权行为在不同时间段实施，其后果也有可能是不一样的，责任自然也会存在差别。概言之，侵权责任的确定必须与侵权行为的程度相适应。

此外，在必要时也要进行成本效益分析。例如，在认定新闻报道是否侵害人格权时，确定报道人是否尽到核实义务，还应当考虑核实的成本。如果报道人付出极小的成本即可对报道内容的真实性进行核实，则其应当尽到相应的核实义务；反之，若核实成本较高，则其核实义务应当相应降低。例如，对于某个在网络上公布的有关某名人的负面信息，网络平台很容易核实，则其应当负有审核义务。

3. 摒弃全有或全无的责任

除了明晰责任是否成立外，动态系统论也可以更好地回答责任在何种范围内成立的问题。在以构成要件系统进行责任是否成立的判断时，如果满足所有的构成要件，且不具备免责事由，那么责任就当然成立；而一旦不满足任何一个要件，或存在免责事由，那么责任就不能成立。因此，责任是否成立的判断属于全有或全无的状态。但是在动态系统论之下，众多考量因素之间的相互作用使得责任可以“得到完全或部分的确立或排除”。这就显示了动态系统论在责任成立问题上的弹性优势。

（二）动态系统论在责任形式确定中的运用

人格权遭受侵害或有侵害之虞时，受害人可以主张人格权请求权；如果损害已经发生，受害人也可以主张侵权请求权，尤其是损害赔偿请求权。在通过动态系统论的考量确认行为人是否需要承担责任后，对于行为人应当承担的特定责任形式也需要通过动态系统论加以确定。对于特定责任形式的采取，也同样需要结合受害人的职业、影响范围、过错程度，以及行为的目的、方式、后果等多种因素进行综合考量。

受害人在主张消除影响、恢复名誉、赔礼道歉等责任形式时，依据民法典第一千条的规定，责任形式应当与行为的具体方式和造成的影响范围相当。虽然从立法技术上而言，本条并未直接采纳动态系统论，规定需要综合考量的因素。但是在法律适用中，对于“相当”的解释，也需要借助动态系统进行法律适用。消除影响等责任形式应当与行为的具体方式相适应。在适用消除影响、恢复名誉的责任方式时，首先应明确消除影响、恢复名誉的范围（如在某地区、某学校等消除影响）、方式（采取口头或书面以及其他形式）。例如，在报纸杂志上发表的新闻报道或评论，有损他人的名誉权，则应当在曾刊载该侵权内容文章之报纸杂志上刊登书面声明，对错误内容进行更正，并向被侵害人赔礼道歉。如果是在某个场所对一群人散布了诽谤的言辞，则应在适当的场合为受害人恢复名誉。消除影响等方式的主要功能在于，对于已经给他人的社会声誉造成的不良影响，要予以减弱、清除直至消除。因为正是这些不良影响的存在，才造成了受害人名誉评价的降低，只有消除了这种不良影响，才能够使受害人的名誉得到恢复。一般来说，在什么范围内造成损害的，就应当在什么范围内弥补。例如，行为人在某微信圈内辱骂他人，就需要在该微信圈内赔礼道歉以消除影响，在某个群体之中散播谣言的则应当在该群体中进行辟谣。相反，行为人在一个小城市的范围内散布谣言诋毁人格权人名誉的，不必在省级媒体或者国家级媒体上进行公开赔礼道歉。其次，消除影响等方式也应当根据侵权行为的具体情况予以确定。例如，通过网络侵犯他人的名誉权，则可以通过通知网络运营商采用删除侵权言论的方式来消除影响；而通过口头表述的方式在一定范围内侵害他人的名誉权，则可以通过向他人进行解释的方式来消除影响。

（三）动态系统论在赔偿范围确定中的运用

虽然对“全有全无”的突破并非动态系统论所独创，但是，既有的方案主要是从损害赔偿的数额方面进行突破，即一方面承认责任的成立，另一方面限缩赔偿的范围。法官在适用法律中，由于只能选择责任成立与否的结论，因此，在其认为全有或全无将导致不正义时，很有可能会不自觉地在赔偿数额上进行“找补”。但是这种“找补”却往往不会见诸判决之内，与法官心证的公开相悖。相较于此种情形，如果采纳动态系统论，裁判者就可以在判决中说明其认为成立的责任范围，将其推理显示于裁判之中，而无须通过不公开的“找补”寻求公正的处理方式。

精神损害赔偿的数额确定一直是司法实践中的难点所在，其主要原因在于，一方面，精神损害赔偿的性质决定了其无法准确地通过计算的方式予以确定；另一方面，精神损害具有高度的主观特性，建立统一的精神赔偿标准具有难度。正是以上原因，为精神损害赔偿的确定采纳动态系统论提供了土壤。如前述，《精神损害赔偿司法解释》第十条就通过列举诸多精神损害赔偿数额判断的因素，为破解上述难题提供了有效的依据。通过动态系统论的运用，法官不再缺乏据以判断的标准。而且明确规定考量因素，既充分考虑了案情的区别，又尽可能地予以划定，这也在一定程度上缓解了精神损害赔标准统一的难题。因此，精神损害赔偿数额不再是僵化的统一标准，而是动态浮动体系。而且，此种浮动的范围是可控的，法官也需要就此种浮动负担说理的义务。

（四）法官的论证义务和案例类型化整理

裁判说理义务是法官独立行使审判权的应有之义。在我国司法改革中，要突出法官的办案主体地位，让审理者裁判，由裁判者负责。但是，在依法保障法官独立行使审判权之后，就应当强化裁判文书的说理，法官应当将裁判文书说理作为其应尽的义务。也就是说，法官要依法独立行使审判权，其就应当充分尽到说理的义务，二者应当是不可分离的。因为只有强化裁判文书说理，才能有效规范法官独立审判权的行使，如果不课以法官进行裁判说理的义务，法官的独立审判权可能异化为法官的恣意，司法公正也难以实现。在人格权编采纳动态系统论以后，法官的论证说理义务被进一步强化。这就是说，整个动态系统论的运用，本身是一个法官的自由心证过程，更应当是一个说理论证过程，法官应当阐明其是如何考虑法定的因素，这些因素是否成立，对这些过因素如何综合考量，是否采纳比例原则；对于特定责任形式的采取，是否考虑了受害人的职业、影响范围、过错程度，以及行为的目的、方式、后果等多种因素，等等。这些说理论证越充分，则责任及其责任范围的确定就越合理。动态系统论要求法官合理论证其判断产生的过程和影响其判断的因素，从而促进了裁判的公正。法官通过考虑立法中划定的考量因素，结合具体个案案情予以论证说理，有助于避免法官过分的恣意，且法官可以结合具体个案予以更为灵活的判断。同时，法官的论证说理有助于在考虑因素的规范基础上，通过论证说理形成“重叠共识”，此种共识能够保障法律的确定性。换言之，动态系统并非仅考虑个案灵活性而不考虑法律的确定性，只不过其是通过共识的形成保障确定性，其中的关键就是法官要予以论证说理。

通过法官的论证说理，在形成共识时，要对这些共识进行整理，从而在动态系统的基础上形成不同的案例类型，这些类型化的整理有助于减轻法官的论证负担。因此，法官在立法动态系统确定的因素基础上进行论证，进而形成类型化整理，类型化整理又部分减轻了法官的论证负担。由此，动态系统以法官的论证义务作为中介，实现了确定性和灵活性之间的有机而非固化的平衡。

四、结语

人格权编在立法上引入动态系统论，是十分有益的立法尝试，符合人格权保护的基本特性，也有利于协调人格利益与其他价值的冲突，强化人格权的保护。但是，“徒法不足以自行”，人格权编中关于动态系统论的相关规定，能否真正引导法官准确认定侵害人格权的责任以及责任范围，还有待于法官准确理解和把握。尤其是，避免动态系统所实现的灵活性在司法实践中退化为完全的恣意，将“法治中不得已的人治”限制在法秩序的整体范围内，这有待于通过司法解释以及指导性案例的方式，将动态系统论中各种因素以及其相互之间的互补关系进行类型化的处理，以此明确因素的互补关系，明确何种因素在满足什么程度的情况下可以弥补其他何种程度的因素等。这些工作均需要通过司法实务的“作业”加以完成。动态系统论作为一种全新的尝试，也成为人格权编给法学和司法实践留下的“作业”，我们寄希望于今后的法学和司法实践在摸索中不断完善，真正实现动态系统论的价值。

欺诈的民法规制

许德风*

内容摘要 欺诈是常见的社会现象。欺诈行为会侵犯他人的意志自由，破坏社会经济生活中的信任关系，应以法律加以规制，而民法是其中的重要环节。就欺诈的构成要件而言，应充分认识到欺诈恶意可导致其他构成要件的放宽：在因受欺诈而撤销意思表示时，一般不要求欺诈内容的实质性；欺诈恶意还可以导致因果关系认定上的放宽。就欺诈的法律效果而言，现行法以恢复原状为目标的安排，难以充分实现法益保护和行为预防的目标，应予改进，强化欺诈撤销后对受欺诈人的救济措施，并综合运用返还、侵权和违约赔偿等制度，惩罚欺诈行为。

关键词 欺诈 实质性 合同撤销 缔约过失 欺诈侵权 恶意抗辩

导　言

欺诈、真意保留与错误是三个涉及行为人内心意思与其外在表示的制度。若从法律效果的相互关系上观察，真意保留和欺诈各据两端，而错误居中：在真意保留的情况下，表意人的真意被忽略，相对人的信赖受到保护；在欺诈的情况下，表意人可以请求撤销其意思表示以回复未受欺诈状态，相对人不仅不能取得权利，还应赔偿受欺诈人的其他损害；在真意保留和欺诈之间是错误制度，相对人的信赖是否应获得保护或表意人可否撤销其意思表示，要考察有关错误是否满足特定内容的要求（有些国家还会要求表意人无重大过失）。既有研究对真意保留和错误关注较多，对欺诈的研究较少。总体而言，我国民法欺诈制度已初具框架，但其细节仍需结

* 作者单位：北京大学法学院。

合限制欺诈的需要进一步完善。以下先讨论作为社会现象的欺诈，再分析欺诈的含义及民法上可用于规制欺诈的具体制度。

一、规制欺诈的价值基础

从生物进化论的角度看，欺诈、欺骗或说谎是自然界最基本的现象之一。“从病毒表层蛋白对人体免疫系统的欺骗到昆虫的拟态，欺骗是生物为生存而进化出的本领。”[①] 意识理论（theory of mind）[②]、社会心理学的研究也表明，人或许是“天生的说谎者”。例如，一周岁以下的婴儿就了解如何装哭、装笑；三岁左右的婴儿已经可以作出“不是我吃的”“我没有打他”等表达；百分之九十五的六岁小孩已经可以做到在说谎的同时声明自己没有说谎。[③] 在伦理或道德层面上，人类对说谎的关注也早已有之。[④]《理想国》中曾提及苏格拉底的观点：“我们必须把真实看得高于一切……城邦的治理者遇上任何人，不管是预言者、医生还是木工，或者任何工匠讲假话，就要惩办他。因为他的行为像水头颠覆船只一样，足以颠覆毁灭一个城邦。”[⑤] 类似地，奥古斯丁认为，尽管程度有差别，[⑥] 但总体而言，以欺骗而非其原本目的使用语言，是罪恶。[⑦] 康德认为保持诚实是每个人对其他人的“正式义务”（formal duty），无论这样做会给其本人或他人造成多大的不利益。[⑧] 康德认为任何谎言皆应禁止，无须区分谎言的善意与恶意，或者考虑受众是否有权了解真相。这是将谎言的直接影响与间接影响一并考虑的判断，即或许有些谎言可以带来眼前的收益，但长远而言，谎言不仅会伤及说谎者自身（甚至在谎言不被发现的情况下[⑨]），也会破坏人与人的沟通和信任，进而破坏人类社会生活的基础。对于谎言的长期影

---

① 张亭玉等：《说谎行为及其识别的心理学研究》，载《心理科学进展》2008年第4期。

② Jones, Evolutionary Psychology, 28 Annual Review of Anthropology, p. 553 – 575 (1999).

③ Leslie, Born Liars, House of Anansi Press, 2011, p. 28 – 31.

④ 邵爱国：《关于说谎的道德认知研究》，南京师范大学2007年博士学位论文。

⑤ ［古希腊］柏拉图：《理想国》，郭斌和等译，商务印书馆1986年版，第88页。

⑥ Augustine, The Enchiridion on Faith, Hope and Love, Ch. 18.

⑦ Augustine, The Enchiridion on Faith, Hope and Love, Ch. 22.

⑧ Kant, AA VIII (Immanuel Kant, Werke: Akademie – Textausgabe, Bd. 8, Abhandlungen nach 1781), S. 425.

⑨ 某些时候，尽管说谎不会发生任何直接、不利的经济后果，但说谎行为仍然可能因违反守信这种保护性价值（protected value）而对行为人自身产生负面影响，如行为人会降低对通过说谎而得到的收益的评价。Rajna Gibson et al., Preferences for Truthfulness: Heterogeneity among and within Individuals, 103 The American Economic Review, 532 – 548 (2013).

响，包尔生也持同样的观点，认为谎言可能会毁灭人们的信念和自信，并最终损害人类的社会生活。① 较为折中的观点认为，应当区分谎言的类型及其效果，例外地允许一些善意的“白色谎言”。② 对说谎的干涉也有较深的宗教渊源。如在佛教中，“不妄语”位列“五戒”的第四戒。在圣经中，一个重要的教诲是谎言将毁灭精神，而毁灭精神比毁灭肉体更为可怕。③ 在但丁的《神曲》中，说谎是一种罪恶，说谎者将在第 8 层地狱（inferno）受罚，仅比最严重的叛徒（traitor）高一层。

总之，从人类社会的演进来看，一方面，说谎是基本生存之道——人通过说谎/掩饰来获取食物谋生或战胜敌人（所谓“兵不厌诈”）；另一方面，作为复杂群体，人类相互之间也需要合作和信任，此种合作和信任甚至是人类社会生存与发展的基石。这是法律要规制乃至惩罚欺诈的价值伦理与社会经济基础。

二、欺诈的法律含义

欺诈的法律内涵不容易界定。根据《最高人民法院关于贯彻执行〈中华人民共和国民法通则〉若干问题的意见（试行）》（以下简称《民通意见》）第 68 条的规定，欺诈是“一方当事人故意告知对方虚假情况，或者故意隐瞒真实情况，诱使对方当事人作出错误意思表示”的行为，但何为“故意”“虚假”以及“隐瞒”，都需要进一步明确。当然，作为一种法律上的标准，研究只可能在具体化的程度上有所进展，本文不谋求根本性地

① 包尔生用伪造货币的比喻来说明谎言的影响：“伪币制造者不仅损害了被他以欺骗手段塞给了伪币而不能用出去的人，他还通过破坏公众对所有的货币的信任伤害了社会，伪币的存在使真币也名声扫地。假如伪币多得让人有必要在接受每一枚硬币之前都检验一下，这无异于是废除了货币本身，因为货币的目的就是使人不必去检验它的价值（真伪）。”包尔生：《伦理学体系》，何怀宏等译，中国社会科学出版社 1988 年版，第 577 页。

② Bok，Lying：Moral Choice in Public and Private Life，Vintage Books，1999，Ch. V，XIV.

③ “…a lying mouth deals death to the soul”. Matthew 10：28：“Do not be afraid of those who kill the body but cannot kill the soul；fear him rather who can destroy both body and soul in hell.” Wisdom 1：11，Old Testament.

改变该概念的模糊属性。①

1. 欺诈与信赖共生

欺诈可以按行为表现分为三种类型——沉默、隐瞒真实信息和告知虚假信息，其中沉默及不作为的欺诈最难认定。原则上，沉默并不构成欺诈。仅在行为人有披露义务的情况下，其不披露的行为方构成欺诈或通常所说的“故意隐瞒”。② 披露义务与合同的内容及目的密切相关。在买卖等交易中，虽然通常适用“买者自负原则”（caveat emptor），但若出卖人明知标的物有重大的、影响合同对价的瑕疵而不予披露，也可能构成欺诈。例如，A向B出售房屋，该房屋曾为“凶宅”（屋内发生过凶杀案，行凶者杀人后自杀），假设该信息将导致房屋价格降低30%甚至更多，出卖人A未向B告知该信息，这在我国通常会被认为构成欺诈。③ 比较法上也有类似规则：在不动产买卖交易中，若有关标的物的瑕疵是隐蔽而肉眼无法识别的瑕疵（latent defect），该瑕疵对标的物的价格有重要影响且买受人不知也不应知瑕疵的存在，则卖方对这一瑕疵负有披露的义务。④ 如在房屋买卖交易中，卖方没有告知买方房子里满是白蚁的行为即被认定为欺诈。⑤

信息与财富密切相关，强制分配信息无异于征收乃至征用。这意味着，在绝大多数情况下，信息优势本身并不足以证成披露义务。例如，一

---

① 在比较法上，《美国侵权法重述（第二次）》规定，以下三种情形下虚假陈述具有欺诈的性质：（1）行为人明知其表述不符合事实；（2）行为人对表述的准确性缺乏信心；（3）行为人知道其表述缺乏事实基础。在判例法中，欺诈被认为是一个含义宽泛的法律概念，指掩盖真相和错误建议（false suggestions），包含人利用其智识设计并据此获利的多种手段，如诡计（trick）、狡诈（cunning）、捏造（dissembling）及其他不公平的欺骗方式。就其具体表现来说，可以是明示、沉默、含沙射影地暗示，也可以是眼神甚至动作。McClellan v. Cantrell, 217 F.3d 890, 42 U.C.C. Rep. Serv. 2d 284 (7th Cir. 2000); Rohm and Haas Co. v. Continental Cas. Co., 566 Pa. 464, 781 A.2d 1172 (2001); 26 Williston on Contracts § 69: 1-2 (4th ed.).

② Eisenberg, Disclosure in Contract Law, 91 Cal. L. Rev. 1645, 1652 (2013).

③ 肖某、潘某与杜某荣房屋买卖合同纠纷一审民事判决书［（2015）浦民一（民）初字第3599号］；魏婷婷：《房屋买卖合同中的信息披露义务》，载《人民司法》2016年第23期。类似案件如洪某诉王某等房屋买卖合同纠纷案［（2012）浙杭民终字第360号］；彭某等与陈某会等房屋买卖合同纠纷上诉案［（2015）高新民初字第1921号，（2015）成民终字第7099号］；张某梅与崔某辉等房屋买卖合同纠纷案［（2014）朝民初字第28410号］。

④ In re Bryant, 241 B.R. 756 (Bankr. M.D. Fla. 1999); 26 Williston on Contracts § 69: 19 (4th ed.).

⑤ Obde v. Schlemeyer, 56 Wash. 2d 449, 353 P.2d 672 (1960).

般认为，若表意人就某一事项询问相对方，相对方拒绝作出回答，其拒绝行为通常不构成欺诈。只有在法律明文规定行为人有如实回答（或告知）的义务时（如我国保险法第十六条），其拒绝回答或告知的行为，方构成告知义务的违反，进而成立欺诈。[①] 总结来看，披露义务的来源主要来自以下几个方面：法律规定、交易惯例和特殊信赖。

为了鼓励交易，法律在某些时候会明文规定信息披露义务，以减少信息不对称对市场的负面影响。例如，美国法针对二手车交易制定有《机动车信息和成本节约法》（Motor Vehicle Information and Cost Savings Act），根据该法，若二手车经销商在销售过程中未告知购买者里程表读数不准，将违反关于披露义务的规定。另外，在经销商拥有相关知识的情况下，即使虚假陈述是其在不知道真实情况粗心作出的，也构成欺诈。[②] 这一规则很好地维护了二手车交易市场的秩序，避免其沦为“柠檬市场”。[③] 与此类似，证券法在很大程度上就是“公司信息与成本节约法”。

交易的性质及相关交易习惯也是判断披露义务有无的重要依据。例如，古籍图书爱好者甲从乙旧书店以 2 万元购买一南宋《金刚经》孤本，假如甲购买时了解该书的大致价值为 200 万，其是否应向出卖人乙披露相关信息？答案是否定的。在很大程度上，旧书乃至古玩的买卖是一场当事人之间的“博戏”（game），无论是买受人还是出卖人都了解并受益于“走眼后果自负”的规则。[④] 当然，值得说明的是，买方在文物市场上可以不向卖方披露其信息，并不意味着卖方可以在明知标的物为赝品时故意隐瞒。例如，在拍卖交易中，尽管有诸如拍卖法第六十一条第二款的规定（“拍卖人、委托人在拍卖前声明不能保证拍卖标的的真伪或者品质的，不承担瑕疵担保责任”），若拍卖人或委托人明知标的物为赝品或有瑕疵而仍进行拍卖或委托的，也无权援引上述法律关于免责的规定。[⑤]

除法律与习惯外，优势信息、信任或信赖等特殊关系的组合，也促成

---

① 总体而言，在保险法这种以最大诚信原则（uberrimae fidei）为基础的交易安排中，当事人的披露义务要比其他交易安排高。而在不同的保险类型中，火灾险、海事险对披露义务的要求要比人身险高。26 Williston on Contracts § 69: 20 (4th ed.).

② Jones v. Fenton Ford Inc., 427 F. Supp. 1328, 1334.

③ Akerlof, The Market for “Lemons”: Quality Uncertainty and the Market Mechanism, 84 Quarterly Journal of Economics, 488 - 500 (1970).

④ Eisenberg, Disclosure in Contract Law, 91 Cal. L. Rev. 1645, 1686 (2013).

⑤ 武腾：《拍卖人的信息提供义务与担保责任》，载《法律科学》2017 年第 6 期。

披露的义务。[①] 例如，一家煤矿公司雇佣地质学家探矿，在某农场地下发现了矿藏，于是在未公布该信息的情况下低价向农民购买该土地，同时向股东回购股份。一般认为，前一项交易中，公司的行为尚不构成欺诈或不实陈述，而后一项交易则可能被认定为欺诈。[②] 合理的解释是，不将前一项交易认定为欺诈，能更好地鼓励探矿，鼓励在信息上的投资；而在后一项交易中，公司与股东之间有信义关系，因此公司应当如实披露相应信息。[③] 对信义义务关系中的披露义务，波斯纳（Posner）法官在 United States v. Dial 判决中的说理值得借鉴：在当事人之间有信赖关系或信义义务时，应当认为一方已在交往之中“购买”了“诚实”（candor），而这是另一方承担披露义务的内在原因。[④] 换言之，在具有特殊的信赖关系（besonderes Vertrauensverhältis）的情况下，沉默本身也可以构成欺诈。[⑤]

信赖导致披露义务的提升，是一项重要的法律制度，渗透于私法的各个分支。以美国法为例，在下述场景下，欺诈可能成立：B 是年轻人，A 是精明商人，A 非 B 的父母或监护人，但 A 像父母一样照顾 B，B 总是习惯性地接受 A 的建议。此后，A 与 B 订立合同，在签订合同时，A 没有披露他知道而 B 不知道的重要事实，被认为构成欺诈。在某些情况下，即使某些在先关系不具有完全信赖的属性，也可能成为告知义务的来源。例

---

① “A duty to speak arises from a fiduciary or confidential relationship or where a person is, ‘by force of circumstances’, under a duty to speak.” Boyd v. Boyd, 67 S. W. 3d 398 (Tex. App. Fort Worth 2002); “... it is not one party’s possession of superior information alone that generates the duty, but the possession of such information coupled with either a relationship involving a degree of trust and confidence, or the fact that the information in question was not reasonably available to the other party.” 26 Williston on Contracts § 69: 17 (4th ed.).

② Kronman, Mistake, Disclosure, Information, and the Law of Contracts, 7 J. Legal Stud. 1, 9 ff. (1978)；当然，在合同法上，有关信息是如何获取的，也会影响人们对是否构成欺诈的判断。例如，在《美国合同法重述（第二次）》第161条的第2个例示中，便提及和上文相同的例子，差别在于购买人是通过不法侵入（trespass）获得有关出卖人土地下有矿藏的信息。对此，该重述认为，购买人购买时未披露有关信息的行为构成了不实陈述。换言之，法律虽然通过承认信息利益以鼓励人们投资于信息的发现或获取，但如果获取信息的方式本身违法，则不能得到法律的“鼓励”。Eisenberg, Disclosure in Contract Law, 91 Cal. L. Rev. 1645, 1661 – 1681 (2003).

③ 相反，在以下例子中：C公司遭受严重损失后，A在明知B不知道C的损失的情况下，将C的股票卖给了B。A与B没有信托关系，因此A没有义务向B披露C的损失，其行为不是欺诈。Restatement (First) of Contracts § 472 (1932), Comments d, Illustration 4.

④ 757 F. 2d 163, 168 (7th Cir. 1985); Eisenberg, Disclosure in Contract Law, 91 Cal. L. Rev. 1645, 1682 (2003).

⑤ Palandt – Ellenberger, § 123 Rn. 5c.

如，若一方在交易中起初并未进行不实陈述，但嗣后发现不实的情况却依然保持沉默，其行为便属于“未能纠正（起初无过错之）不实陈述”(failure to correct misrepresentation)，进而可能构成欺诈。其正当性也在于交易过程中逐渐形成的信赖。在美国法上的法律示例中，A 向信用评级公司 B 报告了其财务状况，并期待 B 将这一内容传达给 B 的客户。此后不久，A 的财务状况严重恶化，但 A 并没有向 B 披露这一事实。在这一过程中，B 的客户 C 借款给 A。A 的不披露行为相当于断言其财务状况没有恶化，A 的行为构成对 C 的欺诈。① 又如，在一次闲谈中，A 告诉 B 他拥有一块 30 公顷的土地（此时 A 并没有出售土地的打算，且 A 确实以为有关土地的面积是 30 公顷）。随后 A 发现土地面积只有 23 公顷，尽管如此，A 还是与 B 订立了以 30 公顷为基础计算价格的合同。对此，法院认为，尽管在合同签订之时 A 向 B 指出了土地的边界，但其不披露真实面积的行为仍构成欺诈。② 再如，两被告的父亲为原告（公司）的董事长和唯一股东，二人均为公司高管，但未签署雇佣合同。后二人利用职务便利盗取原告商业机密，并帮助原告的竞争对手生产类似产品。初审法院认为被告不存在欺诈，上诉法院则认为被告利用原告的信任，窃取了原告的商业机密和客户信息，并不正当地使用该信息与原告竞争，其行为构成“推定欺诈”(constructive fraud)，即只要行为人从事了违反法律规定的信义义务的行为，便成立欺诈。在这种情况下，欺诈的故意（intent to deceive）、不诚实(dishonesty）等均非需要考察的事项。③

信义义务与欺诈常常相伴而生的原因在于，在信义义务关系中，一方（委托人）将自身的利益完全托付给另一方（受托人），若不提供有力的事后救济，委托人的利益将极易受损害，甚至使此种交易安排无法真正达成。这意味着信义义务本质上是一种“利他”义务，与一般交易中的“利己”（如买卖）或“善管”（如保管）都不同，强调受托人要告知委托人全部信息，交出全部获益，不谋求任何私益。若认识到这一点，便可以更好地理解资管交易、证券交易中信息披露的严肃性，理解实践中非常多

---

① Restatement (Second) of Contracts § 161 (1981), Comment c, Illustration 1; James et al., Misrepresentation, Part II, 37 Md. L. Rev. 488, 525 - 26 Fn. 13 (1978); Restatement (Second) of Torts § 551, Comment h, Illustration 2.

② Restatement (First) of Contracts § 472 (1932), Comments d, Illustration 1.

③ Scott System, Inc. v. Scott, 996 P. 2d 775 (Colo. App. 2000). 关于推定欺诈的构成要件，参见 26 Williston on Contracts § 69: 3 (4th ed.).

“知情权”争议所涉及的并不是无关痛痒的信息的获取与传递问题。

2. 欺诈故意的多重含义

民法欺诈中的“故意”，强调行为人具有诱使对方当事人作出错误意思表示的主观状态。在这一点上，民法上的欺诈与刑法上的欺诈有所区别：民法强调行为人意思受到的不当影响以及欺诈人对意思自由的违法干涉，刑法则注重欺诈中获取财产利益的意图。即前者强调对他人意思自由的不当干涉，重心既不在于获利，也不在于造成他人财产损害的意图；后者重心则在于获得财产的非法犯意或“非法占有”[①]的意图。基于此，民法的欺诈与刑法的诈骗被分别对待，民法上的欺诈在构成上更为宽松，只要存在使他人陷入错误意思表示的故意即可，无须存在造成他人损害的故意（Schädigungsabsicht）。[②] 从历史发展上看，在《德国民法典》第一草案制定时，立法者曾将民法上的欺诈与刑法上的欺诈等同对待，认为“任何违反诚信并造成他人损害的恶意欺诈都构成诈骗（Betrug）”。[③] 而到第二草案制定时，立法者认识到民法上的欺诈要件中有与刑法不同的、“具有民法自身特点的故意概念或要件”。[④] 与民法、刑法的上述区分相关，法律视角下的欺诈还可以作更为细致的分类，如可以分为关于事实的欺诈和允诺欺诈，前者如出卖人故意隐瞒标的物的瑕疵而订立买卖合同并收取高价；后者指无履约的意思却声称将履行合同并作出承诺。[⑤] 刑法上的诈骗更多是指向后者。

就故意的类型而言，一般认为，无论直接故意还是间接故意，均可构成欺诈。例如，在以沉默隐瞒真实信息的情况下，须行为人至少认识到这样的可能性：若公开有关信息，则相对人将不会作出相应的错误意思表

---

① 陈兴良：《合同诈骗罪的特殊类型之“两头骗”：定性与处理》，载《政治与法律》2016年第4期。

② 叶名怡：《涉合同诈骗的民法规制》，载《中国法学》2012年第1期。

③ Mot., S. 208 = Mugdan, Bd. I, S. 467.

④ Endemann, Lehrbuch des Bürgerlichen Rechts, Bd. I, 6. Aufl., 1899, S. 312; Rösler, Arglist im Schuldvertragsrecht: Zum Schnittfeld von vorsätzlicher und fahrlässiger Fehlinformation, AcP 207, 564, 572.

⑤ 例如，在童话故事《青蛙王子》中，公主想让青蛙帮忙捞回掉在井里的球，青蛙的条件是“让我做您的好朋友，我们一起游戏……”等，小公主答应上述条件，“只要你愿意把我的金球捞出来，你的一切要求我都答应。”但是，“小公主虽然嘴上这么说，心里却想：‘这只青蛙可真够傻的，净胡说八道！他只配蹲在水潭里，和其他青蛙一起呱呱叫，怎么可能做人的好朋友呢？’”小公主的状态，便是一种允诺欺诈。Ayres et al., Insincere Promises, Yale University Press, 2005, p. 3.

示。另外，需说明的是，就欺诈的构成而言，并不要求欺诈人明确知悉自己所陈述的信息是不真实的。只要欺诈人不确定有关信息的真实性，并对致他人陷入错误持放任态度即可。[①] 从意思表示的过程来看，行为人作出意思表示的同时，并不需要作出诸如"我肯定该意思表示的真实性"的表达，因为此类确信已经内化于意思表示本身。[②]

对欺诈故意的判断，可分解为两个层次，一是表达内容的真实性考察（veracity inquiry）；二是主观状态考察（scienter inquiry）。例如，行为人明知自己行将破产不能兑现有关支票还签发支票时，其是否有清偿能力为真实性考察所探问的事项；其签发支票时是否知悉该不能清偿状态为主观状态考察的事项。[③] 在多数情况下，裁判者关心的主要是行为人是否进行了虚假陈述，同时推定只要进行了虚假陈述，当事人便具有欺诈故意。另外，如前所述存在信义义务关系时，构成欺诈所要求的故意要件甚至会被违反信义义务的行为本身所替代。

值得一提的是，在某些情况下，即便当事人明知有关事实为虚假，也可能不具有欺诈的故意。以航空公司超卖机票为例，航空公司在对外销售机票时，可能明知若全部购票的乘客乘机，将无法履行部分合同，但这并不意味着航空公司的行为当然构成欺诈。即便航空公司在售票时未进行任何提醒，鉴于总是存在某些乘客不如约乘机的情况，因此，超卖并不等于航空公司不能履行合同。况且，即便实际乘机人超过飞机的座位数，也会有个别乘客愿意接受优厚补偿（如乘坐下一航班可以免费升舱）而"让座"。仅在航空公司过度超卖时（如多次出现乘客无法乘机的争执），才可能构成欺诈。[④] 这意味着，是否构成故意，很大程度上不是非黑即白的事项，而是一个履约可能性问题。[⑤]

三、欺诈恶意导致其他构成要件的放宽

如本文开头所述，欺诈与错误密切相关，那么，既然欺诈的结果是受欺诈人产生错误认识并在此基础上为意思表示，可否用错误制度替代欺

---

① MüKoBGB/Armbrüster, § 123 Rn. 15.

② Searle, Intentionality, Cambridge University Press, 1983, pp. 9 - 10.

③ German National Bank v. Princeton State Bank; Ayres et al., Insincere Promises, Yale University Press, 2005, p. 52.

④ British Airways Board v. Taylor, [1976] 1 All E. R. 65, HL.

⑤ Ayres et al., Insincere Promises, Yale University Press, 2005, p. 211.

诈？一般认为，在欺诈中，相对人的错误可以是民法错误制度下的“内容错误”（Inhaltsirrtum），但主要是民法错误制度原本不提供救济的“动机错误”（Motivirrtum）。[①] 后者如公司（管理层）发布虚假信息，导致投资者因此买卖股票（证券欺诈）。对于动机错误，民法上并非完全不提供救济，只是相比内容错误而言要求更为严格的要件。也正是在这一意义上，可认为欺诈是错误制度的例外：法律提供此种例外性救济的正当性在于恶意欺诈对意志自由的严重侵害。[②] 除此以外，欺诈恶意的存在，还使法律在其他构成要件上往往采取相比诸如错误制度等更为宽松的标准，以下详述之。

1. 因受欺诈而撤销意思表示不要求内容上的实质性

在法律行为的视角下，因为欺诈将导致合同的撤销，似乎要达到类似解除合同制度中“根本违约”的程度，或者达到错误制度中足以影响交易基础的程度，但欺诈恶意的存在，降低了法律在实质性（materiality）要件上的要求。具体而言，只要行为人不实陈述了任何能引起或影响交易的情事，就足以构成欺诈，受欺诈人进而可寻求撤销合同等救济。这是欺诈与其他类似法律制度的重要区别。其考量在于，影响表意人做出决定的因素很多，其中不乏一些主观的、个人化的因素，如果采取一般化的“实质性”标准，很可能会忽略这些个人的因素，这在错误的情况下尚有合理性，但在有欺诈恶意的情况下，很可能过于宽纵欺诈人而损害受欺诈人。

在美国法上，以《美国合同法重述（第二次）》等示范规则为例，第164条规定，“若一方当事人的意思是因合理信赖另一方的欺诈的或实质性

---

① Flume, BGB AT II (Rechtsgeschäft), Springer, 4. Aufl., 1992, § 27, Rn. 1.

② Allgemeiner Teil des Bürgerlichen Gesetzbuchs, 3 Aufl., Rn. 865; Medicus, Rn. 787; Arglist im Schuldvertragsrecht: Zum Schnittfeld von vorsätzlicher und fahrlässiger Fehlinformation, AcP 207, 564, 575. 在美国法上，一般认为，如果错误并不是由对方当事人的行为所造成的，则只成立错误（mistake）而不成立欺诈。Mercury Oil Refining Co. v. Oil Workers Intern. Union, CIO, 187 F.2d 980 (10th Cir. 1951); 26 Williston on Contracts § 69: 2 (4th ed.) (Fn. 21).

的不实陈述所‘引致’（induced），则受不实陈述的一方可以撤销合同。”①在该条的官方说明中，起草者强调：“非欺诈的不实陈述，需要具有实质性，合同相对方才能撤销，但欺诈性的不实陈述，则不需要具有实质性。”② 在欺诈的情况下，前述所谓“引致”（induced）他人作出意思表示，并不要求欺诈是表意人作出意思表示的唯一原因。③

在德国法上，也有观点认为，就欺诈背后的告知义务而言，当事人需要披露的，“既不是完全不重要（völligunerhebliche）的信息，也不是完全属于个人利益的信息”。④ 类似的考量，在与欺诈撤销类似的欺诈解除制度中也存在。在一个房屋买卖合同案中，买方购买的房屋漏水，出卖人恶意隐瞒了这一瑕疵并拒绝修理。该案中房屋价格为84000欧元，而瑕疵修补价格为2500欧元。鉴于出卖人拒绝修理，买受人主张解除合同。法院认为在判断买受人是否可以解除合同时，除了要判断瑕疵与标的物价值之间的比例关系外（包括美学方面的不同认识，如意图买一辆红色车，但交付了

① “... fraud as to any circumstances actually inducing a bargain may justify relief, although mistake must be as to a matter that formed a fundamental basis of the bargain.” 26 Williston on Contracts § 69: 16 (4th ed.). “Although a fraudulent misrepresentation need not be material in order to entitle the recipient to relief under the rule stated in § 164, a non－fraudulent misrepresentation will not entitle him to relief unless it is material. The materiality of a misrepresentation is determined from the viewpoint of the maker, while the justification of reliance is determined from the viewpoint of the recipient.” Restatement (Second) of Contracts § 162, Comment i (1981). “Innocent material misrepresentation though not accompanied by negligence has the same effect as fraud in rendering a contract or discharge voidable. The difference between the effect of innocent and that of fraudulent misrepresentation in producing this result is twofold. In the first place materiality of the mistake induced by innocent misrepresentation is essential while materiality is not essential if a mistake induced by fraud produces the intended consequences.” Restatement (First) of Contracts § 476, Comment b (1932); “It is not essential to constitute fraud, as defined in the Section, that the mistake intended or expected shall be material, judged by the opinion of reasonable men. It is enough that the mistake is intended or expected to induce either affirmative or negative conduct with reference to contractual relations.” Restatement (First) of Contracts § 471, Comment i (1932).

② 例如，A诱使B与其订立合同，A以1000美元每公顷的价格将一片土地出售给B，A明知自己的该片土地总共有90公顷，但对B声称该片土地有100公顷。因A存在欺诈行为，故无论该不实陈述是否具有实质性，均不影响B撤销合同。Restatement (Second) of Contracts § 162, comment b, Illustration 1 (1981).

③ 例如，在交往中，欺诈一方作出两个陈述，一个真实，一个欺诈，另外一方基于对这两个陈述的信赖而作出意思表示，此时尽管欺诈并不是作出意思表示的唯一原因，但有关行为依然可以构成欺诈。Restatement (Second) of Contracts § 167, Comment a, Illustration 2 (1981).

④ 即欺诈所涉及内容的重要性程度，要比瑕疵担保责任中的“瑕疵”弱。Rösler, Arglist im Schuldvertragsrecht: Zum Schnittfeld von vorsätzlicher und fahrlässiger Fehlinformation, AcP 207, 564, 569－570.

蓝色车，尽管价值无差别，但仍可构成严重瑕疵），还要考虑当事人的主观状态。在行为人存在恶意时，合同的解除可不受上述比例关系的限制。这虽然是一个当事人谋求解除合同的案例，但其中对欺诈因素的处理，仍然值得借鉴：欺诈降低了合同解除的标准。具体到前述案件中，虽然瑕疵修补的价格仅为2500欧元，但买受人仍可解除合同，并要求出卖人赔偿其包括中介费、公证费等支出在内的其他损害。对于这一裁判，德国主流学说也持支持态度。① 总之，当履行仅仅有微小瑕疵时，当事人并不能解除合同（《德国民法典》第323条第5款第2项）。但在恶意欺诈的情形下无需再考虑是否符合该比例原则。②

反观我国法上的“宾利车案”，原告购买宾利牌汽车（550万元）两年后，从网上查知该车有漆面损伤和窗帘更换的维修记录，认为被告构成欺诈，请求法院撤销合同，要求被告返还购车款，并承担购车款三倍的惩罚性赔偿责任。对于出卖人在车辆交付前未告知原告上述维修情况是否构成欺诈，一审法院认定被告存在欺诈行为，因为案涉车辆品牌溢价高，轻微瑕疵也会严重影响车辆价值、造成消费者损失。③ 二审法院则认为不构成欺诈。④ 二审法院关于欺诈的分析有两点值得商榷。第一，在法律层面，法院认为，欲构成欺诈，所隐瞒的内容必须影响“消费者缔约的根本目的”。如前所述，从限制欺诈的目的考量及欺诈存在恶意的特点而言，那些不披露行为，若隐瞒了影响消费者对交易风险、成本及收益评估的信息，只要诱使当事人作出了意思表示，则即便不具有“实质性”，也应构成欺诈。第二，在事实层面，二审法院在出卖人有隐瞒真实信息行为的情况下认为经营者无隐瞒更换窗帘信息的故意，与欺诈认定的通常做法不

① Palandt - Grüneberg，§ 323 Rn. 32.

② MüKoBGB/Ernst，§ 323 Rn. 216；Palandt - Grüneberg，§ 323 Rn. 32；BGH NJW 2006，1960；2007，835；Derleder/Sommer，JZ 2007，338.

③ 参见贵州新贵兴汽车销售服务有限责任公司、大众汽车（中国）销售有限公司买卖合同纠纷案，贵州省高级人民法院（2016）黔民初166号民事判决书。

④ 二审法院认为，本案中车辆漆面瑕疵属于在新车流通存储环节的轻微瑕疵，经营者的行为属于新车交付前的合理行为，几乎不涉及实质性财产利益，因此经营者无告知义务。而对于窗帘问题，二审法院认为，被告无法证明该问题与新车运输、存储有关，且更换涉及的费用数额并非显著偏低，经营者有告知义务。但窗帘更换未影响到消费者缔约的根本目的，且从经营者缔约时对车的瑕疵不知情及其上传了相关维修信息两点，可认定经营者无隐瞒的故意从而不构成欺诈，因此不支持原告撤销合同及三倍赔偿的请求。参见贵州新贵兴汽车销售服务有限责任公司、大众汽车（中国）销售有限公司买卖合同纠纷案，最高人民法院（2018）最高法民终12号民事判决书。

符。法院之所以如此严格认定，或许是考虑到三倍价款的惩罚性赔偿对出卖人过于严苛。但法院为了避免严苛的法律后果而为欺诈构造一个严格的构成要件，不仅在该个案中无法有效惩罚欺诈，后续的社会效果也很可能是进一步纵容欺诈。

2. 欺诈恶意导致因果关系认定上的放宽

欺诈因果关系包含两个层次，其一是有关欺诈行为导致受欺诈人陷入错误认识；其二是有关欺诈行为构成受欺诈人作出意思表示的必要条件，即若无欺诈，则当事人不会订立，或不会在该时间订立，或不会以该内容订立合同。①

在判断责任成立与否②时，侵权法对因果关系要件的判断采取相当性理论，要求行为与损害之间存在客观概然性。但“客观概然性”依托“事物通常的发展过程”，本身就蕴含着一般侵权人（或称“抽象观察者”）可合理预见的意涵，这样一来，司法实践中对因果关系之“相当性”和过错之“可预见性”的判断便相互重叠，从而构成因果关系与过错的“竞合”。为此，当代侵权法在过错要件的构建上淡化了可预见性标准，从而避免理论设计的累赘，亦使裁判更为简洁。不过，正如学者所指出的，在当事人的过错能力、过错程度具有特殊性时，可预见性标准的主观功能并不能被相当性标准所替代。③ 有鉴于此，我国学者总结认为，“过错往往成为对因果关系学说加以修正，或者帮助其摆脱困境的重要因素”“成为解决因果关系问题的主要依据”，④ 比较法上也有学者认为，“原告的加害故

---

① BGH NJW 2015, 1669; MDR 2001, 1042, 1043; 在一个德国法案例中，买受人与出卖人协商购买1万公斤浓缩橙汁。在买受人对出卖人的报价表示异议时，出卖人声明，其必须坚持这一价格，否则其收益率将低于5%。事实上，出卖人的收益率数倍于5%这一数字。买受人签订买卖合同后发现了这一事实，遂主张出卖人的行为构成欺诈。法院支持了买受人的主张：若无出卖人的欺诈行为，买受人将不会订立此合同。BGH NJW 1964, 811; Bork, Allgemeiner Teil des Bürgerlichen Gesetzbuchs, 3 Aufl., Rn. 871. 在另一个案件中，出租人对房屋面积有欺诈，但承租人和出租人在订立租赁合同时根本未考虑面积问题，如承租人是在实地探查房屋后才决定订立房屋租赁合同，则有关房屋面积的欺诈与房屋租赁合同的订立之间不存在因果关系。Palandt - Ellenberger, § 123 Rn. 24.

② 在美国证券法上，也存在责任成立或交易因果关系（transaction causation）与责任范围或损害因果关系（loss causation）的区分。Cox et al., Treatise on the Law of Corporations, 2nd Edition, Wolters Kluwer, 2003, §12.09 (p. 674).

③ 李中原：《侵权法上因果关系与过错的竞合及其解释路径》，载《法律科学》2013年第6期。

④ 王卫国：《过错责任原则：第三次勃兴》，中国法制出版社2000年版，第180页。

意……可以排除任何关于损害遥远性的问题。”① 其理由是，相当因果关系原本就是价值衡量工具而非对事实因果关系的重述，而在侵权法对行为自由与法益保护的权衡中，如果行为人无视法律的禁止性规定故意侵害他人权益，侵权法没有必要再用相当因果关系来限制行为人的责任。在这个意义上，“故意侵权法是只须考虑受害人权益保护的单向度的救济法，而不是要求平衡加害人行为自由和受害人权益保护的双向度的平衡法。”②

欺诈是典型的故意行为，在其构成之因果关系的判断上，这一观念具有重要指导意义：欺诈制度的规范重心在于行为人欺骗他人的故意行为，对于受欺诈方的意思状态，应持宽容的态度。换言之，行为人的欺诈可以将相对人的“重大过失”正当化。某些时候，欺诈人的谎言可能相当拙劣，一般理性人并不会相信，但这一合理理性人的标准并不能适用于对欺诈的判断。这也是各国普遍确立的法律原则：在行为人欺诈时，相对人存在重大过失而不知，受欺诈人的撤销权不受影响，即就撤销权的取得而言，相对人的过失不在欺诈认定的考虑之内。③ 对此，《德国民法典》（如第442条第1款第2句）和《德国商法典》均有所规定。如在商事买卖中，尽管双方约定了检验期，但若出卖人有欺诈行为，则尽管检验期届满，也不影响买受人主张瑕疵责任的权利（《德国商法典》第377条第5款）。另外，在双方约定瑕疵排除条款时，若出卖人故意隐瞒标的物的瑕疵，则有关排除瑕疵的条款也无效［如《德国民法典》第444条（买卖合同）、第543条第4款（租赁合同）、第639条（承揽合同）等］。相比而言，我国合同法第一百五十一条规定，买受人订立合同时知道或者应当知道第三人对买卖的标的物享有权利的，出卖人不承担本法第一百五十条规定的（权利瑕疵担保）义务。这意味着在买受人因重大过失而不知标的物瑕疵时（应知），即便出卖人存在欺诈行为，也很可能无法获得救济，在利益权衡上，可能有失公允。

除可以正当化受欺诈人的重大过失外，欺诈恶意还会导致因果关系判

① “The intention to injure the plaintiff... disposes of any question as to remoteness of damage.” Quinn v. Leathem, [1901] A. C. 495, 537; “Where the gist of the alleged causal connexion is that defendant coerced or deceived another into acting in a certain way, this connexion would be established if he intended him to act in that way, however unusual such action might be.” Hart et al., Causation in the Law, Clarendon Press, 1959, p. 160.

② 阳庚德：《侵权法对权利和利益区别保护论》，载《政法论坛》2013年第11期。

③ BGH NJW - RR 2005, 1082, 1083; NJW 2001, 64.

断标准在其他方面的放宽，具体体现在以下几个方面。

其一，欺诈导致必要因果关系的放宽。很多国家在规范撤销因欺诈而订立的合同时，都放宽了对因果关系要件的要求。例如，在普通法上，要确立责任，欺诈只要构成受欺诈人行为的原因之一即可，而不要求其构成“主要的”（main）或“实质的”（substantial）“引致”（inducement）。[①] 又如，在英国法上，撤销因欺诈而订立的合同时，必要条件即“要不是”检验（but for test）并不适用。具体来说，即便被告欺诈人的抗辩“如果没有我的欺诈，原告也会订立合同”成立，也不影响原告撤销合同的主张，只要原告证明自己受到了被告欺诈的影响即可。[②] 换言之，在存在故意尤其是欺诈的恶意时，没有必要再对法律中原本普遍关注的原因力进行考察。法官作为裁判者不必推断假设没有欺诈，当事人会订立何种内容的合同。[③] 当然，需要注意的是，在一些国家如美国法上的这一规则仅适用于合同撤销，若当事人寻求损害赔偿，则仍需证明欺诈导致了原告所主张的损害。[④] 在德国法上，尽管通说仍然坚持在当事人主张撤销意思表示时，欺诈和有关意思表示之间须存在因果关系，但在具体尺度上有所缓和，在判断上更强调主观因素而非社会一般标准。[⑤]

其二，特定领域内的欺诈可豁免对因果关系的考察。在欺诈因果关系理论中，证券欺诈中因果关系的认定是一个难点。在英国 1906 年的 Macleay v. Tait 一案中，Halsbury 勋爵认为，“如果招股书就是被计划用于诱发人们参股，并且人们也确实参股了，则应当认为受到谎言污染的招股书是作为一个整体在发挥作用，而不能期待人们将自己的心理感觉分析得如

---

① Hart et al., Causation in the Law, Clarendon Press, 1959, p. 178.

② Re Leeds Bank (1887) 56 L. J. Ch. 321; “... you can't weight the elements by ounces.” Arnison v. Smith (1889), 41 Ch. D. 348, 369; “In case of fraud, if the representee seeks to rescind, it is no defence for the representor to show that if the misrepresentation had not been made, the misrepresentee would still have made the contracts.” Beale (ed.), Chitty on Contracts, 30th Vol. I, Thomson Reuters Limited, § 6 - 035 (“But for causation not required for rescission for fraud”).

③ “It is not necessary for the judge to embark on a hypothetical reconstruction of what the parties would have agreed had the deceit not occurred.” [1997] A. C. 254, 284 - 285.

④ “The rule only applies to rescission, however. The victim of fraud cannot recover damages unless the fraud caused the loss for which damages are claimed.” Beale (ed.), Chitty on Contracts, supra note 32, § 6 - 035. 如前所述，在寻求损害赔偿时，《美国侵权法重述》也要求欺诈应具有实质性。Restatement (Second) of Torts § 538 (1977).

⑤ “Daher ist die Kausalität der Täuschung auch allein subjektiv zu beurteilen und nicht etwa nach dem Maßstab eines verständigen Dritten.” MüKoBGB/Armbrüster § 123 Rn. 22.

此精密，以至于能够说明究竟是哪一个特定陈述诱发他们出资。"[①] 这一判断随着证券法的发展而被日益强化。时至今日，及时、充分的信息披露制度已成为保护投资者的关键手段。[②] 而若披露义务人"对某一重大事实作出不真实的陈述或遗漏陈述必要的重大事实"[③] 就可能被认定为欺诈。在具体实践中，法院对此一般采取如下态度：第一，在一些案件中，尤其是故意不披露特定信息的案件中，以"重大性"替代因果关系，若所隐瞒的信息足够重大，则推定其对受欺诈人的行为产生了影响，进而无须原告证明其对未披露的信息存在信赖。[④] 第二，以"欺诈市场理论"（fraud on the market）[⑤] 免除受欺诈人对信赖的证明，即认为公司股票的价格取决于市场上有关该公司及其经营的信息，而虚假信息将影响股票的价格。这意味着即便当事人不了解有关虚假信息，其在购买股票时也受到了欺诈的影响，因此仍可基于欺诈制度寻求救济。这相当于认为受欺诈人对有关信息或陈述的信赖，并不比在单个的一对一交易中的信赖更弱。[⑥] 结合前文关于欺诈理论的分析可知，证券欺诈中的上述因果关系推定规则，并不在于证券交易的特殊性，其根源仍在欺诈制度的一般原理中。

总之，欺诈制度各构成要件之间是相互影响、此消彼长的关系。在发

---

① ［1906］A. C. 24，26；Hart et al.，Causation in the Law，Clarendon Press，1959，p. 178.

② 也是在这个意义上，投资者保护和股东保护有所不同，前者着眼于证券市场上的公司证券持有人乃至潜在的购买人，专注于证券买卖的过程，后者则着眼于股东权利的保护。在美国法上，这甚至体现为联邦法和州法的区分。Cox et al.，Treatise on the Law of Corporations，2nd Edition，Wolters Kluwer，2003，§12.09，（p.657）.

③ 17 C. F. R. 240. 10b－5. 在学理上，这一规则被分解为以下四个要件：重大性（materiality）、欺诈的故意（deliberate recklessness of fraudulent intent）、实际购买或卖出证券（the purchaser or seller requirement）、与欺诈行为有关联（in－connection－with）、损害（damages）和因果关系（causal relationship）。该规则的部分内容在我国最高人民法院的司法解释中也有所体现。如《最高人民法院关于审理证券市场因虚假陈述引发的民事赔偿案件的若干规定》第十八条规定："投资人具有以下情形的，人民法院应当认定虚假陈述与损害结果之间存在因果关系：（一）投资人所投资的是与虚假陈述直接关联的证券；（二）投资人在虚假陈述实施日及以后，至揭露日或者更正日之前买入该证券；（三）投资人在虚假陈述揭露日或者更正日及以后，因卖出该证券发生亏损，或者因持续持有该证券而产生亏损。"

④ 代表性的判例如 Affiliated Ute Citizens v. United States，406 U. S. 128（1972）. 值得说明的是，在该案中，原告与银行之间进行了面对面（face－to－face）的交易，银行未披露有关证券被以更高的价格转售。在当事人之间，存在着信义义务的关系（fiduciary relationship）。

⑤ Basic Inc. v. Levinson，485 U. S. 224（1988）.

⑥ Peil v. Speiser，806 F. 2d 1154，1160－61（3d Cir. 1986）；Basic Inc. v. Levinson，485 U. S. 224，229；Oscar Private Equity Investments v. Allegiance Telecom，Inc.，487 F. 3d 261（5th Cir. 2007）.

生欺诈时，因行为人主观恶意明显，不仅导致前文所述不要求欺诈内容上的实质性，也很大程度上降低了考察因果关系这一要件的必要性。即不要求行为人作出意思表示时的误解全部由欺诈引起，只要欺诈是引发该错误认识的共同原因即可。在判断因果关系时，只要欺诈引起的错误在效果上“加速”了缔约决定的过程即可，例如行为人的欺诈导致受害人不再进一步协商有关合同的价格条件。①

四、恶意欺诈的加重责任

民法中针对欺诈的救济很丰富。因欺诈往往会导致受欺诈人作出特定的意思表示或从事特定法律行为，合同法所提供的救济，往往“优于”侵权救济。② 当然，侵权法作为保护民事权利的基础性法律规范，也仍有其重要意义。我国民法欺诈制度上最为人熟知的，是欺诈撤销制度。

1. 从撤销后的相互返还到没收

意思表示的撤销属于财产规则（property rule）③ 类的救济。与其他意思表示撤销制度类似，欺诈撤销是一项“全有全无”的制度——如果合同当事人因受欺诈而行使了撤销权，则合同自始不发生效力，且当事人已经作出的履行须全部返还。④ 比较而言，在瑕疵担保制度下，退货或解除合同等彻底取消交易的安排只是选项之一，除此以外当事人还可以选择修理、更换、损害赔偿等救济方式。

与通常的认识不同，撤销之后的相互返还并不是中性的，目的并不是真正使当事人回到“未缔约之前的状态”。其原因在于，尽管适用不当得利的返还规则，但欺诈人因其恶意须返还全部获益，而受欺诈人仅须返还

① BGH LM Nr. 30a；BGH LM Nr. 16；RGZ 134，43（51）；MüKoBGB/Armbrüster，§123 Rn. 25.

② ALI，Restatement of Torts：Liability for Economic Harm，Third，§9，Comments a：“the best legal response to the act of fraud is not necessarily a claim in tort for fraud...”

③ Ayres et al.，Insincere Promises，Yale University Press，2005，p. 80；Craswell，Property Rules and Liability Rules in Unconscionability and Related Doctrines，60 U. Chi. L. Rev. 1，7－8（1993）.

④ 需要注意的是，如果欺诈行为使某人同意为某种其在了解真相的情况下不会同意的行为，则其行为是可撤销的，这也是我们通常所讨论的欺诈。而若欺诈行为使被欺诈人不知道其将为何种行为，或者行为人本以为订立了A合同，但因为欺诈行为签署了B合同，应认为双方意思表示并未达成一致，进而合同自始不成立。实际上，在我国票据法上，对于以欺诈等手段获得的票据，持票人是“不得享有票据权利”的（第十二条）。其背后的原理就是：那些因受欺诈而从事的票据行为，是出票人、承兑人根本不想从事的行为，即并未作出意思表示或达成一致，故该行为根本不能成立而不生效力，而不是可撤销行为。

现存利益。如标的物非因受欺诈人的过错而毁损灭失，则受欺诈人不再负担返还义务，但受欺诈人对欺诈人的返还请求权不受影响。实际上，比较法上甚至还存在这样的规则：即使在因受欺诈人过错而致标的物毁损灭失的情况下，法院也应根据诚信原则，权衡欺诈行为的严重程度和受欺诈人的过错程度加以判断，必要时仍可免除受欺诈人的返还义务。[①] 这些返还规则意味着欺诈人要承受其自己履行的损耗乃至贬值和灭失的风险。还值得一提的是，若区分负担行为与处分行为，则在买卖交易中存在欺诈时，负担行为的效力原则上都是自始无效，但处分行为的效力应分别讨论：若出卖人欺诈，在买受人撤销后，负担行为无效，但处分行为效力不受影响；若买受人欺诈，则在出卖人撤销后，负担行为无效，处分行为也无效。[②]

我国民法上对欺诈撤销权的限制主要体现在除斥期间规则上。即受欺诈人应在知悉受欺诈一年之内行使撤销权，且最长不超过五年，以避免当事人之间的权利义务关系长期处于不稳定状态。在比较法上，在除斥期间经过的情况下，受欺诈人固然不能行使撤销权，但受欺诈人可取得“恶意抗辩权”（exceptiodoli），拒绝欺诈人的履行请求而无需承担违约责任（如《德国民法典》第853条），且这一抗辩不受时效期间的限制。[③] 换言之，即便撤销权的时效经过或者欺诈侵权损害赔偿的时效期间经过而使受欺诈人无法摆脱合同关系，受欺诈人仍可以拒绝欺诈人的履行请求。这是对欺诈撤销、欺诈侵权制度的重要补充，事实上也贯彻了惩罚欺诈的价值选择：只要有关权利或合同是通过欺诈的方式取得的，则尽管针对欺诈的积极救济权消灭或无法行使，欺诈行为人仍不能实现其非法取得的权益（如履行请求权）。[④] 当然，作为平衡，受欺诈人在行使恶意抗辩权时，尽管无需履行自身的义务，但应返还其已经从欺诈人处获得的对待履行，除非有

① BGH NJW 1972, 36, 39; Palandt - Sprau, § 818Rn. 49.

② Staudinger/Singer/Finckenstein, BGB § 123 Rn. 91.

③ 在制定《德国民法典》时，起初Planck曾提出应规定恶意抗辩制度，遭拒绝，理由是对于欺诈已规定了撤销权的救济，如果在此之外规定恶意抗辩的制度，将会掏空时效制度。但此后的《德国民法典》第二草案中，还是接受了恶意抗辩的制度并沿用至今。Palandt - Sprau, §853 Rn. 1; BGH NJW 1969, 604.

④ 我国台湾地区“民法”第198条规定了恶意抗辩制度（“因侵权行为对被害人取得债权者，被害人对该债权人之废止请求权，虽因时效而消灭，仍得拒绝履行”），在我国台湾地区的司法实务中，亦有过针对该抗辩的裁判。如我国台湾地区“最高法院”1957年台上字第1228号判决、2001年台上字第399号判决。

关交易满足不法得利的要件。[①]

需要说明的是，总体而言，实务中恶意抗辩的制度应用较少。[②] 原因在于，受欺诈后，要么受欺诈人及时发现了欺诈而拒绝履行并请求撤销其意思表示；要么受欺诈人已因欺诈作出了相应履行而无从行使恶意抗辩权。至于受欺诈后当事人既未撤销又未履行的情况，少之又少。除此以外，一个重要的原因是基于不当得利的侵权损害赔偿制度的存在。如我国台湾地区“民法”第197条规定，“因侵权行为所生之损害赔偿请求权，自请求权人知有损害及赔偿义务人时起，二年间不行使而消灭，自有侵权行为时起，逾十年者亦同。损害赔偿之义务人，因侵权行为受利益，致被害人受损害者，于前项时效完成后，仍应依关于不当得利之规定，返还其所受之利益于被害人。”根据该条规定，在受欺诈的情况下，即便不能撤销，受欺诈人仍然可以根据侵权法，经由不当得利法而请求返还欺诈人因欺诈获得的利益，同时享有十年的时效期间保护。[③]

商法上关于欺诈撤销权也有一些值得注意的特别规定。我国保险法第十六条第三款就是一例。该条规定，在投保人故意或者因重大过失未履行告知义务的情况下，若“自合同成立之日起超过二年的”，则保险人不得解除合同。[④] 上述“不可抗辩条款制度”设计的主要目的有两个：(1) 促使保险人尽职地调查投保人的健康状况，并为其保留相对充分的调查时间

---

① MüKoBGB/Wagner, §853 Rn. 3.

② BeckOGK/Eichelberger BGB, § 853 Rn. 4.

③ 关于第197条第2项请求权的性质，我国台湾地区司法实务及学者曾多采“构成要件准用说”，认为其系不当得利请求权，得与侵权行为损害赔偿请求权竞合并存，参见史尚宽：《债法总论》，中国政法大学出版社2000年版，第226页。需要注意的是，我国台湾地区“民法”第197条第2项系仿自《德国民法典》第852条的规定，而近年来，德国学者则采“法律效果准用说”，认为该请求权的行使，不以具备不当得利的要件为必要，乃是基于侵权行为的要件，以不当得利法的规定确定损害赔偿义务人的赔偿范围。在BGH裁判的一个案件中（BGHZ 71, 86），BGH认为，即便难以认定受益和受损之间存在因果关系，也应保护受损一方的返还请求权，从而确立了和不当得利返还请求权不同的构成要件（原则上要求损害与受益之间存在因果关系）。即，只要存在侵权行为，并且该行为造成了损害，当事人就可以请求侵权行为人返还其得利，即便在该损害与得利之间仅存在间接的因果关系。详细案例，可参见王泽鉴：《不当得利》，北京大学出版社2015年版，第288页。德国法上的相关研究，参见如Ebert, Der deliktische “Rest - Schadensersatzanspruch” nach der Schuldrechtsreform, NJW 2003, 3035。

④ 见某保险公司北京分公司与王某等健康保险合同纠纷上诉案，北京铁路运输中级人民法院（2014）京铁中民（商）终字第211号民事判决书。另见中国平安人寿保险股份有限公司内江中心支公司与曾友荣保险合同纠纷上诉案，四川省内江市中级人民法院（2016）川10民终972号民事判决书。

（两年）；（2）为投保人提供稳定的预期。我国司法实务中多认为保险法关于合同解除权的规定为特别法，优于合同法关于欺诈撤销权的规定。实践中仅有个别判决认为二者在法律适用上并不冲突而支持适用合同法第五十四条。[①] 这意味着若保险公司不能在两年内发现欺诈行为，则需要履行有关保险责任。在欺诈行为较为隐蔽时，此种规定势将影响保险公司的风险测算。[②] 即便保险公司可以通过增加保费而避免此种不当欺诈的损害，也不过意味着由更多人分担了欺诈行为带给保险人的负面影响。另外，与过失的不实陈述相比，欺诈行为人可能会更加仔细地谋划其欺诈安排，导致保险人在短时间内无法发现有关欺诈行为。比较而言，在德国保险合同法上，尽管也规定了不可抗辩条款，但对欺诈的情形设置了例外。一方面，保险人的合同解除权在欺诈情形下十年不行使方消灭（第21条第3款）；另一方面，除了可行使解除权外，保险人还可以根据民法一般规则撤销其意思表示，进而摆脱合同关系的拘束（第22条）（而根据《德国民法典》第124条，撤销权自欺诈行为发生时起十年内不行使而消灭）。不可抗辩条款在英美保险法上也有广泛的应用。[③] 但在成文法与判例法相互作用的情况下，在英国或美国都不乏因欺诈而否定不可抗辩条款应用的裁判。[④] 例如，在 Paul Revere Life Insurance Co. v. Haas 一案[⑤]中，投保人故意隐瞒了其视网膜色素变性的疾病，并于投保两年后要求保险公司赔偿。在这个案件中，保单里一方面约定了不可抗辩条款（当然，这也是成文法的要求），另一方面也约定“首次显现”条款（first manifestclause）：保险公司承保的有关疾病必须是在承保期间首次显现。原告认为首次显现条款与不可抗辩条款相冲突，因此应认定为无效。上诉法院支持了原告的主张，新泽西州最高法院在分析了不可抗辩条款的立法历史并进行政策考量后，认

---

① 相关案例详见武亦文：《投保欺诈的法律规制路径》，载《法学评论》2019年第5期。

② Newkirk, An Economic Analysis of the First Manifest Doctrine, 76 Neb. L. Rev. 819, 839 (1997).

③ Kan. Life Ins. Co. v. First Bank of Truscott, 124 Tex. 409, 78 S. W. 2d 584, 586 (1935); Whitaker, Rescission of Life Insurance Policies in Texas, 59 Baylor L. Rev. 139, 140 (2007).

④ Googins, Fraud and the Incontestable Clause: A Modest Proposalfor Change, 2 Conn. Ins. L. J. 50, 51 -52 (1996); Fioretti v. Mass. Gen. Life Ins. Co., 53 F. 3d 1228, 1237 (11th Cir. 1995); Ledley v. William Penn Life Ins. Co., 651 A. 2d 92, 95 (N. J. 1995); Whitaker, Rescission of Life Insurance Policies in Texas, 59 Baylor L. Rev. 139, 162 (Fn. 124) (2007).

⑤ 644 A. 2d 1098 (N. J. 1994).

为有关的政策不得用于鼓励或宽恕欺诈行为，进而支持了保险公司的主张。[①]

还值得一提的是，在法律效果上，通常所说的“欺诈—撤销—相互返还”的规则（如民法总则第一百四十九条、第一百五十七条）并不总是成立。例如，在保险法上，若投保人故意隐瞒事实而违反告知义务，保险人不仅有权排除保险合同对其的约束力（解除合同），免除支付保险金的责任，而且也不需退还保险费（第十六条第四款），相当于受欺诈人可以“没收”欺诈行为人的履行（保费）。“没收规则”是对欺诈行为的有力惩罚。为什么这样的规则仅停留在商法规范之中，而未成为民法的一般性规则？或许只是通常的欺诈中欺诈一方往往并未作出过履行，即受害人一方手中并不握有欺诈一方的财产，因此即便规定“没收”也于事无补。但这不是这一安排不能成为原则性安排的理由。

2. 基于侵权而废止合同或债权

欺诈是典型的侵权行为。根据我国《侵权责任法》，受欺诈人针对欺诈行为寻求侵权救济并无障碍。在英美法中，欺诈侵权制度历史悠久，包括与我国欺诈制度相对等的欺诈侵权制度（deceit）及相对独立的虚假陈述或不实陈述制度。这些规则有的相当于我国的侵权法规范，有的则类似于缔约过失责任制度。[②]

在德国法上，对于因欺诈而订立的合同，受欺诈人可以请求侵权损害赔偿。[③] 在德国法实践中，因欺诈而产生的侵权责任众多，如因故意提供虚假信息而导致的证券欺诈责任，因诈骗所导致的侵权责任，因伪证、违誓所导致的侵权责任等。在体系安排上，德国法认为欺诈所侵犯的客体是“一般行动自由”或“决定自由”[④]，并不属于第 823 条第 1 款所列明的绝对权或其他权利，受欺诈者仅可以通过第 823 条第 2 款经由“保护他人的

① “We believe that insurers should compensate victims to the extent that compensation will not condone and encourage intentionally wrongful conduct.” 644 A. 2d 1098, 1107 (N. J. 1994).

② Nirk, Rechtsvergleichendes zur Haftung für culpa in contrahendo, Rabels Z1953, 310 ff.

③ Mot., S. 208 = Mugdan, Bd. I, S. 467.

④ Palandt – Sprau, § 823 Rn. 19.

法律”[1]，或者第826条的“故意背俗侵权”寻求救济。理由是如果将意思决定自由列入第823条第1款的保护范围，则将导致一般性的纯粹经济损失过失赔偿责任，而这与德国侵权法三阶层的选择不符，也将架空第826条及相关的第824、825条。[2] 当然，这不意味着当欺诈导致他人订立合同时，侵权法无从救济。实际上，在德国法故意背俗侵权的判例学说中，存在着一种专门的侵权类型——“欺诈以使他人订立不利之合同”。[3] 在侵权人存在此种行为时，侵权救济的目标是使当事人回到未受侵权时的状态，包括赔偿当事人的信赖利益，也不排除履行利益。[4] 其中值得我国欺诈侵权理论借鉴的是，受欺诈人可获得合同废止权与债权废止权，即在因侵权行为而订立合同的情况下，请求废止合同或废止债权。[5]

3. 加重的损害赔偿责任

如前所述，撤销之后的返还乃至没收在很大程度上具有惩罚欺诈人的效果。那么，在价值判断上应否再进一步，在撤销的情况下，要求欺诈行为人赔偿受欺诈人期待利益的损失呢？对此，有学者持肯定态度。例如，弗卢梅认为在买卖合同之下，若出卖人欺诈买受人，买受人在撤销合同的同时，应可同时主张损害赔偿。[6] 我国也有学者认为，按照我国通说所认

---

① § 153 StGB, vorsätzliche Falschaussage (OLG Celle FamRZ 1992, 556); § 154 StGB = § 153 StGB aF, Meineid (RG WarnR 1908 Nr. 211); § 156 StGB, Falsche Versicherung an Eides Statt (BGH LM [Be] Nr. 8 = DB 1959, 111); § 159 StGB, Versuch der Anstiftung zur Falschaussage (OLG Frankfurt MDR 1978, 315); § 263 StGB, Betrug; § 264 StGB, Subventionsbetrug; § 265 StGB, Versicherungsbetrug (OLG Düsseldorf NJW - RR 1995, 1493); § 265b StGB, Kreditbetrug (OLG Hamm NZG 2004, 289).

② MüKoBGB/Wagner, § 823 Rn. 210 - 212.

③ BGH NJW 1960, 237; 1962, 1196 (1198); WM 1969, 496 (498); ZIP 1984, 439 (441); NJW 1992, 1323 (1325); VersR 2005, 418; RGRK/Steffen Rn. 54; BGHZ 145, 376 (382) = NJW 2001, 373 (374).

④ RGZ 103, 154, 159; BGH, NJW 1960, 237, 238; Rösler, Arglist im Schuldvertragsrecht: Zum Schnittfeld von vorsätzlicher und fahrlässiger Fehlinformation, AcP 207, 564, 577.

⑤ Palandt - Grüneberg, § 249 Rn. 4; BGHZ 59, 148, 149 f. = NJW1972, 1856, 1857; Larenz SchuldR AT § 29 II b (S. 491); MüKoBGB/Oetker, § 249 Rn. 29. 史尚宽：《债法总论》，中国政法大学出版社2000年版，第227页。（“被害人仍得依民法第184条、第213条之规定，请求法律行为及基于此法律行为之债权之废止。”）另外，欺诈的侵权救济规则还可以弥补受欺诈人在撤销除斥期间经过后的救济问题，即便撤销的除斥期间经过，受欺诈人仍可请求侵权赔偿。MüKoBGB/Armbrüster, BGB § 123 Rn. 91 - 92.

⑥ Flume, BGB AT II (Rechtsgeschäft), Springer, 4. Aufl., 1992, § 31 Rdnr. 6 (S. 568)；尚连杰：《合同撤销与履行利益赔偿》，载《法商研究》2017年第5期。

可的直接效果说下，解除意味着合同被溯及既往地消灭，但通说同样承认在这种情况下仍有履行利益的赔偿。那么，既然同样是消灭当事人之间的合同拘束，解除后仍可要求履行利益的损害赔偿，撤销后请求履行利益的赔偿也并非全无道理。① 本文认为，因欺诈而撤销合同时，多数情况不能请求履行利益的赔偿，理由有如下两个方面。

其一，欺诈行为对合同关系的影响和受欺诈人的不当期待都决定了受欺诈人难以请求期待利益的赔偿。在这一问题上，欺诈和错误是类似的。错误的相对方不能请求履行利益赔偿的原因在于，相对方没有正当理由期待可以按照错误的内容订立合同。例如，在表意人错把价值 1 万元的戒指以 1000 元的价格出售时，相对方并不能合理期待可用 1000 元购买价值 1 万元的物品，即赔偿履行利益在构成要件上的要求是有关的损害具有可预见性，在欺诈的情形中，非常多的情况是受欺诈人出于侥幸心理而行为，如购买“包治百病”的床垫，或投资“一本万利”的项目，这些“期待利益”通常都不是可以合理预见的。

其二，在欺诈人承诺标的物具有通常的质量水准，受欺诈人支付了相应对价，而欺诈人在履行上以次充好时，受欺诈人可以通过其他法律制度获得履行利益的损害赔偿。具体而言，受欺诈人有多种可供选择的制度安排：其既可以保有履行而（根据瑕疵责任制度）请求欺诈人承担违约责任，也可以在构成根本违约的情况下解除合同。换言之，受欺诈人在撤销的情况下只能请求信赖利益的赔偿，未必一定是限制了行为人对履行利益的权利。②

---

① 如就合同解除制度而言，《德国民法典》制定后的相当长一段时间内，学说上一直认为解除本质上是使当事人之间的合同关系消灭，使当事人之间的法律关系回到合同订立之前的状态，在这种情况下，自然没有期待利益损害赔偿的余地。Motive II S. 210 f.：“Rücktritt und aus dem Vertrage entspringeder Anspruch auf Schadensersatz schließen sich aus. Denn der Rücktritt soll die Beteheiligten in die Lage versetzen, als ob der Vertrag nicht geschlossen wäre. Hiermit verträgt sich ein Anspruch auf das Erfüllungsinteresse nicht. Das Interesse des Gläubiger ist durch das Wahlrecht genügend gewahrt”. 在此后的法律实践中，人们改变了原来认为解除后不得请求损害赔偿的观点，现行《德国民法典》第 325 条对此已明确地作出了规定：“双务契约之损害赔偿请求权，不因契约解除而排除。”尚连杰：《合同撤销与履行利益赔偿》，载《法商研究》2017 年第 5 期；Derleder, Sachmängel - und ArglisthaftungnachneuemSchuldrecht, NJW 2004, 969.

② 我国有学者认为，“只有合意无瑕疵的合同，才能准予期待利益的赔偿……当合同存在意思表示瑕疵时，如合同系因欺诈、胁迫、乘人之危、错误等原因而被撤销时，均不发生期待利益的赔偿问题”（张家勇：《论前合同损害赔偿中的期待利益》，载《中外法学》2016 年第 3 期），或许是不准确的。

欺诈对合同关系的影响是多方面的。一种是对缔约动机的影响，如声称某书画作品未来会“暴涨”而引诱他人购买，但并未在合同中约定有关标的物将“暴涨”的属性，也就是说，此处欺诈行为所影响的主要是行为人的缔约动机，使行为人从犹豫不决状态进入到做出缔约合同决定的状态，故受欺诈人难以根据合同要求欺诈人承担违约责任。比较而言，若双方将有关约定写入合同，则受欺诈一方的救济渠道便丰富一些：既可以撤销而谋求返还和赔偿，又可以不撤销而追究违约责任。例如，在涉及营业转让的 Brown v. Richards 案[①]中，买卖双方约定买方分两期付款，每期45万美元，每笔价款支付后可获得卖方一半的股份。买方支付第一期价款后，发现卖方对交易标的即有关营业的价值有虚假陈述，其所陈述的价值（90万元）和营业实际的价值之间相差50万元。对于原告可以寻求怎样的救济，法院认为，一种安排是撤销合同，退回被告的股权并拿回45万；另一种安排是原告确认合同效力并继续履行，但欺诈人应赔偿受欺诈人所受到的损害。[②] 对后一种情况，我国法上的请求权基础可以是合同法第四十二条（缔约过失责任），也可以是合同约定或者其他有名合同中的相应规定（违约责任），受欺诈人可以请求欺诈人赔偿因欺诈行为而遭受的实际损害，如受欺诈人因受欺诈而多支付的价款。另外，鉴于瑕疵责任和缔约过失责任有重合的可能，在这种情况下，亦有根据瑕疵责任制度追究违约责任的空间。

在一些国家，行为人欺诈时，受害人还可请求惩罚性赔偿。如前述 Brown v. Richards 案中，被告欺诈使原告购买的营业在价值上低于所陈述的价值50万元，陪审团最终作出了55万元惩罚性赔偿的认定。比较而言，我国法将惩罚性赔偿限制于消费者买卖等特殊情形，范围过窄，不利于惩罚欺诈行为。

与通常认为刑法用于惩罚，民法用于损害填补的观念不同，民法上的惩罚制度其实是普遍存在的。以违约金调整规则为例，在法律允许违约金超出实际损失30%时，事实上便是允许了该30%的惩罚。生活中，人们预订机票、火车票、酒店时的取消扣款安排，很多时候也未必是因为当事人

① 840 P. 2d 143 (1992).

② Sidney Stevens Implement Co. v. Hintze, 92 Utah 264, 67 P. 2d 632, 638 (1937).

（航空公司、票务公司等）受到实际损害，实际上也是一种惩罚。[①] 的确，正如学者所指出的，“为了维护和平的社会秩序，现代国家几乎垄断了向不法行为人实施惩罚的刑罚权”，因此“……允许私人执行的惩罚性赔偿制度因而完全超越了国家对惩罚权的独享，破除了惩罚由公法规制的常规。”[②] 也就是说，受害人只能按照私法确立的损害赔偿规则寻求对实际损害的补偿，而其惩罚需求原则上只能通过刑法等制度满足。不过，认为惩罚与非惩罚的区分在于原则上只有国家才有权力执行惩罚的观点，是不准确的。实际上，除了民法上极为有限的私力救济外，在当事人不自愿履行时，所有民法上的履行、赔偿等请求权，都是由国家来执行的。即在由国家充当执行机构的问题上，刑法和民法并没有本质的区别。学说上还有观点认为惩罚须具备两个特质：非自愿和不利益。而诸如违约金，甚至惩罚性违约金的确立乃源于当事人合意，因此其惩罚性并不显著。[③] 这之中关于“非自愿”与“不利益”的说法也都难以成立。就自愿与否而言，完全可以认为不从事暴力犯罪乃是社会契约，行为人违反时，是自愿接受该社会契约下的不利后果，即或许所有的惩罚，包括刑罚均具有自愿的成分；就“不利益”而言，实际上，自人类有犯罪与惩罚的历史开始，便一直奉行着“以眼还眼、以牙还牙”一类的原则，强调“罪刑相适应”，即惩罚本身并不是单纯的不利益，而只是对犯罪行为的报偿：惩罚不是（至少不完全是）主权者意志的任性，而必须是犯罪自身的反射，“具有自然法的权威与效力”，“就如同以工作来制裁闲混，以羞辱制裁虚荣，以剥夺生命来制裁对他人生命的剥夺，以剥夺财产来制裁对他人财产的侵犯”一样。[④] 在上述背景下，刑罚和私法上救济的自愿程度，只存在量的差异：虽然民

---

① 详细的论述，如 Levmore, Stipulated Damages, Super - Strict Liability, and Mitigation in Contract Law, 107 Mich. L. Rev. 1365, 1379 - 1379 (2008 - 2009); Gneezy et al., A Fine Is a Price, 29 J. Legal Stud. 1 (2000)。

② 朱广新：《惩罚性赔偿制度的演进与适用》，载《中国社会科学》2014 年第 3 期。

③ 曾世雄：《损害赔偿法原理》，中国政法大学出版社 2001 年版，第 8 页。

④ 苏力：《福柯的刑罚史研究及对法学的贡献》，载《比较法研究》1993 年第 2 期。18 世纪的贝卡利亚、康德、黑格尔等都有类似的表达。如康德认为，“任何一个人对人民当中的某个个别人所作的恶行，可以看作是他对自己作恶。因此，也可以这样说：‘如果你诽谤别人，你就是诽谤了自己；如果你偷了别人的东西，你就是偷了你自己的东西；如果你打了别人，你就是打了自己；如果你杀了别人，你就杀了自己。’这就是报复的权利。不过，还要清楚地了解，这有别于单纯个人的判断，它是支配公共法庭的唯一原则。根据此原则可以明确地决定在质和量两方面都公正的刑罚。”［德］康德：《法的形而上学原理》，沈淑平译，商务印书馆 1991 年版，第 164 页。类似的认识，如［德］黑格尔：《法哲学原理》，商务印书馆 1979 年版，第 104 页。

法上强调有当事人自愿的同意，但刑法上未尝不存在此类同意，尽管只是抽象层面的同意。实际上，同样是民事责任，侵权责任和违约金责任等合同责任不同，也只是抽象的同意，并无当事人的事先约定。

刑法与民法的界分，并不能等同于惩罚与赔偿的界分。尽管惩罚有多重含义，但相对于赔偿而言，所指的主要是当事人承担超出实际损害的额外责任。在这个意义上，刑罚之所以是惩罚，是法律并不探问加害人是否弥补了受害人的损失，或者说即便加害人弥补了受害人的损失，也要承担额外的刑责。也是在这个意义上，人们说惩罚性赔偿金中超过实际损害的部分具有惩罚性。法律对欺诈的民法规制，很大程度上就体现在对欺诈的民事惩罚上：让受欺诈人取得超过其实际损害部分的“罚金”，让欺诈人在交出欺诈收益之外，还承担更进一步的不利益。

让受害人而不是国家取得因欺诈而惩处的“罚金”的正当性，在于鼓励人们揭露欺诈，减少欺诈人给社会信用制度造成的损失。我国消费者保护制度中的加倍赔偿制度便具有类似的功能。某些时候，在制度上甚至还可以更进一步，让第三人取得对欺诈人的惩罚，以便更好地揭露欺诈行为。美国法上历史悠久的检举人制度便是一例。1863年，国会为抑制南北战争中军工领域的欺诈而制定《虚假申报法》（The False Claims Act），初步确立了这一制度。根据该法，私人可以协助甚至代表政府向欺诈行为的实施者提起诉讼，并在胜诉后分享欺诈者支付给政府的部分赔偿金或罚金，[①] 这即是所谓的“公私共分罚款之诉”（quitam）。[②] 该法自1863年制定以来经历过多次修订，检举人可以从中分享的奖励幅度也进行了多次调整。在1986年的修订中，协助政府进行诉讼的检举人和自行提起诉讼的检举人各自可以分享15%至25%和25%至30%的赔偿金［31 U. S. C. § 3730（d）（1）］。此后，在美国1988年通过的《内幕交易与证券欺诈法》（Insider Trading and Securities Fraud Enforcement Act of 1988）中，也规定了相应的“检举人条款”（15 U. S. C § § 78u－6）。根据该法，检举人可以获得赔偿金或罚金数额的10%作为奖励。21世纪初，为了应对大规模发生

---

① False Claims Act, Ch. 67, 12 Stat. 698 (Mar. 2, 1863); James B. Helmer Jr., False Claims Act: Incentivizing Integrity for 150 Years for Rogues, Privateers, Parasites and Patriots, 81 U. Chi. L. Rev. (2013).

② 具体的制度介绍，参见蔡巍：《美国“公私共分罚款之诉”及其评析》，载《法商研究》2007年第4期。

的金融欺诈行为，打破公司内部人的沉默，美国进一步加强了检举人制度。在2002年颁布的“萨班斯法”（Sarbanes - Oxley Act）和2010年颁布的“多德—弗兰克法”（Dodd - Frank Act）中，均为“检举人”提供了更为全面的保护。① 到目前为止，检举人制度已经被联邦政府广泛应用于军工、金融、环保、医疗、税收等多个领域，是美国反欺诈制度体系的重要组成部分。②

余　论

欺诈的规制是一项综合工程，既需要宽严相宜的行政法规范（如对行政主体，包括警察、税务部门等说谎须受处罚）和刑法规范（如诈骗罪及相关的刑罚），也需要细致完善的民法规范。在这几个方面，我国法均有改进空间。现行民法上关于欺诈的法律规则过于强调恢复原状，未认识到欺诈撤销或欺诈赔偿制度本身的特殊性，忽略了对欺诈的惩罚。不仅如此，在我国司法实践中，甚至还普遍存在回避认定行为人欺诈而认定表意人的重大误解的做法。如在牟中国诉龙泰公司等拍卖合同纠纷案③中，法院认为，“至高公司未履行瑕疵告知义务，虽属违反拍卖法的规定，但不足以证明至高公司主观上存在隐瞒瑕疵的故意，故不构成欺诈，但仍可导致牟中国对拍卖标的产生错误认识，应属重大误解，符合合同的可撤销情形。”在永州市湘永矿业有限公司诉永州市人民政府国有资产监督管理委员会、永州市人民政府等买卖合同纠纷案④中，法院已经确认了当事人的

---

① Sarbanes - Oxley Act § 806；Dodd - Frank Act § 922（a）；马一：《金融举报者激励和反报复保护法律制度研究——以美国萨班斯法和多德—弗兰克法为核心》，载《比较法研究》2017年第2期。

② 例如，联邦《虚假申报法》在近二十年来逐渐扩展到了医疗保险领域。根据《纽约客》杂志对有关检举人的事迹的特别报道，在检举人制度的帮助下，美国政府每年在医疗保险反欺诈案件中收回上亿美元的赔偿金。实际上，我国的医保制度中也存在大量的欺诈行为，许多行为很难从外部发现并证实，美国的做法或可借鉴。具体的报道见 Sheelah Kolhatkar, The Whistle - blower: The Personal Toll of Exposing Fraud, The New Yorker, p. 30 - 41（Feb. 4, 2019).

③ （2015）鄂荆门民二终字第00018号。

④ （2015）湘高法民二终字第77号。

故意隐瞒行为，但仍回避作出欺诈的认定。[①] 这些操作的背后，既有民事诉讼程序法中的证据发现、证据认定的原因，也有当前理论与实务对民法规制惩罚重要性认识不足的原因，最终使受欺诈人只能据此撤销合同，而不能获得损害赔偿或其他救济。

① 法院认为，“湘永公司竞得祁阳煤矿国有建设用地使用权、破产财产和采矿权。在湘永公司竞得上述标的之前，祁阳煤矿所属的铁丝塘矿井已发生自燃，且火势一直未能得到有效控制，不能进行正常生产经营。而湘永公司对受让标的物的这一情况并不知情，属于对合同标的物的重大误解，并因重大误解作出了意思表示。”事实上，法院认定，在买受人竞得有关煤矿之前，2011年6月，祁阳煤矿就曾发生煤炭自燃事故，尽管救护队及时赶到对自燃地点检测并建密闭墙，但自燃并未得以彻底消除，最终矿井被关闭。在《挂牌成交确认书》签订之前，永州市国土资源局与永州市国资委并未告知原告本次煤炭自燃事故。原告竞得之前，对矿井进行过踏勘，但由于密闭墙封闭了自燃区，没能发现自燃现象。另外，永州市国资委2012年1月19日给湘永公司的回复仍称：“矿井在资产挂牌和移交前，没有出现井下自燃的情况。”

实际出资人执行异议之诉裁判规则研究

邹学庚[*]　陈樱娥[**]

内容摘要　执行异议之诉涉代持股权纠纷，纷繁复杂争论之下，均无法绕开两个关键问题：第一，实际出资人是否享有权利，享有何种法律性质的权利；第二，实际出资人享有的权利是否足以对抗申请执行人。这亦是审理此类纠纷的两个思考层次。本文认为，在修正形式主义股权变动模式下，判断实际出资人是否享有股权须区分不同情形：在完全隐名情形中，实际出资人因欠缺形式要件而不享有股权；在不完全隐名情形中，若实际出资人有充分证据证明其实际行使权利并经过半数其他股东同意时，可以肯认实际出资人享有股权。享有股权的实际出资人可以排除强制执行，而不享有股权的实际出资人无法排除强制执行。仍需说明的是，登记对抗制度之善意第三人应指善意取得人，是具有物权利益的相对人，执行异议之诉中名义股东的债权人不属于善意第三人，无法对抗享有股权的实际出资人。

关键词　执行异议之诉　股权代持　股权变动模式　善意第三人

债权人的权利尽可能迅速并完全地得到实现，是强制执行制度应力争的最基本目的。① 2015 年颁布的《最高人民法院关于适用〈中华人民共和国民事诉讼法〉的解释》（以下简称《民诉法解释》）尝试以是否“享有

*　中国政法大学民商经济法学院博士研究生。

**　北京天同律师事务所律师。

①　基于这一目的，强制执行程序的设计与操作强调效率优先，要求执行机关遵循形式判断原则，依权利表象认定执行标的权利归属。但因权利表象与真实权属状况并不总是相符，形式判断原则在保障执行效率之际，亦有侵害案外人实体权益之虞，为保障案外人实体权益，执行异议之诉应运而生。

足以排除强制执行的民事权益”作为执行异议之诉中案外人救济的实质审查标准，以期在保护真实权利人权益的同时尽可能迅速地实现申请执行人的合法权益。[①] 然而法律实践具象复杂，抽象概括的审查标准难免力有不逮，实务中关于何种权益“足以排除强制执行”争议频发，尤其是就股权实际出资人能否排除名义股东债权人的强制执行这一问题，学者各执一词，司法裁判亦莫衷一是。本文尝试以股权变动模式为视角，审视执行异议之诉中实际出资人备受争议的隐名权利，厘定权利法律性质，权衡权利冲突，求教于方家。

一、实际出资人执行异议之诉的司法争议

（一）两份截然相反的裁判

1. 案例一：实际出资人可以排除强制执行——（2018）最高法民申5464号

钟某彤系名义股东，江某权系钟某彤的债权人并申请执行钟某彤名下的股权，实际出资人谢某平申请排除强制执行。最高人民法院认为，从权利形成时间上来看，谢某平实际出资、作为隐名股东取得案涉股权在查封案涉股权的调解书形成之前，虽然谢某平并未登记为名义股东，但其对于案涉股权享有的权利在查封前即取得。从权利性质上来看，江某权系基于一般债权而对案涉股权采取查封措施，谢某平系基于返还请求权而对案涉股权执行提出异议，江某权的权利主张并不能当然优先于谢某平的权利主张。此外，江某权与钟某彤之间并未就案涉股权建立任何信赖法律关系，江某权亦不属于因信赖权利外观而需要保护的民事法律行为之善意第三人。因此，谢某平对案涉股权提出执行异议，原审法院判决停止对案涉股权的执行，并无不当。

① 《民诉法解释》第三百一十二条：“对案外人提起的执行异议之诉，人民法院经审理，按照下列情形分别处理：（一）案外人就执行标的享有足以排除强制执行的民事权益的，判决不得执行该执行标的；（二）案外人就执行标的不享有足以排除强制执行的民事权益的，判决驳回诉讼请求。案外人同时提出确认其权利的诉讼请求的，人民法院可以在判决中一并作出裁判。”

2. 案例二：实际出资人无法排除强制执行——（2019）最高法民再45号

最高人民法院认为，根据商事外观主义原则，有关公示体现出来的权利外观，导致第三人对该权利外观产生信赖，即使真实状况与第三人信赖不符，只要第三人的信赖合理，第三人的民事法律行为效力即应受到法律的优先保护。基于上述原则，名义股东的非基于股权处分的债权人亦应属于法律保护的"第三人"范畴。本案中，李某俊、黄某鸣与蜀川公司之间的股权代持关系虽真实有效，但其仅在双方之间存在内部效力，对于外部第三人而言，股权登记具有公信力，隐名股东对外不具有公示股东的法律地位，不得以内部股权代持关系有效为由对抗外部债权人对显名股东的正当权利。故皮某作为债权人依据工商登记中记载的股权归属，有权向人民法院申请对该股权强制执行。

上述两个案例体现了司法裁判者不同的价值判断。案例一立基于权利性质视角，认为实际出资人在法院查封前取得涉案股权，可以对抗名义股东债权人。案例二从公示公信角度，认为名义股东债权人对工商登记具有信赖利益，实际出资人不得对抗名义股东债权人。

（二）司法态度变迁

执行异议之诉代持股权的处理，横亘于实体与程序之间，牵涉登记效力、权利位阶、利益衡量等诸多问题，现行法律、司法解释未予明确，实务中亦未能形成统一的裁判尺度，最高人民法院在新近出台的相关文件中提供了两种截然相反的方案，至今未有定论，各省高院做法亦有所不同，详述如下。

1. 最高人民法院关于实际出资人执行异议之诉的规定

2019年8月，最高人民法院公布《全国法院民商事审判工作会议纪要（最高人民法院民二庭向社会公开征求意见稿）》［以下简称《九民会纪要（征求意见稿）》］，其第119条[①]规定了处理实际出资人提起执行异议之诉的两种截然相反的观点：观点一认为，在案外人有证据证明其系实际出资

① 《九民会纪要（征求意见稿）》："119.【案外人系实际出资人的处理】在金钱债权执行过程中，人民法院针对登记在被执行人名下的房产或者有限责任公司的股权等实施强制执行，案外人有证据证明其系实际出资人，与被执行人存在借名买房、隐名持股等关系，请求阻却执行的，人民法院应予支持。另一种观点：不予支持。"

人，与被执行人存在股权代持关系时，可以排除金钱债权强制执行；观点二则认为，实际出资人无法排除金钱债权强制执行。观点排列的先后无法明确最高人民法院的态度，但在司法文件中将两种观点并列足窥其纠结与犹豫。之后出台的《全国法院民商事审判工作会议纪要》（以下简称《九民会纪要》）删除了第119条，将实际出资人提起的执行异议之诉问题搁置。

2019年11月，最高人民法院首次就执行异议之诉专题颁布司法解释征求意见稿，即《关于审理执行异议之诉案件适用法律问题的解释（一）（向社会公开征求意见稿）》（以下简称《执行异议之诉解释（征求意见稿）》），该意见稿第十三条[①]就隐名权利人提起执行异议之诉的处理同时供给了两种方案：方案一认为，实际出资人无法排除金钱债权强制执行；方案二则认为，在股权代持关系经查证属实，且不违反法律、行政法规的强制性规定，亦不违背公序良俗时，实际出资人可以排除金钱债权强制执行。

2. 各地高院关于实际出资人执行异议之诉的规定

近年来，执行异议之诉相关案件数量激增，各地高院基于裁判实务需

---

① 《执行异议之诉解释（向社会公开征求意见稿）》第十三条规定："【隐名权利人提起的执行异议之诉的处理】

方案一

金钱债权执行中，人民法院对登记在被执行人名下的财产实施强制执行，案外人以下列理由提起执行异议之诉，请求排除强制执行的，人民法院不予支持：（一）案外人借用被执行人名义购买不动产或者机动车等，其系被执行不动产或者机动车等的实际权利人；（二）案外人借用被执行人房地产开发资质开发房地产，其系被执行建设用地使用权、房屋所有权的实际权利人；（三）案外人借用被执行人名义对有限责任公司出资，其系被执行股权的实际出资人；（四）案外人借用被执行人的银行、证券账户，其系被执行账户中资金、证券的实际权利人。

案外人因借名所遭受的财产损失，可以依法向被借名者另行主张权利。

方案二

金钱债权执行中，人民法院对登记在被执行人名下的财产实施强制执行，案外人以下列理由提起执行异议之诉，请求排除强制执行，经查证属实，且不违反法律、行政法规强制性规定，亦不违背公序良俗的，人民法院应予支持：（一）案外人借用被执行人名义购买不动产或者机动车等，其系被执行不动产或者机动车等的实际权利人；（二）案外人借用被执行人房地产开发资质开发房地产，其系被执行建设用地使用权、房屋所有权的实际权利人；（三）案外人借用被执行人名义对有限责任公司出资，其系被执行股权的实际出资人；（四）案外人借用被执行人的银行、证券账户，其系被执行账户中资金、证券的实际权利人。案外人利用借名方式隐匿违法犯罪所得、利用内幕信息实施股票证券交易等构成犯罪的，或者违反限购政策、资质管理等规定，或者规避执行的，应当依法追究其刑事责任或者按照有关法律法规政策处理。"

求，纷纷出台相关文件意在统一辖区内裁判尺度，但各地相关文件做法不一，其中，山东高院、黑龙江高院支持实际出资人在证明实际出资的前提下排除名义股东金钱债权执行人的强制执行，而吉林高院、江西高院一概不予支持实际出资人提起的执行异议之诉，江苏高院原则上不予支持实际出资人排除强制执行，仅在实际出资人证明申请执行人恶意的情况下予以支持。

综观各省高院相关文件，支持实际出资人排除金钱债权强制执行的理由可概述为：商事外观主义原则的适用范围不包括非股权交易第三人，金钱债权申请执行人并非基于信赖权利外观而需要保护的民事法律行为之善意第三人，故其债权请求不能优先于实际权利人受到保护。而不支持实际出资人排除金钱债权强制执行的理由主要有：第一，实际出资人并非公司法意义上的股东，不享有股权；第二，实际出资人的股权未经登记，缺乏权利保护要件，不得对抗善意第三人，善意第三人包括非股权交易第三人。相关文件观点见表1。

表1　部分省高院关于实际出资人执行异议之诉相关文件

时间	法院	文件	观点
2018.7.17	山东高院	《山东省高级人民法院民二庭关于审理公司纠纷案件若干问题的解答》第六条	支持
2019.4.30	黑龙江高院	《黑龙江省高级人民法院关于审理执行异议之诉案件若干问题的解答》第二十六条	支持
2018.12.24	吉林高院	《吉林省高级人民法院关于审理执行异议之诉案件若干疑难问题的解答（二）》问题十四	不支持
/	江西高院	《江西省高级人民法院关于执行异议之诉案件的审理指南》第三十八条	不支持
2019.3.5	江苏高院	《江苏省高级人民法院执行异议及执行异议之诉案件审理指南（三）》第十八条	不支持

（三）小结

观察前述执行异议之诉中涉代持股权冲突，纷繁复杂争论之下，均无法绕开两个关键问题，第一，实际出资人是否享有权利，享有何种法律性质的权利；第二，实际出资人享有的权利是否足以对抗申请执行人。这亦是审理此类纠纷的两个思考层次，每一层次所涉问题各有侧重，第一层次指向是否存在权利表象与真实权属状况不一致的情形，裁判者可结合公司法关于股权登记效力的规定，判断实际出资人的权利性质。第二层次涉及不同位阶、相同位阶权利冲突之具体处理规则，不同位阶权利冲突可依权利效力位阶作出判断，而相同位阶权利冲突则需引入信赖利益、执行债权优先性等其他价值作出判断。下文依循这两个思考层次展开论述。

二、代持股权归属的判断——基于股权变动模式的分析[①]

我国实证法并未明确代持股权的归属，理论和实践中，股权变动时点究竟是股权转让合同生效之时，还是公司将受让人载入股东名册之时，抑或是完成工商登记之时，见解不一，形成了意思主义说、形式主义说的争论。然而，确定股权变动模式是判断代持股权的归属不可或缺的前提，因而有必要先就股权变动模式的法律选择作必要的理论分析。本文在既有学说的基础上，分析认为修正形式主义更契合既有法律规定和司法实践，可以作为判断代持股权归属的标准。

（一）现行规定并未明确代持股权的归属

根据《最高人民法院关于适用〈中华人民共和国公司法〉若干问题的规定（三）》（2014年修正）（以下简称《公司法解释（三）》）第二十四条第一款的规定，股权代持是指“实际出资人与名义出资人订立合同，约定由实际出资人出资并享有投资收益，以名义出资人为名义股东”的情形。上述规定仅明确了股权代持概念，并未进一步就股权代持关系中代持股权的归属作出规定，具言如下：

第一，《公司法解释（三）》第二十四条未明确代持股权的归属。《公司法解释（三）》第二十四条第二款[②]肯定了股权代持合同的效力，并明确

① 参照“物权变动模式”的概念，股权变动模式是指股权发生、变动、消灭的法定方式。参见葛云松：《物权行为：传说中的不死鸟——〈物权法〉上的物权变动模式研究》，载《华东政法大学学报》2007年第6期。

② 《公司法解释（三）》第二十四条第二款：“前款规定的实际出资人与名义股东因投资权益的归属发生争议，实际出资人以其实际履行了出资义务为由向名义股东主张权利的，人民法院应予支持。名义股东以公司股东名册记载、公司登记机关登记为由否认实际出资人权利的，人民法院不予支持。”

股权投资收益归属于实际出资人。有观点认为该“投资收益”系股权财产性内容之一，将投资收益归属于实际投资人体现了最高人民法院对代持股权归属的态度。[①] 本文认为，该观点值得商榷。根据“成员身份与成员权分离之禁止”的社团法规则，[②] 股权财产性权益与身份性权益不得分离，上述“投资收益”应理解为实际出资人基于股权代持合同得以向名义股东主张的、以股权收益作为计算基础的收益，本质上是一种债权请求权。若将“投资收益”理解为股权内容之一，此时实际出资人即可直接向公司主张股权红利等收益，这明显与实践不符，亦非最高人民法院原意。

第二，《公司法解释（三）》第二十五条亦未明确代持股权的归属。《公司法解释（三）》第二十五条[③]规定了股权善意取得制度，有观点以善意取得的前提系名义股东无权处分为由，认为最高人民法院支持实际出资人享有股权。[④] 对此，本文认为亦存在诸多值得商榷的空间，暂且不论理论与实务对股权善意取得制度的诸多批判，即便在认可既有规定的前提下，该规定也仅适用于实际出资人已经有充分证据证明其系实际权利人的情形，前述观点以股权善意取得制度的成立进行逻辑倒推，认为最高人民法院支持实际出资人享有权利是一种误读。

（二）股权变动模式的理论争议与评析

既有规定、司法解释对实际出资人是否享有代持股权保持了沉默。实践中诸如实际出资人法律地位如何，实际出资人与名义股东何者为股东等问题，长期困扰着司法裁判，[⑤] 有必要回归股权变动模式厘定代持股权归属。

1. 股权变动模式的理论争议

我国实证法并未明确规定股权变动模式。公司法第三十二条第二款规

---

① 参见赵忠奎：《公司实际出资人执行异议之诉理论检视与裁判路径选择》，载《江西财经大学学报》2020 年第 3 期。

② 参见张双根：《论隐名出资》，载《法学家》2014 年第 2 期。

③ 《公司法解释（三）》第二十五条第一款：“名义股东将登记于其名下的股权转让、质押或者以其他方式处分，实际出资人以其对于股权享有实际权利为由，请求认定处分股权行为无效的，人民法院可以参照物权法第一百零六条的规定处理。”

④ 参见赵忠奎：《公司实际出资人执行异议之诉理论检视与裁判路径选择》，载《江西财经大学学报》2020 年第 3 期。

⑤ 参见甘培忠、周淳：《隐名出资纠纷司法审裁若干问题探讨》，载《法律适用》2013 年第 5 期。

定："记载于股东名册的股东，可以依股东名册主张行使股东权利。"第三款规定："公司应当将股东的姓名或者名称向公司登记机关登记；登记事项发生变更的，应当办理变更登记。未经登记或者变更登记的，不得对抗第三人。"由上可以推论：第一，记载于股东名册是取得股权的充分条件（无法明确是否为必要条件）；第二，工商登记是股权变动的对抗要件。换言之，"记载于股东名册＋工商登记"可作为取得具有对抗效力的股权的充分条件，但仍不明确的是，除此之外是否还存在其他股权取得的方式。

既有规定的模糊导致理论与实务中对股权变动模式存在意思主义与形式主义之争。[①] 意思主义的股权变动模式包括纯粹意思主义与修正意思主义，前者认为股权转让合同生效时发生股权变动，后者参照债权让与制度，主张在转让人与受让人之间，股权转让合同生效即发生股权变动，但受让人尚需通知公司方可向公司主张股东权利。[②] 形式主义的股权变动模式包括债权形式主义和物权形式主义，与传统的物权变动模式理论争议相似，债权形式主义认为股权变动需具备债权合意与特定形式两个要件，[③] 而物权形式主义承认物权行为的独立性，认为股权变动需有物权合意与特定形式要件，所谓形式要件一般是指记载于股东名册或工商登记。

2. 股权变动模式理论争议的评析

（1）对纯粹意思主义股权变动模式的评析

纯粹意思主义认为，股权交易系当事人之间意思自治领域，应交由私人自治，而股东名册、工商登记的变更取决于公司意志，若将其作为生效要件，股权变动效力发生与否将在很大程度上系于公司意志，势必戕害合同自由与私人自治。

但股权变动与公司利益息息相关，公司适当介入当事人之间的股权交易具有正当性，纯粹意思主义与实务存在多处抵牾。纯粹意思主义选择性忽视了股权作为财产权与人身权集合体的双重属性，仅仅关注股权作为私人财产的转让自由，而对股权所代表的成员身份未予以应有的关注，在逻辑上难言周全，实务中也与股东同意权、股东优先购买权等相关规定存在

① 形式主义与意思主义本是物债二分体系下对物权变动模式的总结，因实务与理论主流观点认为股权类似物权，股权变动处理规则参照物权变动处理规则。

② 参见李建伟：《有限责任公司股权变动模式研究——以公司受通知与认可的程序构建为中心》，载《暨南学报（哲学社会科学版）》2012年第12期。相同观点参见张双根：《股权善意取得之质疑——基于解释论的分析》，载《法学家》2016年第1期。

③ 参见张双根：《论股权让与的意思主义构成》，载《中外法学》2019年第6期。

不协调。例如，转让人未经其他股东过半数同意，与受让人签订股权转让合同，根据《最高人民法院关于适用〈中华人民共和国公司法〉若干问题的规定（四）》第二十一条、《九民会纪要》第9条，股权转让合同合法有效，若依纯粹债权意思主义股权已经发生变动，这显然与其他股东行使优先股买权存在冲突。

事实上，纯粹意思主义所担心的公司意志决定股权转让这一问题在现行法体系下已得到解决，参照附条件合同的基本原理——一方故意阻碍条件成就的，视为条件已成就，若公司不合理拒绝变更股东名册，可视为股东名册已变更。实务中，当事人可根据《公司法解释（三）》第二十三条诉请公司履行以实现救济。综上，鉴于有限责任公司的人合性，股权变动关涉公司、股东整体利益，公司适当介入当事人之间的股权交易当是私人自治、公司自治应有之义。纯粹意思主义过度强调了作为财产的股权的自由转让性，而忽视了公司介入的正当性，并非良策。

（2）对修正意思主义股权变动模式的评析

纯粹意思主义因将公司完全置于股权交易之外而备受诟病，有学者提出修正意思主义，参照债权让与制度，原则上承认股权转让合同生效即产生股权变动效果，但这种法律效果仅限于出让人与受让人之间，不具有对抗公司的正当性，仅在受让人获得"公司认可"后方可主张股东权利。[①]然而，修正意思主义存在的问题并不亚于纯粹意思主义。

首先，修正意思主义蕴含的逻辑前提是，股权的财产属性与身份属性可作人为切分，受让人在股权转让合同生效后取得股权的财产性权利，仍须获得公司认可，方可取得股权的身份性权利，若公司具有合理理由不予认可，此时转让人仍保有股权的身份性权利。而该逻辑前提明显与"成员身份与成员权分离之禁止"规则相悖，股权的身份属性要求其权利之成立、行使与实现，均必须落于"成员"之语境中，"无论是概括性的股权，还是各种具体的股东权利，在归属上均不能与股东资格相脱离，亦即二者在归属上不得异其主体"。[②]

其次，修正意思主义重蹈"不完全物权"的解释路径，与股权作为财

① 李建伟：《有限责任公司股权变动模式研究——以公司受通知与认可的程序构建为中心》，载《暨南学报（哲学社会科学版）》2012年第12期。

② 参见张双根：《股权善意取得之质疑——基于解释论的分析》，载《法学家》2016年第1期。

产权的对世性相违背。修正意思主义认为，股权转让合同生效后，受让人取得不得对抗公司及公司以外第三人的股权，为使股权效力完整，当事人必须获得公司认可，这一解释路径与物权法传统理论上的“不完全物权”解释路径相似，[①] 认为物权仅在当事人之间发生变动，未经登记不得对抗善意第三人。“不完全物权”学说为日本学者我妻荣提出，曾盛极一时，后因其与物权绝对效力、一物一权等物权法基本认识不符，逐渐衰落，近来已不为我国民商法学者所提倡。修正意思主义本质系复制“不完全物权”的解释路径，其更多的是一种语言游戏——一个效力不完整的股权是否还能被称之为股权，“不完整股权”概念的引入将直接与作为财产权的股权的对世性相冲突，会导致更多解释难题的出现。

最后，修正意思主义中“公司认可”的认定规则不清，加剧了股权权属认定规则的混乱。修正意思主义认为，公司形成认可的意思表示既可以明示为之也可以默示为之，前者如公司向受让人发出通知，后者如公司向受让人颁发出资证明书、变更公司章程、变更股东名册、通知参加股东会议、分发股利等。修正意思主义有意拓宽“公司认可”的方式，在股权交易当事人对股权归属无争议时，可能适用，但一旦双方产生争议各执一词，法官根本无法运用修正意思主义理论解决实际问题。例如，在股权代持法律关系中，公司向名义股东颁发出资证明书、分发股利，但却仅通知实际出资人出席股东会议行使表决权，此时，名义股东与实际出资人各占据“公司认可”中的部分事实，在二者均主张其为股东的情况下，采修正意思主义说将陷入无法判断的困境。

（3）对形式主义股权变动模式的评析

形式主义股权变动模式包括债权形式主义和物权形式主义，因我国实证法未予认可抽象原则，实务中债权合意的效力与物权合意的效力几乎绑定，于此情形下区分债权形式主义与物权形式主义意义甚微，有鉴于此，下文将二者统称为形式主义，不再区分。

既有的形式主义观点对股权变动形式要件的把握过于僵硬，无法兼顾特殊情形下的实质正义，有必要予以修正。有学者认为，应逐步采取单一

---

① 关于不完全物权的相关理论可参见龙俊：《中国物权法上的登记对抗主义》，载《法学研究》2012年第5期；庄加园：《登记对抗主义的反思与改造：〈物权法〉第24条解析》，载《中国法学》2018年第1期。

的股东资格认定依据，将工商登记作为唯一的股东资格认定依据。[①] 该观点鲜明简洁，在股权交易双方对股权归属存在争议且各具有一定外观事实时，能够为法官裁判提供明确的标准，发挥引导实践的作用。但是，在特殊情形下适用该观点有违实质正义，实践中，部分实际出资人虽未在形式上被记载于股东名册或工商登记簿，但却在实质上参与公司管理、参加股东会、行使股东表决权、接受利润分配等，公司过半数的其他股东对此知情、默许甚至明示认可，此时，若适用形式主义观点，以不满足股东资格取得的形式要件为由否认实际出资人的股东资格，难免有失公允。更为妥适的做法是，因此时实际出资人显名并不存在任何实质性障碍，遵从实质重于形式的原则，应认可其股东资格，《九民会纪要》第 28 条[②]即体现了此观点。

3. 小结

股权变动模式的选择并非纯粹的理论之争，更是社会各界对一个清晰、明确的股权变动模式的期待。只要明确股权变动模式的规则，大多理论上水火不容的互相批评，可以通过改变交易方式予以规避。例如，批判形式主义的学者认为，形式主义将股权变动效力的发生与否系于公司意志，将极大破坏当事人的合同自由，甚至严重威胁受让人的利益，[③] 该批判成立的前提是，受让人付款在先而股权转让在后，若股权转让规则明确采形式主义，即股东名册变更或工商登记变更具有变动股权的生效效力，那么当事人自可以在合同中约定，待到股东名册变更或工商登记变更后，支付股权转让款，以此来保护自身权益。事实上，只要规则是明确的，交易风险自然由当事人通过合同来分配，不会对所谓的合同自由造成限制。反之，如果规则是不明确的，那么这种交易风险就是由法律本身引发的，当事人也无法通过合同对这种风险进行配置，这才是对合同自由真正的限制。

---

① 参见刘凯湘：《股东资格认定规则的反思与重构》，载《国家检察官学院学报》2019 年第 1 期。

② 《九民会纪要》第 28 条规定：“【实际出资人显名的条件】实际出资人能够提供证据证明有限责任公司过半数的其他股东知道其实际出资的事实，且对其实际行使股东权利未曾提出异议的，对实际出资人提出的登记为公司股东的请求，人民法院依法予以支持。公司以实际出资人的请求不符合公司法司法解释（三）第 24 条的规定为由抗辩的，人民法院不予支持。”

③ 参见李建伟：《有限责任公司股权变动模式研究——以公司受通知与认可的程序构建为中心》，载《暨南学报（哲学社会科学版）》2012 年第 12 期。

（三）修正形式主义是我国股权变动模式的理性选择

明确股权变动规则，选择一个契合实践规律的股权变动模式是稳定各方法律预期、实现法的安定性之基本要求。如前文所述，意思主义股权变动模式与实证法规定的股东优先购买权存在直接冲突，无法回应股权对世性等问题，适用意思主义股权变动模式将加剧股权权属认定的混乱，而形式主义股权变动模式教条化地适用股权变动生效要件，无法在特殊情形中实现实质正义，需要修正，有鉴于此，本文在既有的学说之外，尝试提出修正形式主义，认为应以修正形式主义作为我国股权变动模式。

修正形式主义存在“原则与例外”两个面向，具言之：原则上，股权自股东名册变更之时发生变动，工商登记变更具有公示效力和弥补效力，在公司未制备股东名册的情形下，工商登记补正股东名册缺失而造成的瑕疵发生股权变动效力；在例外情况下，权利人有充分证据证明其实际享有股权且公司其他股东过半数同意时，应遵从实质重于形式，认定未登记于股东名册或工商登记簿的权利人为股东。修正形式主义是在承继既有形式主义观点的基础上，以“原则与例外”的设计重构形式主义观点中的形式要件，能够较好地回应了股权变动模式既有学说存在的问题，是我国股权变动模式的理性选择，理由如下：

首先，修正形式主义通过明确股权变动形式要件认定的原则，避免了修正意思主义下“公司认可”规则不清的裁判困境，对实践具有指导意义。修正意思主义基于保护受让人权益的考虑，拓宽了“公司认可”的方式，但也不可避免制造了法官无法裁判的困境。而修正形式主义明确股权变动以股东名册变更、工商登记变更为形式要件的基本原则，一方面，便于股权交易当事人预先设计交易架构以规避相应风险，另一方面，在股权交易当事人对股权归属各执一词时，为法官提供了明确简洁的裁判标准。

其次，修正形式主义设计了股权变动形式要件认定的例外规定，有助于在个案中维护实质正义。教条化地将股东名册变更、工商登记变更作为股权变动生效要件无法在特定个案中实现实质正义，为此，修正形式主义设计了例外规定，即实质判断标准，在权利人有充分证据证明其实际享有股权且公司其他股东过半数同意时，可以认定权利人为股东，查明当事人的真实意思，探求真实法律关系，这亦是通过穿透式审判思维的基本要求。例外规定具有严格的适用条件，更多考验法官对查清案件事实的基本功，往往适用于股权交易当事人对股权归属并无争议、受让人请求显名化或实际出资人请求排除强制执行的情形。

复次，修正形式主义具有实证法解释空间。第一，以股东名册变更作为判断股权变动效力的原则与实证法相呼应。公司法第三十二条第二款规定："记载于股东名册的股东，可以依股东名册主张行使股东权利。"该条规定了股东名册的权利推定效力，属于证明责任规范。若当事人就股东名册上记载的股权归属不存在争议，法官仅需适用公司法第三十二条第二款，将股东名册的记载作为股权归属判断的基础。若当事人对股东名册记载的股权归属发生争议，主张股东名册的记载与真实权利状态不一致的人应负举证责任，在其无法证实或未达到相应证明程度时，法官可令其承担举证不能的法律后果。上述观点亦与《九民会纪要》第8条遥相吻合。第二，以实质判断标准作为股权变动形式要件的例外规定契合实务操作。股东名册的权利推定效力在特定情形下可被推翻，[①]股东名册并未终局性地确定了股权的归属，在当事人能够举证证明权利表征与真实权利状态存在不一致时可推定股东名册的推定力，《公司法解释（三）》第二十二条、第二十四条，《九民会纪要》第28条均体现了这种倾向。另需注意，因不动产物权变动以登记作为生效要件，不动产登记簿具有较高的证明力，而股东名册记载仅为股权变动的充分条件，股东名册的证明力弱于不动产登记簿，故较于不动产登记，当事人举证证明其为股权实际权利人的证明负担要低一些。

最后，修正形式主义契合财产权变动的一般性规则。物权、知识产权、股权等财产权变动模式应保持相对一致。根据物权法相关规定，基于法律行为的不动产物权变动以登记为生效要件，基于法律行为的动产物权变动以交付为生效要件，地役权、抵押权、承包经营权、质权虽同属物权，但由于这些权利是所有权的衍生，不是圆满的财产权，在此不作进一步讨论。根据专利法第十条，专利申请权和专利权的变动模式是"合意+登记"。根据商标法第四十二条，商标权的变动模式是"合意+核准"，在我国"核准"与"登记"常常在同一意义上使用。可见，我国财产权变动模式的一般性规则是"合意+交付/登记"。"单个规定在整个法律、法律部门，甚至在整个法秩序中的体系位置，对确定规范意旨至关重要。"民

① 关于推定力推翻的相关观点可参见程啸：《不动产登记法研究》，法律出版社2018年版，第280~284页。

法总则在民事权利一章同时规定了民事主体依法享有物权、债权、知识产权、股权等财产权利，将物权、债权、知识产权、股权等同时视为财产权。撇开具有相对性、性质迥异的债权不讲，物权、知识产权、股权同属财产权且都具有对世性，为维护财产权变动体系的融贯性，其权利变动模式应具有同质性。

（四）修正形式主义下代持股权归属的判断

代持股权权属的判断不应脱离股权变动模式。以修正形式主义股权变动模式观察代持股权的权属问题，在实际出资人具备“股权代持合同合法有效+一定形式要件”时可以享有代持股权，而形式要件遵循原则与例外的判断标准，需结合个案并区分不同的隐名情形予以认定。

以公司和其他股东对实际出资人与名义股东之间的代持关系是否知情为标准，可以将股权代持分为完全隐名与不完全隐名。[①]

在完全隐名情形下，因公司和其他股东对实际出资人的存在完全不知情，即使实际出资人和名义股东关于股权归属的约定产生合同法上的效力，亦会在显名过程中面临公司法上的障碍，因实际出资人未记载于股东名册或工商登记簿，且未取得其他股东过半数同意，不能认定为系实质意义上的股东，此时应贯彻修正形式主义物权变动模式的基本原则，实际出资人因欠缺形式要件而无法取得股权，仅可依股权代持合同向名义股东主张投资收益，享有债权请求权。

在不完全隐名情形下，公司和其他股东对实际出资人的存在是同意或默许的，此时实际出资人与名义股东各占据一部分权利外观事实，可适用修正形式主义物权变动模式中的例外判断规则，采实质重于形式的判断标准，依《公司法解释（三）》第二十三条、《九民会纪要》第28条，对实际出资人是否享有股权作实质审查，在实际出资人有充分证据证明其实际享有股权时，肯认其股东资格。

三、实际出资人与申请执行人权利冲突解决规则

前文已述，实际出资人是否享有股权需结合个案并区分完全隐名、不完全隐名情形予以认定。在完全隐名中，实际出资人仅享有债权请求权，

---

① 参见王芳：《隐名投资人股东资格认定研究》，载《河北法学》2012年第1期；李建伟、罗锦荣：《有限公司股权登记的对抗力研究》，载《法学家》2019年第4期。

其债权与申请执行的人债权处于相同位阶，无法排除强制执行。在不完全隐名中，若实际出资人有充分证据证明其系实际权利人并公司过半数其他股东默示或明示同意时，实际出资人享有股权，若申请执行人仅享有债权请求权时，[①] 本可参照"物权优先于债权"原理简单得出结论，但因公司法第三十二条第三款规定了股权登记的对抗效力，理论与实务多有观点基于外观主义、登记对抗效力理论，认为不完全隐名下实际出资人亦不得对抗作为善意第三人的申请执行人，[②] 因此，有必要回归外观主义、登记对抗效力基础理论，厘清善意第三人的范围。

（一）应避免外观主义的泛化与滥用

外观主义并非现行法律明文规定的原则，而是民商法上的学理概括，系法律基于特定理由不得已按照外观特别是对该外观的合理信赖赋予法律效果，其法律构成、法律效果因场合而异。[③] 实证法中体现外观主义的具体规则包括，物权法第一百零六条规定的善意取得，合同法第四十九条、民法总则第一百七十二条规定的表见代理，合同法第五十条规定的越权代表等。

外观主义系为维护交易安全而牺牲实际权利人利益的法律手段，应严格适用于特定交易行为。适用外观主义在提高经济效率、减少交易成本、维护交易安全的同时，也将实际权利人的利益置于可能遭受风险的境地，[④] 因外观主义事关对实际权利人正当权利的掠夺，对其适用应作更严格的限制。对此，《九民会纪要》指出："外观主义是为保护交易安全设置的例外规定，一般适用于因合理信赖权利外观或意思表示外观的交易行为。实际权利人与名义权利人的关系，应注重财产的实质归属，而不单纯地取决于公示外观。总之，审判实务中要准确把握外观主义的适用边界，避免泛化和滥用。"就股权代持而言，登记外观并不产生登记人取得权利的法律效果，在实际权利人有充分证据的情况下，不应以外观事实公然掠夺实际权

---

① 若申请执行人享有物权，借名人以其系实际所有权人为由提起执行异议之诉，本质上是对作为执行依据生效裁判的否认，应通过审判监督程序予以解决。本部分仅讨论申请执行人享有债权的情形。

② 参见尹田、尹伊：《论对未经登记及登记不实财产的强制执行》，载《法律适用》2014年第10期。

③ 崔建远：《论外观主义的运用边界》，载《清华法学》2019年第5期。

④ 参见张勇健：《商事审判运用外观主义原则的范围探讨》，载《法律适用》2011年第5期。

利人的权利。至于实际权利人是否为逃避法律和监管，既有法律已经通过其他路径予以规制，譬如行政机关给予行政处罚，或在股权处分情景下因善意取得制度丧失股权。因此，无须扩张外观主义的适用边界对实际权利人的隐名行为予以重复评价。

（二）股权登记对抗之善意第三人——具有物权利益的第三人

相较于商事登记中法定代表人、注册资本、经营范围等的登记，股权登记更具特殊性。法定代表人、注册资本、经营范围等登记后形成外观事实，交易第三人因合理信赖该外观事实而进行的交易行为，受外观主义保护，例如，甲公司工商登记的法定代表人为乙，交易第三人因该外观事实与乙所代表的甲公司签订合同，该合同约束甲公司。而股权登记后形成的权利外观，近似于特殊动产物权登记形成的权利外观，因信赖权利外观所发生的法律效果为何，须回归登记对抗效力基础理论。

一般而言，意思主义物权变动模式与公示对抗主义相对应，“采用登记对抗要件的国家在有权处分的情况下采用合意原则以实现交易便捷，在无权处分的情况下借助于登记对抗要件以保护交易安全”[①]，形式主义物权变动模式与公示生效主义相对应，涉及无权处分时以善意取得制度保护交易安全。而我国公司法及相关司法解释就股权同时规定了登记对抗与善意取得二元救济路径，正确理解登记对抗与善意取得制度之间的关系，有助于界定善意第三人的概念。

有实务观点认为，登记对抗在设置目的、适用情形、举证责任、适用结果等方面均区别于善意取得制度，有其单独存在必要性。[②]然而，近年来学理倾向于将登记对抗效力问题转化为无权处分中受让人的善意取得问题，认为判断未经登记的所有权人能否对抗善意第三人，实质上只是在确认第三人能否善意取得未经登记的权利。[③]实务观点虽在登记对抗与善意取得制度的取舍上区别于学理观点，这可能是因为司法解释本身不能僭越既有法律规定，但其另辟蹊径，将善意第三人界定为“不知道且不应知道

① 参见庄加园：《登记对抗主义的反思与改造：〈物权法〉第24条解析》，载《中国法学》2018年第1期。

② 参见杜万华主编：《最高人民法院物权法司法解释（一）理解与适用》，人民法院出版社2016年版，第419页。

③ 参见郑永宽：《论机动车等特殊动产物权的登记对抗效力》，载《法学家》2019年第4期。

特殊动产物权变动的事实，并对标的物享有正当物权利益的人”，而所谓物权利益是指“第三人与转让人之间存在物权关系”[①]，即善意第三人是指已善意取得物权的人，本质上实务观点与学理观点保持了一致。

在登记对抗模式下，实际出资人不能对抗的仅是善意的登记权利人。[②]基于前述善意第三人的概念，理解“未经登记不得对抗善意第三人”，应指享有物权利益的权利人未经登记不得对抗另一享有物权利益的第三人，具体至股权代持不完全隐名情形，在实际出资人有充分证据证明其系实际权利人且过半数其他股东知情或同意时，实际出资人享有股权，其不能对抗的善意第三人应指对股权代持事实不知情、并办理了股权变更登记的第三人。

（三）享有债权的申请执行人不属于善意第三人

如前所述，善意第三人限于存在正当物权利益的人，享有债权的申请执行人不属于善意第三人，实际出资人在证明股权归属的前提下能够排除强制执行。有观点继而主张区分申请执行人作为股权交易第三人与非股权交易第三人的情形，认为股权登记表征不构成非股权交易第三人的信赖基础，非股权交易第三人不具有信赖利益，其债权请求权自然无法优先于实际出资人受到保护，但股权交易第三人的信赖利益应优先于实际出资人予以保护。[③]

本文认为，作为交易第三人的申请执行人亦不得对抗享有股权的实际出资人。若作为股权交易第三人的债权人得以对抗享有股权的实际出资人，将直接降低善意取得制度的门槛，对既有的权利序位产生巨大冲击。例如，名义股东与交易第三人签订股权转让合同后，已将股权变更登记给交易第三人，此时，交易第三人可依善意取得制度取得股权；若双方尚未完成股权变更登记，交易第三人因不满足取得要件，不构成善意取得，仅享有债权请求权。在后一种情形下，若法院支持股权交易第三人的债权请求权，判令名义股东继续履行股权转让合同，交易第三人依据生效裁判申

① 参见杜万华主编：《最高人民法院物权法司法解释（一）理解与适用》，人民法院出版社2016年版，第198页；郑永宽：《论机动车等特殊动产物权的登记对抗效力》，载《法学家》2019年第4期。

② 参见王利明：《特殊动产物权变动的公示方法》，载《法学研究》2013年第4期。

③ 参见张勇健：《商事审判运用外观主义原则的范围探讨》，载《法律适用》2011年第5期。

请强制执行，将股权变更登记至其名下，这无异于在强制执行制度中又创设一项“低配版的善意取得制度”，不仅架空了物权法关于善意取得构成要件的设定，亦破坏了物权优先效力。

结　论

执行异议之诉中代持股权的处理应遵循实际出资人是否享有股权、实际出资人享有的权利能否对抗名义股东债权人两个思考层次展开。在修正形式主义股权变动模式下，判断实际出资人是否享有股权须结合个案并区分不同情形。在完全隐名下，应以股权变动的形式要件作为判断标准，实际出资人因欠缺形式要件而不享有股权；在不完全隐名下，若实际出资人有充分证据证明其实际行使权利并且其他股东过半数同意时，可以认定实际出资人享有股权。外观主义原则有其严格的适用边界，执行异议之诉中应倡导实质重于形式原则，运用穿透式审判思维，探寻当事人的真实意思表示和真实权利状态。同时，登记对抗效力之善意第三人应指善意取得人，是具有物权利益的相对人，执行异议之诉中名义股东的债权人不属于善意第三人，无法对抗享有股权的实际出资人。

征稿启事

《商事审判指导》由最高人民法院民事审判第二庭编写，由最高人民法院审判委员会副部级专职委员刘贵祥任编委会主任。本着传播商事审判优秀指导意见，统一裁判尺度，介绍最高人民法院与全国地方各级法院优秀的商事审判经验，促进理论界与实务界的交流为己任，对全国商事审判工作起到了指导与参考作用，并为从事商事审判的工作者和其他关注商事审判发展的专家学者提供了互动交流的平台。为了能有更多的优秀稿件反映商事审判的成果，特在此向全国法院系统人员、各院校学者征集与商事审判工作相关的稿件：

【商事审判调研】刊载最高人民法院与全国各级法院关于商事审判领域新情况、新问题的调研成果，要求调研立题新颖、数据详实、分析论证透彻。

【商事审判案例分析】刊登全国法院系统有代表性和指导意义的案例。要求包括案件基本情况、裁判要旨以及法律问题的分析

【学术专论】刊载理论界与实务界关于商事审判热点的文章。要求选题新颖、逻辑清晰、论证有据、观点明确。

联系人：王冰　　　　　　　电　话：010－67556861

投稿邮箱：shagnshishenpan@163.com

最高人民法院民事审判第二庭

《商事审判指导》编辑部

征稿启事